U0731643

医事法案例精选

MEDICAL LAW: CASE STUDIES

李筱永 赵晓佩◎主编

中国政法大学出版社

2014·北京

编 委 会 成 员

主　　编：李筱永　　赵晓佩

副 主 编：刘兰秋　　刘炫麟

编　　者：马　辉　　王安其　　叶小琴　　白家琪　　孙文莺歌

　　　　　仰俊杰　　刘　扬　　刘兰秋　　刘美玲　　刘炫麟

　　　　　李筱永　　苗京楠　　林中举　　高书春　　崔家天

　　　　　张博源　　孟彦辰　　赵晓佩　　赵博文　　侯钰滢

秘　　书：叶小琴　　罗　聪

前言

　　健康所系，性命相托。医疗卫生事业关乎亿万百姓的身心康健与福祉，关乎广大医务人员的职业境遇与尊严，更关乎中国社会的和谐与发展。正因其所涉利益之重大，以及天然具有的信息不对称性、高度专业性、复杂性、外部性、垄断性等特征，以科学健全的法律规制并保护医事活动已成为世界各国的普遍做法。

　　20世纪90年代以来，我国医患关系日趋紧张，医疗纠纷和医疗诉讼数量急剧攀升，医疗暴力事件层出不穷。与此同时，基因技术、人工生殖等医学新技术的发展所带来的法律问题也愈益增多。"尺寸也，绳墨也，规矩也，衡石也，斗斛也，角量也，谓之法。"（《管子》）在依法治国的语境下，深入研究医疗卫生领域的涉法问题，以精深的卫生法学理论研究促成科学健全之医事法制的创制与践行，以规范的方法谋求对医患权益的共同保护以及医患和谐的深层构筑，就成为法学界应有的担当，亦为医学界自然的回应，医学与法学这两门古老的学科结缘日深。正是在此种背景下，首都医科大学于2005年审时度势地创办了法学专业（卫生法学方向）。

　　在该专业近十年的发展历程中，作为专业特色课程之一的《医事法学》课程体系与教学内容日渐成熟，案例式的讲授方式更是得到了学生们的喜爱。此次由法学专业的教师和已毕业的学生对医事法领域的疑点问题以案例分析的方式予以理论研讨并编纂成集，以作为专业成长的印记之一。本书共三编20篇文章，每篇文章均由一个医疗纠纷案例开头，通过对案情的详细分析，总结归纳出案件焦点并予以分析，由此引出其背后的法理依据。第一编为基础理论篇，对医疗损害因果关系要件等医事法基础理论知识进行综合分析，详尽地阐释了医事法基础理论中较难的知识点；第二编为损害赔偿篇，归纳了几类常见的医疗纠纷损害赔偿的情形，将法学理论与案情实际结合，全面分析案情；第三编为监管规制篇，内容涉及药品管理、医疗废物规制、非法行医监督等，对医疗中的监督、管理、规范与限制问题加以阐述，从而为卫生执法领域提出了有价值的思考及建议。

本书的编写秉持理论分析与实务运用兼顾的理念，坚持充分尊重各位作者的研究与观点并尽量顾及医事法学理论体系的原则，既可作为医事法学专业相关课程的教学参考，亦可用于广大医疗卫生工作者闲暇之余的普法读物。在本书出版之际，谨向为法学专业（卫生法学方向）的创办及发展呕心沥血并鼎力支持的首都医科大学校院领导表示衷心的感谢！本书的出版获得首都医科大学卫生法学系2011年专业建设项目的资助，并得到中国政法大学出版社的大力支持，在此一并致谢！由于编者水平有限，且时间匆忙，书中的错误在所难免，敬请各位专家和读者不吝指正。

目 录

第三编　监管规制篇

附　录

第一编
基础理论篇

医疗损害因果关系要件的
性质及功能

马　辉

一、案例简介

（一）诊疗过程

患者刘×，男，51 岁，因上腹部外伤于 2004 年 5 月 25 日下午 17：50 左右去县×医院门诊就诊，后由门诊转急诊，查体：BP：90/60mmHg，P：90 次/分，律齐，无杂音，腹膨隆，肝肋下未及，脾肋下 6cm，质韧，肝区扣痛（－），腹水症（±），剑突下轻压痛。当日 20：45 因左上腹痛伴晕厥 4 小时，腹痛加剧伴心悸、胸闷 1 小时予急诊住院，入院后查体：BP：80/30mmHg，HR84 次/分，脉弱不可及，神志淡漠，腹膨隆，左上腹剧烈压痛，移动性浊音（＋）。腹腔穿刺：不凝血。B 超提示腹腔积液。血常规血小板 25×109L，于 21：15 急送手术室行剖腹探查术，术中见腹腔内血约 7500ml，脾胃韧带上缘见血管喷涌样出血，胃短血管撕裂出血，乃行出血血管结扎及脾脏切除术，并予输血 3600ml，输血小板 4u。次日 2：30 返回病房，予扩容、抗肾衰、保肝治疗，患者于 4：33 死亡。死亡诊断：胃短血管撕裂出血伴急性失血性休克，急性肾衰，急性肝病，弥漫性血管内凝血（DIC），肝炎后肝硬化，脾肿大伴脾机能亢进。

（二）起诉及答辩意见

原告诉称：原告丈夫刘×因腹部不适，到被告医院就诊。医生起初检查不全面、诊断错误，耽搁了腹内大量出血的治疗时间，导致刘洋手术后于次日凌晨死亡。被告的医疗措施存在明显过错，与刘洋死亡具有直接因果关系。故要求被告依法向原告赔偿医疗费、交通费、住宿费（含餐饮费）、丧葬费、精神损害抚慰金、死亡赔偿金等损失合计 265 995.6 元。

被告县×医院辩称：被告在为患者刘洋诊疗过程中无医疗过失行为，处治及时，诊断准确，手术无误，患者因自身不可逆转的病情恶化而导致死亡。

（三）鉴定意见

1. 县×医院存在以下医疗过失行为：①根据省高级法院文检鉴定的时间为晚上 10:30，从就诊至进手术室的时间共约 4 小时，延误了外伤性胃短血管撕裂出血手术止血的最佳时间；②术前数小时未采取行之有效的抗休克治疗；③首诊询问病史不详、无病历记载；④术前对腹部外伤史未足够重视；⑤有病历涂改可能。

2. 上述医方存在的医疗过失行为与患者的死亡存在直接因果关系。

3. 患者原患肝炎后肝硬化、脾肿大、脾亢、外伤性胃短血管撕裂出血，手术风险大，是术后患者的死亡因素之一。考虑上述因素，存在医疗过失行为的医方对患者的死亡承担主要责任。

（四）判决结果

根据《医疗事故处理条例》第 49 条第 1 款指明的医疗事故赔偿的考虑因素，综合被告"医疗过失行为与患者的死亡存在直接因果关系"、"属于一级甲等医疗事故，医方承担主要责任"、"患者原患肝炎后肝硬化、脾肿大、脾亢、外伤性胃短血管撕裂出血，手术风险大，是术后患者的死亡因素之一"等情节，可以酌定被告承担赔偿责任的比例为 80%。

1. 被告应赔偿医疗费 3000 - 6880.5 × (1 - 80%) = 1623.9（元）。

2. 被告应赔偿交通费 1880.88 × 80% = 1504.7（元）。

3. 被告应赔偿住宿费 1766 × 80% = 1412.8（元）。

4. 被告应赔偿丧葬费 3000 × 80% = 2400（元）。

5. 被告应赔偿精神损害抚慰金的数额，不宜采用最长年限赔偿总额 ×

80%的方法计算。结合被告负主要责任和另行承担死亡赔偿金的情况，根据《医疗事故处理条例》第 50 条第（11）项关于精神损害抚慰金赔偿年限最长不超过 6 年的规定，本案酌定赔偿年限为 4 年，即 7332（元）×4（年）= 29 328（元）。对于原告索赔精神损害抚慰金中超出该数额的部分，不予支持。

6. 被告应赔偿死亡赔偿金 10 482（元）×20（年）×80% = 167 712（元）。[1]

二、案件评析

（一）医疗损害案件因果关系判断的主观色彩

医疗的特点包括高风险性、风险发生的不确定性。当接受治疗的患者死亡或者健康受损时，生命健康受损的结果是否是医疗行为引起的，往往会引发争议。患者常常认为，手术前人是活着的，术后死了，怎么说都是医疗行为造成的。医生通常辩解，医疗本身就是高风险的，手术成功率是99%，您恰恰是那不成功的 1%，造成死亡的原因不是我的手术，而是你的疾病。最后，这样的争议往往交给专家来判断。之所以交给专家，基本理由是医疗本质上是科学，医生的行为是否科学、医生的行为是否是造成生命健康受损的原因，都是科学问题，都得依据科学进行判断。而掌握这些科学武器的，只有专家。

专家的判断真的科学么？不可否认，在本案中，医院存在延误治疗、抗休克不及时等错误，如果没有这些错误，患者可能不会死亡。但是，如果进行了这些治疗呢，难道患者一定能够起死回生么？这种问题已经超出了人类认识的范围，更无法通过科学试验加以验证，因此，专家们只能基于经验作出判断，认为患者的死亡是不及时、不正确的医疗行为直接导致的。既然是基于过去经验的判断，因果关系的主观色彩自然难以避免。

对于法官来说，因果关系问题的主观色彩更加浓厚。在判决书中，法官直接使用"酌定"这样的措辞，且根据被告"医疗过失行为与患者的死

---

〔1〕 ［2006］射民一初字第 889 号，转引自人民法院网，http：//www. chinacourt. org/public/detail. php? id = 208526，访问日期：2012 年 1 月 2 日。

亡存在直接因果关系"、"医方承担主要责任"、"患者原患肝炎后肝硬化、脾肿大、脾亢、外伤性胃短血管撕裂出血，手术风险大，是术后患者的死亡因素之一"等，直接酌定被告承担80%的责任。

(二) 归责阶段医疗损害因果关系要件作用有限

理论上，医方承担损害赔偿责任，需要具备医疗过失行为、损害结果、因果关系三个条件，缺一不可，且三个条件处于同等重要地位。但是，无论是原告起诉、被告答辩，还是鉴定意见以及法官说理，重心都在医疗过失行为或损害结果上，因果关系环节的论证基本都是一带而过。至少，从各方论证所花费的精力上，非常明显地偏重医疗过失。稍加思考，不难理解，相对而言，医疗过失及损害结果比较客观，能够用客观证据加以证明，如本案中患者死亡的损害结果，医方没有及时处置患者的医疗过失。而因果关系却主观很多，是建立于假设的基础上的，即假定医方采取正确的诊疗，患者完全能够生还。基于这样的假设，得出的结论是患者的死亡是由于医生没有正确处理导致的。因此，在具体案件中，医疗过失得到证明了，因果关系几乎也能随之确立。从这个角度看，医疗损害案件中的因果关系要件从属于医疗过失，在归责阶段的作用非常有限。

(三) 因果关系要件是限制医方责任的主要工具

按照法学一般原理，加害人因过错致人损害的，加害人负损害赔偿责任，且不受受害人自身体质的影响，"鸡蛋壳头盖骨"理论说的就是这个原理。但是在医疗损害案件中，医方存在重大过失，医方的行为是损害的直接原因，患者本身毫无过错可言，但是，在确定责任时，法官依然考虑了疾病本身的影响，从而作出患方自行承担20%责任的判决。可以说绝大部分医疗损害案件，法官都选择了患方承担部分损失的处理方法，换句话说，无过错的受害人分担损失是医疗损害案件的普遍现象。也可以说，有过错的医方与无过错的患方分担损失符合社会一般观念。这一观念落实在具体案件中，就是法官将医疗过错行为与病情同时作为损害结果的原因，通过确定每个原因所发挥的作用比例，从而确定每个原因所应负担的份额，进而明确患方负担的责任比例。因此，因果关系要件在限制医方责任时发挥了重要作用。

三、法理介绍

(一) 医疗损害因果关系的概念

因果关系是医疗损害责任的构成要件之一，但是，这里的"原因"指什么呢？关于侵权法中的因果关系的原因，历来有医疗过失原因说与医疗行为原因说的争论。

有学者主张采用违法行为原因说，"违法行为作为原因，损害事实作为结果，在它们之间存在的前者引起后者，后者被前者所引起的客观联系"，[1] "医疗损害责任中的因果关系是指医疗过失行为与医疗损害之间引起与被引起的关系，即医疗过失行为是损害发生的原因，而医疗损害则是过失行为所产生的结果"。[2] 我国大陆及其他地区有关医疗损害责任的某些规定是以医疗过失为出发点的，"过失致人损害"似乎采用的就是违法行为原因说。例如，我国台湾地区"医疗法"规定："医疗机构及其医事人员因执行业务致生损害于病人，以故意或过失为限，负损害赔偿责任。"《医疗事故处理条例》规定："医疗事故，是指医疗机构及其医务人员在医疗活动中，违反医疗卫生管理法律、行政法规、部门规章和诊疗护理规范、常规，过失造成患者人身损害的事故。"百度百科将医疗损害定义为"因医疗机构及其医务人员的故意或过失（即医疗过错），而对就医患者造成身体上或精神上的损害"。并进一步说明道："因医务人员的过失而造成患者医疗损害的，属民事侵权行为，依据《侵权责任法》应由医疗机构承担医疗损害赔偿责任。"[3]

但是，在我国的法律框架下，将因果关系的原因定位于"违法行为"，具有难以克服的诸多障碍。按照杨立新教授的观点，按照过错责任、过错推定责任、无过错责任三种归责原则类型，医疗损害责任应分为三种类型：一是医疗技术过失侵权；二是医疗伦理侵权；三是医疗产品侵权。在医疗产品责任领域，责任人承担的是无过失责任，难说违法，在因具有行

---

〔1〕 杨立新：《侵权行为法》，复旦大学出版社 2005 年版，第 106 页。

〔2〕 龚赛红：《医疗损害赔偿立法研究》，法律出版社 2001 年版，第 236 页。

〔3〕 百度百科"医疗损害"条，载百度网，http://baike.baidu.com/view/4949182.htm，访问日期：2010 年 1 月 5 日。

政性质的医疗行为（一类疫苗注射、强制医疗）造成损害的补偿责任领域，也无违法性可言，因此，违法行为原因说，用来解释医疗技术过失损害赔偿因果关系是比较合适的，但难以胜任作为医疗损害责任原因的重任。

就医疗损害案件审判实际看，一般的程序是先审查医疗行为是否存在过失，过失行为被认定后，才进入因果关系考察阶段。此时，考察的重点是这个被认定为过失的医疗行为是否与损害结果之间有因果关系。基于司法实践，本文医疗损害因果关系的"原因"应被定位于医疗行为。除了司法实践以外，采用医疗行为原因说的还有如下理由：①医疗损害责任因果关系，关注的是损害是否是由于医疗行为造成的、在多大程度上造成的，无论是鉴定还是审判，其核心都是客观存在的损害与医疗行为之间是否有一定程度的关联；②适用无过失责任原则或者补偿责任的医疗损害，无过失可言，只能采用行为原因说，如疫苗接种造成的不良反应补偿，审查的核心是损害是否是由疫苗接种造成的；计划生育手术并发症补偿责任，审查手术与损害之间的客观联系；医疗技术造成损害时，补偿责任适用的前提之一是损害与医疗行为之间存在客观联系；③医疗过失侵权，采用违法行为原因说与行为原因说并无不同，因案件首先需要查明的是医疗行为是否存在过失，如果无过失，则无需进入因果关系考察阶段，即过失行为原因说与行为原因说的争论无意义，如果有过失，通常情况下，医疗行为等同于医疗过失行为（除非涉及两个以上的医疗机构），采医疗行为原因说与医疗过失原因说结果相同；④《侵权责任法》似乎支持行为原因说，《侵权责任法》规定："患者在诊疗活动中受到损害，医疗机构及医务人员有过错的，由医疗机构承担损害赔偿责任，"《侵权责任法》采用了"诊疗活动"这一概念，考虑到描述医生行为的概念众多，可以将诊疗活动作为医疗行为的同义语，"在诊疗活动中受到损害的"，完全可以表达为"因诊疗活动造成损害的"，至少从文字表述上分析，《侵权行为法》采用了医疗行为原因说；⑤采用医疗行为原因说，适当放弃在原因阶段考察违法性，对于合理划分过错要件与因果关系要件的功能也是有帮助的。按照主观过错说的观点，主观过错通过客观性的违法行为表现出来，二者是一个问题的两个方面。如果坚持违法行为要件说，则使得在原因的查找阶段就不得不关注过错，使得过错要件与因果关系要件的功能混淆。

综上，本文认为，医疗损害因果关系是指医疗行为与损害之间引起与被引起的关系。

（二）医疗损害因果关系的性质

"因果"，指原因和结果，合起来指二者的关系。"因果关系"是人类认识世界的最主要方式之一，对因果联系如何建立的不同认识，是唯物主义与唯心主义区分的主要标志。唯物主义认为，因果联系是客观的，是不以人类意志而转移的，典型表现为物理、化学、数学等学科的规律；唯心主义认为，因果联系是建立于主观认识的基础上的，随主体认识的需要而变化，极端表现于宗教对因果问题的认识，"今生种什么因，来生结什么果，善有善报，恶有恶报"[1] 坚持唯物主义的因果观，需要在原因与结果之间建立"机械"的联系，至少需要有"可重复、可验证"的经验支持；主张唯心主义的因果观，原因与结果的客观联系可依人的主观需要而建立。按照"机械"论得出的因果关系结论，因存在客观、明确的证据，令人信服；根据主观需要将原因与结果联系在一起，有利于主体的目的，但难以得到部分群体成员的认可。

从哲学因果关系发展史上看，因果关系一直在主观与客观、唯理与经验的争论中发展，其结果是，将二者调和的观点成了主流，承认因果关系既有主观性的方面，也有客观性的特点，某些领域主观性占主导，另一些领域客观性起决定性作用。

哲学上对因果问题的认识，不可避免地反映到法律因果关系上来。客观派主张原因与结果建立的客观属性，认为客观规律是将结果归结于原因的主要依据，强调法律原因与法律结果之间的事实属性；主观派强调人类对客观世界认识的局限，应按照主体的主观需要在两个事物之间建立联系，至少在人类理性所不能胜任的领域应该如此，主张法律原因与法律结果之间建立联系的主要依据是价值判断。

反映在法律领域，是关于因果关系性质的争论，因果关系是纯粹的事

---

〔1〕 中国社会科学院语言研究所词典编辑室：《现代汉语词典》，商务印书馆 1997 年版，第 1497 页。

实问题，还是包含价值判断，抑或仅仅是价值问题？

从学界的观点来看，坚持因果关系既是事实问题也是价值问题的占多数，主张因果关系既要有客观规律作为归责的基础，又要考虑价值判断防止责任的过分扩大。典型表现是《美国侵权法重述（第二次）》第431条的"构成法律原因的情形"规定："如果行为人的过失行为符合下列情形之时，其属于造成他人伤害的法律原因：（a）该行为是造成此种伤害的重大性因素；且（b）就其造成伤害的过失行为的方式而言，并无法律规则免除行为人的责任。"重大性标准，是公认的事实因果关系与法律因果关系合一的标准，采用重大性标准，也就意味着因果关系问题包含事实问题与价值问题两方面，二者无需明确区分。

少数学者主张应坚持因果关系的事实属性，但理由各不相同。平井教授是从防止概念混乱的角度出发的，主张因果关系的功能仅限于事实层面，将法律政策考量从因果关系要件中剔除，防止不必要的混乱（参见义务射程说，详见第三章），哈特和奥诺尔也是将因果关系与法律政策作为并列的责任限制方式。[1]美国人是从事实问题与法律问题区分的角度阐述的，当将事实因果关系问题与法律因果关系问题都付诸"重大性标准"检测之时，会将本应由法官决定的事项交给陪审团，混淆了事实问题与法律问题的区分。因此，在1948年修订《美国侵权法重述》时将该标准限制为仅适用判定事实因果关系。[2]欧洲侵权法似乎也认为因果关系是事实问题，《欧洲统一侵权行为法》规定："如果欠缺一个作为或者不作为，损害将不会发生，则该作为或者不作为就是损害发生的原因"，从文意解释的角度，可将因果关系限定于行为与损害之间，再进一步，则可将因果关系的功能限定于事实判断层面。

按照法规目的说，因果关系就是纯粹的价值问题，只要损害落入法规保护的目的之内，无论引发损害的真正原因或可能真实的原因如何，法律都将违反法律的行为视为原因。因果关系问题被认定为纯粹的价值问题。

---

〔1〕 韩强：《法律因果关系理论研究》，北京大学出版社2008年版，第202页。
〔2〕 程啸："证券市场虚假陈述侵权赔偿责任中的因果关系"，载中国民商法律网，http://www.civillaw.com.cn/article/default.asp? id=13794，访问日期：2011年12月12日；韩强：《法律因果关系理论研究》，北京大学出版社2008年版，第67页。

总体看来，无论如何强调因果关系的事实属性，因果关系的判断都离不开价值。仅以最简单、最传统的必要条件理论为例，适用必要条件理论似乎无关价值，但简单分析不难发现，在适用于一因一果判断时，必要条件理论已预先将向前延伸的原因链条、向后延伸的结果链条直接截断，实际上，作为价值判断的"近因"标准并未缺席。在复杂的医疗损害因果关系中，价值问题更是不可或缺，因此，本文坚持医疗损害因果关系既是事实问题也是价值问题、既是客观的也是主观的观点。

（三）医疗损害因果关系要件的功能

因果关系要件公认的功能包括"归责"和"限制责任"两个方面。按照一般理解，侵权责任构成之所以需要因果关系要件，首要原因是寻求将责任转嫁于加害人的正当性依据，即确立个人责任的基础；另外，因造成损害结果的原因可以无限地向前追究，为防止责任范围的无限扩展，避免影响行为人的自由，也需及时截断因果链条。相应地，因果关系的功能也会变更为：无辜受害人的补偿和加害人的合理负担之间的平衡。为了在受害人和加害人的利益之间建立这种平衡，"法律政策及其体现的法律价值是最终的判断者"。[1]也有人进行了更具体化的考察，将因果关系要件的功能进一步细分为以下四个：①确立责任主体，即通过考察损害结果是由哪个加害行为所引发的，从而将损害结果与实施加害行为的人联系在一起，即"将损害的发生指向一定的行为主体"；②限制责任范围，通常认为，原因可以构成一个连续的链条，原因可以向前不断追溯，"为平衡个人行动自由和生活安宁间的需求"，只能人为地截断因果链条，在相对简单的因果链条上考察因果关系，至于因果链条如何截断，则是法律因果关系的考察重点之一，具体标准包括时空距离远近、作用力大小、可预见的损害、法规目的等，"法律责任必须被限制于那些与结果紧密相连的原因"。[2]目前居于通说地位的相当因果关系，就被德国联邦法院作为限制被告责任的公平方法，将日常生活经验作为原因与结果是否"相当"的标准，"被告过

---

[1] 转引自张新宝：《侵权责任构成要件研究》，法律出版社 2007 年版，第 301 页。

[2] 张小义：《侵权责任理论中的因果关系研究——以法律政策为视角》，中国人民大学 2006 年博士学位论文，第 38 页，转引自张新宝：《侵权责任构成要件研究》，法律出版社 2007 年版，第 301～303 页。

失行为是否在正常经验范畴之外，应依据相当因果关系认定之，此项认定并非因果律之问题，而系公平确定行为人应否对结果负责之界限，亦即责任限制问题"。[1] 以哈特和奥诺尔为代表的法学家认为，因果关系是侵权责任的构成要件，但是，因果关系只限于事实领域，与价值无关，且是与法律政策并列的限制责任的方法。自始至终，哈特和奥诺尔将因果关系视为限制责任的工具；[2] ③实现个人自由、个人安宁和社会效用的平衡，既要救济受害人，也不能使加害人承受过重的负担，而且还不能让整个社会承担过高的成本；④以理论构架的方式确立法律的统一适用，即保持一定的弹性以适应社会需要，也要适当限制法官的自由裁量，以理论构架的方式确立法律的统一适用。[3]

实际上，学者们早就注意到，因果关系理论普遍具有事实判断与价值判断、事实问题与归责问题相混淆的弱点，单纯依靠构建在逻辑基础上的法律技术难以解决问题，因此，法学家们将政策性判断融入原有的法律技术框架，使其成为限制因果关系的工具，进而起到限制责任的作用。如果说因果关系是客观的，如何能因人的主观需要而进行限制？以至于很多法学家承认，法律因果关系、近因都与因果关系问题无关，而是纯粹的归责问题。[4] 从这个角度看，个人自由与社会效用的平衡不过是法律政策性考量，属于责任限制的主要理由，至于限制法官的自由裁量权，更是侵权责任构成要件的最主要功能。换言之，所谓因果关系的四大功能，归根结底，还是要归入"归责"、"限制责任"这两大传统功能之中。

---

〔1〕 陈聪富：《因果关系与损害赔偿》，北京大学出版社 2006 年版，第 12 页。

〔2〕 韩强：《法律因果关系理论研究》，北京大学出版社 2008 年版，第 202 页。

〔3〕 张小义：《侵权责任理论中的因果关系研究——以法律政策为视角》，中国人民大学 2006 年博士学位论文，第 38 页，转引自张新宝：《侵权责任构成要件研究》，法律出版社 2007 年版，第 301～303 页。

〔4〕 ［德］克雷斯蒂安·冯·巴尔：《欧洲比较侵权行为法（下卷）》，焦美华译，法律出版社 2001 年版，第 527 页。

医疗服务合同的契约自由与限制

——浅议医疗服务合同的强制缔约

林中举

一、事实经过

2005 年 12 月 11 日晚，农民工王某因强烈的腹痛被 120 本着就近原则送到北京某著名医院（以下称其为"被告医院"）诊治。急诊室的大夫给王某做了量血压等检查，并给其开了药单。但是，"我们连挂号的 5 元钱都拿不出来，120 也没收钱"。陪同的农民工都某说，见他们没钱，医院拒绝治疗。医生当时的答复是"检查没有生命危险，不是见死不救"。

当日晚 12 时左右，王某因无钱诊治而被迫离开医院，正好遇到农民工迟某。据迟某说，王某双手捂着肚子，在地上来回打滚，不停喊疼，还不时从嘴里吐出带血的东西。

迟某将王某带回医院，但是由于医疗费不够，仅给王某打了一阵止痛针。打完针已经是 12 日凌晨 1 点 20 分了，王某的疼痛仍然没有缓解，趴在医院一层的长椅上喘着粗气。不久被告医院保安过来将迟某赶走。

12 日一早迟某由于担心而返回医院看望王某，王某见到迟某时一直嚷着"难受"。

13 日一早迟某来到医院，给王某买了热牛奶并帮助王某喝下去。可不久王某开始大量地出汗，衣服全被汗水浸透了，随后就将喝下去的牛奶和着血水全吐了出来。迟某感觉王某情况危急,恳求被告医院医务人员救人,但是不仅没得到回应,还差点被赶走。而被迟某拜托找医生救人的另一位农民工也向迟某传达说,"医生特横,说什么都不行,说没有钱就不好使"。

大约在晚上9点,被告医院保卫处的人找来一民工把王某抬到了推车上。迟某这时摸了摸王某的头和手,发现他手脚有些发凉了,而且已经基本失去意识,嘴里说些含糊不清的话。保卫处的人用电梯把王某推到了一楼男厕所旁。

据迟某说,他自己再次被一个工作人员搡出了医院,还被踢了两脚。该工作人员令保安把守大门。大约在晚上9点40分的时候,迟某又拜托一个农民工进去看情况。这个民工出来时一脸悲怆地告诉他,王某的头上盖了一块黄塑料布,估计人已经不行了。

14日晚上9点多,迟某再次"混进"了医院,看见王某直直地趴在厕所旁边的手推车上,脸色灰青,两个拳头握得很紧。迟某用力掰了一下,却没有掰开。那时他才终于不得不相信,在这家北京著名的大医院里,没钱看病的王某是真的死去了。(来源:《沈阳晚报》,《黑龙江晨报》)

2006年1月8日,王某家属向被告医院住所地人民法院提起诉讼,要求被告医院赔偿47万余元。

二、法院判断

2006年3月29日,本案第一次开庭审理,没有作出判决。同年10月31日第二次开庭审理过程中,主审法官当庭表示,王某不应被送到被告医院救治。理由是被告医院不是流浪人员、农民工的定点救治机构,而坐落在北京市东城区、由民政部门投资兴办的诉外A医院才是救治弱势群体的定点医疗机构,因此王某病发时应被送到定点救治的医疗机构,而不是被告医院,患者被送错了地方不怪医院。(来源:法律快车 www.lawtime.cn,2011年11月20日)

三、分 析

（一）医疗（服务）合同，是指双方当事人约定的由一方当事人提供医疗服务，另一方接受医疗服务并支付医疗费用的合同

提供医疗服务的一方当事人通常是医疗机构或医务工作人员，我们称为"医方"；接受医疗服务的一方当事人是病人，在此称为"患方"。

医疗行为系发生私法上效果的契约行为，医疗服务合同为非典型合同（关于医疗服务合同的性质学界讨论诸多，难以形成一致意见，但关于医疗服务合同属于"合同"这一说法学界没有异议，因此不再赘述），同时在我国也是一种无名合同。根据《合同法》第124条规定："本法分则或者其他法律没有明文规定的合同，适用本法总则的规定，并可以参照本法分则或者其他法律最相类似的规定。"

契约自由原则是合同法上一个重要原则，也是意思自治原则在合同法上的具体体现。"只有在存在着自由意思的地方，才能产生权利义务的变动，如果不存在自由的意思，权利义务的变动就无从谈起。"[1] 在合同自由原则之下，当事人可以依其自主意思决定是否订立合同以及与谁订立合同，选择合同形式，决定合同内容，得以在合同成立之后转让、变更合同甚至撤销和解除合同，并约定违约责任的承担等事项。既然医疗服务合同也是合同的一种，自然也适用有关缔约自由的相关法律原则，即医方可以决定是否与患方缔结医疗服务合同，"并无当然接受患者诊疗要约之义务"[2]。

具体到本案当中，如果没有王某病情危急这一特殊情况，当其无力支付医药费时，医方有权拒绝为其诊治。

（二）但是，医方的缔约自由不是无限制的：即对危急病人不得无故不应诊

我国《执业医师法》第24条规定："对急危患者，医师应当采取紧急措施进行诊治，不得拒绝急救处置"；另外，《医疗机构管理条例》第31

---

〔1〕 王晨："日本契约法的现状与课题"，载《外国法译评》1995年第2期，第46页。

〔2〕 黄丁全：《医事法》，中国政法大学出版社2003年版，第190页。

条规定："医疗机构对危重病人应当立即抢救，对限于设备或者技术条件不能诊治的病人，应当及时转诊"。也就是说，在紧急情况下，医疗机构以及医务人员的缔约自由受到排除，他们必须对患者进行诊治。

（三）这种紧急情况下的医方的"被迫"应招义务，在契约法上称之为"强制缔约"[1]

契约自由原则的利用，其结果经常演变为自由的滥用，以至于危及大众的利益甚至于整个社会安定，因此法律上就产生了强制缔约制度。正如王泽鉴先生在《债法原理》中所说："一部合同自由的历史就是合同如何受到限制，经由醇化，而促进实践合同正义的记录。"

强制缔约，既有基于法律规定的情况，也有非基于法律规定而产生的情况。该制度实行之初，主要应用于邮政、电信、电业、自来水、公共交通等事业。伴随着经济发展社会进步，凡事实上处于独占地位，与社会公共事业相关物品或服务的提供者，均负有以合理条件与用户订立契约之义务，比如医疗事业当中的医方。

不仅我国大陆法律有关于医疗服务合同的强制缔约的规定，我国台湾地区及世界其他国家相关法律法规当中也有类似规定。

我国台湾地区"医师法"第21条规定，医师对于危急之病人，应即依其专业能力予以救治或采取必要措施，不得无故拖延。又在"医疗法"第60条当中规定，医院、诊所遇有危急病人，应先予适当之急救，并即依其人员及设备能力予以救治或采取必要措施，不得无故拖延。并进一步申明，前项危急病人如系低收入或路倒病人，其医疗费用非本人或其扶养义务人所能负担者，由直辖市、县（市）政府社会行政主管机关依法补助之。

日本《医师法》第19条第1款亦规定："从事诊疗的医师，在有诊察治疗请求存在的情况下，若无正当理由，不得拒绝该请求（「诊疗に従事

---

[1] 有学者认为，医疗服务合同的强制缔约包括两种情形：一种是紧急情况下的医方不得拒绝招请义务；另一种是指国家因公共卫生或者是维护一般国民健康上的需要而强制国民接受医师检查所成立的医疗关系。黄丁全：《医事法》，中国政法大学出版社2003年版，第171页；宋晓婷："试论行医权"，载《法律与医学杂志》2003年第4期，第209页。本文中仅讨论第一种情形。

する医師は、診察治療の求があった場合には、正当な事由がなければ、これを拒んではならない。」)。"

从上述法律规定中可以看出，日本对于医疗服务合同强制缔约的规定尤为严格，在法律条文当中并没有像我国大陆和我国台湾地区那样指出限定条件（紧急情况），即任何情形之下，只要有患方发出诊疗请求，医方没有正当理由均不得拒绝。

对于医方的缔约自由受限制的理由，学界通常将其归纳为对患者的生命健康权的保护，医师执业的专业性及其救死扶伤的职业道德等方面。

（四）强制缔约的适用条件，可以归纳为以下几点

1. 患者病情危急，若不及时对患者进行诊治有可能导致患者死亡或者其他重大后果，不允许其四处寻找医师，其所求诊的医疗机构或医师实际上构成了一个时间上的"垄断"情势。

2. 医师明知患者所患病症属于危急情况，若通常情况下医师无法判断患者病症处于危急情况则无法对医师科以该义务。

3. 紧急医疗以一般医疗为限，即未经临床证明为安全有效之医疗技术不得应用，医师也没有义务以该技术用于对患者的急救。[1]

从本案的事实经过来看：

1. 王某被送至被告医院时已处于"紧急"状态，并且之后又出现了吐血等症状，在注射止痛针之后疼痛也没有缓解，即使是普通人也可以看出王某病情的危重；救护车也是根据王某的病情，采取"就近"原则将其送至被告医院。

2. 针对王某的病情，医生仅做出了量血压等检查，很难认为医生"无法"判断王某病症处于危急情况，无法认定医生尽到了诊断义务。

也就是说，在本案当中，对被救护车送来就医的王某，被告医院负有强制缔约义务。尽管法官认为诉外 A 医院才有义务为农民工王某免费诊疗，但王某的情况已经不允许他四处求医。

被告医院医生声称"检查没有生命危险，不是见死不救"，但是针对

---

[1] 郭鸣："论医疗机构对危及患者的强制缔约义务"，载《大连海事大学学报（社会科学版）》2010 年第 3 期，第 79 页；黄丁全：《医事法》，中国政法大学出版社 2003 年版，第 190 页。

被救护车送至医院、剧烈腹痛、吐血的患者，医生仅仅做了"量血压"等检查，恐怕难以认定医生尽到了应尽的检查义务。即使不是作为专家的医生，普通人以常识也能判断出王某病情的危重。被告医院医生的"检查没有生命危险"的判断让人难以信服。

从整个事件的经过来看，王某的病症没有得到治疗的最主要原因是其无法负担医疗费用。台湾学者黄丁全认为，符合医方可以拒绝诊疗行为的正当理由可以包括不可抗力导致的交通中断，医师正值婚丧，医师罹患无法出诊的疾病，医师正从事其他诊疗行为而分身乏术等事由，并特别指出，医疗报酬未付"非拒绝招请之正当理由"。[1]

（五）与本案相关的，有几点问题尚有探讨的余地或者说是必要

首先，紧急情况下医方对患方的救治义务到底是法定义务还是强制缔约义务？学界一般认为，由于医护人员承担着救死扶伤的社会职责，因此其所承担的强制缔约义务是医学伦理法律化的结果，或者说将伦理规范法律化以加强其强制性质。需要注意的是，紧急情况下医方对患方的救治义务并非法定义务。如果是法定急救义务，则医疗机构及医务人员应对患者"主动"进行救治；若仅属于强制缔约义务，则医疗机构及医务人员仅负有不得拒绝接诊的义务，而不负有主动救治义务，即患者没有求诊，医方不必主动救治。很显然，将此种情况下医方的义务确定为强制缔约义务更符合事实和法律规定。如果对于危急患者，医方主动救治，则可能会形成一种新的民事法律关系，不是契约关系，而是无因管理法律关系，在此不作讨论，留待另文。其次，非紧急情况下，患方无法支付诊疗费用时，医方是否负有诊疗义务？医疗服务合同的必要内容，应该包括诊疗和报酬支付两个方面。埃塞俄比亚民法典在第五章的医疗或住院合同中开门见山地言明：医疗合同是医生为获得付费，同意向某人提供医疗，并尽力使他保持健康或治愈其疾病的合同。[2] 我国台湾地区学者黄丁全更是明确指出：病患于接受医疗之后，不论其结果如何，都应该给付医疗费用，即使是双

---

[1] 此外，黄丁全还列举了其他不属于"正当理由"的情形，如医师劳累，家中人手不够，路况不佳等。黄丁全：《医事法》，中国政法大学出版社 2003 年版，第 190、196 页。

[2] 薛军译：《埃塞俄比亚民法典》，中国法制出版社 2002 年版。

方发生医疗纠纷，患方也没有拒付相关医疗费用的法律依据。[1] 所以非紧急情形下，患方无法支付诊疗费用时，基于契约自由的原则，医方可以作出拒绝诊疗行为。恰如被告医院急诊室主任在接受采访时所说的："检查患者没有生命危险时，医院没有必要先垫付药费给患者治病，如果医院每次都垫钱给患者治病，医院也承受不起。"

最后，让我们回顾一下我国台湾地区"医疗法"第60条的相关规定："……前项危急病人如系低收入或路倒病人，其医疗费用非本人或其扶养义务人所能负担者，由直辖市、县（市）政府社会行政主管机关依法补助之。"

尽管我国大陆的《医师法》及《医疗机构管理条例》不设条件地要求医方要对危急患者进行救治，然而由于至关重要的诊疗费用问题的规定没有落到实处，而使这一人性化的规定成了一纸空文。如果我们也能做出类似于我国台湾地区的规定，那今天王某的悲剧就可以避免了吧。

"徒善不足以为政，徒法不足以自行"，无论法律规定怎样尽善尽美，若没有相关的法律法规或者是政策辅助其实现，那它终究不过是望梅止渴、画饼充饥。

---

〔1〕 黄丁全：《医事法》，中国政法大学出版社2003年版，第176页。

非婚生子女的法律地位研究

高书春

一、案例简介

（一）案件事实

1985 年，美国新泽西州的斯德恩因妻子伊丽莎白不能生育，与怀特海德通过不孕中心签署了代孕合同，双方约定通过人工授精的方式，由怀特海德代孕斯德恩的孩子，孩子出生后由斯德恩夫妇收养，怀特海德终止母亲权利，并办理了一切必要手续，斯德恩应先向怀特海德支付 1 万美元。1986 年 3 月 27 日，婴儿 M 出生。但怀特海德旋即被亲情所打动不肯履行之前的约定，并带着婴儿 M 从新泽西州迁往佛罗里达州，并在以后的 3 个月里，先后更换了 20 次居所，同时威胁自杀和杀死婴儿 M。经过私家侦探的明察暗访，被匿藏起来达 3 个多月的小女孩 M 终于被找到，在怀特海德的呼天抢地声中，小女孩 M 从她"母亲"怀中被强行夺走。案件最终闹至新泽西州法院。一场争夺婴儿 M 的斗争开始。

（二）法院判决

斯德恩在新泽西州高等法院起诉怀特海德，要求执行代孕合同。高等法院认定代孕协议是合法的。该案主审法官索尔考认为合同应兼顾各方的利益，"在这个案件里，一个男人付出他的精子，而一个女人付出她的卵子，他们两个人通过预先计划共同努力去创造一个孩子，就此便有了一个合同"。在该案发生时，代孕在新泽西州并不受到任何法律或法规约束，法律界中有人认为该州的收养法律使代孕协议无效，因为这些法律禁止在收养期中付出金钱报酬给予交出孩子的人。索尔考法官不同意这种论调，他认为生父不能（也不需要）购买自己的孩子。索尔考法官在考虑儿童的利益后，认为孩子的生父应得到监护权，而他的妻子则可以获得收养权。这是个里程碑式的决定，它标志着法律对代孕协议的认可。因此法院判决合同实际履行，孩子的独家监护权给予斯德恩，怀特海德的母亲权利终止。

怀特海德不服，上诉到新泽西州最高法院。新泽西州最高法院的法官在受理上诉时一致认为代孕协议是非法的，并且违背了公共政策。在法庭的论述中说："这项协议等同于买卖儿童，它是母亲把亲权出卖。唯一不寻常的是母亲把孩子卖给父亲而已。此协议的性质与用金钱来获得收养孩子的权利大同小异"。并且"与金钱所能购买到的一切相比，还有更为重要的价值，不管是劳动、爱情或生命"。最后，法官判定，出售孩子的代孕合同是无效的。同时，州最高法院同意高等法院对父亲监护权的判决，但它恢复了怀特海德的监护权。法庭觉得在没有足够的证据去证明代孕母不适宜做母亲时，是不应终止代孕母的监护权的。法院撤销了妻子的收养令，代孕母亦获得探望权。

（三）问题思考

1. 代孕是在什么样的背景下产生的？

2. 世界上其他国家或者地区如何看待代孕子女的归属问题？

3. 我国在代孕所生子女的归属问题上需要哪些立法上的完善？

二、案例简析

美国各州对代孕行为持不同态度，有 11 个州以"亲子地位法"或"判例"的方式承认代孕合同的合法性；有 6 个州在"亲子地位法"中认定代孕合同无效；有 8 个州依法禁止代孕母通过代孕取得补偿金；有 2 个州拒绝承认代孕合同。承认代孕的州占据多数，但其中又以反对有偿代孕即商业代孕居多。我国《婚姻法》并未就代孕问题做出规定。卫生部公布的《人类辅助生殖技术管理办法》和《人类精子库管理办法》都明令禁止医疗机构和医务人员以任何形式买卖精子、卵子、受精卵和胚胎，禁止任何形式的商业化供卵行为。事实上，代孕行为并没有因为法律禁止就不复存在，反而在近几年来出现了日益增多的现象。随着代孕事件的不断发生，如何处理代孕所生子女的归属问题就成为了当今亟待研究和解决的问题。

三、学理探讨

（一）代孕的基本理论

1. 代孕产生的背景

在人类繁衍发展的历史进程中，一直都是按照传统的自然生殖方式来生育子女、繁衍后代，千百年来，这一传统的自然生殖方式是人类自身延续的唯一途径。但是随着科学技术的不断发展与进步，子女的出生早已不限于人类传统的自然生殖方式，20 世纪 30 年代，与自然生殖方式相对应的人类辅助生殖方式应运而生。所谓"人类辅助生殖技术，又称人工生殖技术，是指不同于人类传统基于两性性爱的自然生育过程，而是根据生物遗传工程理论，采用人工方法取出精子或卵子，然后利用人工方法将精子或受精卵胚胎注入妇女子宫内，使其受孕的一种新生殖技术。"[1] 代孕作为人工生殖技术中的一种，始于 20 世纪 70 年代末期，在美国最早从密歇根州、肯塔基州、加利福尼亚州开始，后来逐渐演变成全国性的现象。

代孕的出现和兴起主要是由于代孕可以帮助不孕夫妇孕育属于他们的孩子。由于生理上或其他原因所带来的生育不能或生育禁止问题一度困扰着一部分人的生活。部分不孕或不适合怀孕的女性对代孕的技术有比较迫切的需求。而代孕技术确实为部分不孕者带来了生儿育女的希望。而在我国的传统文化观念中，生儿育女不仅可以传宗接代、养儿防老，而且也是一个幸福美满的家庭所不可缺少的元素，不孕不仅会影响一个家庭的幸福和睦，而且极易增加不孕夫妇的挫折感和人生压力，虽然收养制度可以帮助他们拥有子女，但是由于收养子女来源缺乏、程序复杂，更为关键的是，养子女和养父母间没有血缘联系，而代孕所生子女不同，这导致人们更倾向于代孕技术。

---

[1] 张伟、赵江红主编：《亲属法学》，中国政法大学出版社 2009 年版，第 190 页。

2. 代孕的概念和分类

在我国，由于代孕技术出现在 20 世纪 80 年代中期，作为一项新鲜事物，代孕及其相关问题引起人们的关注相对较晚，以致当前学术界对代孕的定义暂时没有统一且权威的规定。"代孕"一词出现在卫生部《人类辅助生殖技术管理办法》（以下简称《办法》）所使用的术语，但是该《办法》没有对代孕的含义做明确的规定。

其实，作为人类辅助生殖技术的一种新型方式的代孕技术，实质是"试管婴儿"技术的延伸，通常是指"用现代医疗技术将丈夫的精子注入自愿代理妻子怀孕者的体内受精，或将人工授精培育成功的受精卵或胚胎植入自愿代理妻子怀孕者的体内怀孕，待生育后由妻子以亲生母亲的身份抚养。"[1] 其宗旨在于为生理上不能或不适宜怀孕的妇女提供人工辅助的生育方式，使其获得"自己的"而非"别人的"子女。学说上称怀孕分娩者为代孕母亲，求助于代孕的不孕夫妻称作委托夫妻，代孕母亲所生子女则称代生子女。代孕契约，则是指委托夫妻与代孕母亲就委托代孕中的权利和义务以及代孕子女的归属等问题达成一致的意思表示，该种契约往往是实施代孕的基础。

根据代孕母亲是否可以请求报酬，可以将代孕分为义务代孕、合理补偿代孕和酬金代孕。义务代孕是指代孕母亲为了帮助不孕夫妻实现为人父母的美好愿望，自愿为他人代孕生育，整个代孕过程中代孕母亲不收取委托夫妻的任何金钱或物质报酬；合理补偿代孕是指委托夫妻向代孕母亲支付代孕行为的劳动报酬，具体补偿金额应以代孕母亲的营养、误工、交通、医疗等必要费用为限，不得向代孕母亲支付超过合理补偿的费用；酬金代孕是指依照代孕母亲与委托夫妻之间签订的有偿合同，对代孕母亲支付报酬，通常支付金额高于合理补偿。

根据代生子女与代孕母亲有无血缘关系，可将代孕分为遗传型代孕和妊娠型代孕。遗传型代孕中，代孕母亲不仅提供子宫并且需要提供自己的卵子，因此代孕母亲与代生子女之间存在基因遗传上的血缘关系；而妊娠

---

〔1〕 陈明侠：《亲子法基本问题研究》，载梁慧星主编：《民商法论丛》（第 6 卷），法律出版社 1997 年版，第 6 页。

型代孕则只需要代孕母亲提供子宫，仅单纯代替怀孕过程，与代生子女之间不存在血缘关系。

（二）国外代孕及其有关问题的相关立法

1. 国外关于代孕的三种立法模式

迄今为止，各国对代孕的法律规范各不相同，主要的代孕规范模式大致可以分为三种：禁止模式、收养模式和合同模式。

（1）禁止模式，法律明确规定任何医疗机构或者任何人都不得从事代孕相关行为，如果当事人违反法律的规定，对于医疗机构或者一并对当事人进行刑事处罚或者行政处罚。大陆法系的德国、法国、意大利等国均采取了禁止模式，英美法系的美国和澳大利亚的部分州也采取了禁止模式。考虑到代孕行为涉及与国家伦理原则和公序良俗相违背，使得妇女的身体商品化，所以这些国家认为应该立法禁止代孕。

（2）收养模式，法律不禁止也不鼓励代孕行为，参加代孕的当事人通过已有的收养法的相关规定来解决代孕问题，即使委托夫妻与代孕母亲之间就双方的权利义务成立合同，法律并不承认代孕合同的效力。不过，只要委托人符合收养相关条件的，委托夫妻仍然可以成为父母。收养模式没有破坏传统的父母的认定标准，并且不涉及金钱，因而很好地避免了代孕涉嫌贩卖婴儿的问题。

（3）合同模式，法院尊重当事人所缔结的代孕合同。委托夫妻根据合同即成为孩子的父母，在法院认可下的代孕合同，孩子出生时，医院有义务在出生证明的父母栏内直接登记委托夫妻为孩子的父母。美国2002年的《统一亲子法》采纳了合同模式。

2. 国外关于代孕所生子女归属问题的认定

随着现代医学技术的不断更新发展，代孕技术也日益成熟，这给许多不孕不育夫妻带来了福音。在究竟开放代孕还是禁止代孕以及代生子女的归属问题上，学界存在较大的争议，各国立法、政策也做出了不同的选择。下面笔者通过对两大法系部分国家和地区的代孕情况进行介绍，在立法态度、代生子女归属认定方面进行比较，期望对我国确定代孕技术所生子女归属问题有所帮助。

（1）英美法系国家对代孕所生子女归属问题的认定。英美法系国家，以美国和英国为代表，大部分承认代孕的合法性，考虑到需要实施代孕的人数较多，而且代孕能够最大程度地实现不孕不育夫妇的生育权，因此都有条件地承认代孕的合法性，并对代孕所生子女归属问题有明确的法律规定。

第一，英国。英国的人工辅助生殖技术一直处于世界领先水平，基于代孕已成为一种客观存在的社会现象，1982 年英国设立了沃诺克委员会，对由辅助生殖技术这一现代医疗手段所带来的相关问题予以调查研究，并于 1984 年出版了《沃诺克报告》(Warnock Report)[1]。报告对代孕持否定态度，认为代孕弊大于利。因此《沃诺克报告》建议"建立专门的审查许可机构，禁止一切代孕活动，并对参与代孕的医疗机构和个人科以重刑；建议未来立法应当明确规定代孕协议非法，使其无权要求法院强制执行。"[2]

1985 年初，沃诺克委员会发现以往对代孕不加区分、一律禁止的做法不可能从根本上消除代孕的存在，反而有使代孕现象更加混乱的可能，于是对代孕问题进行重新规制。为此英国于 1985 年颁布了《代孕安排法》，禁止商业性质的代孕，但却承认非商业化代孕的合法性。[3] 该法是英国第一部规范代孕技术的法律，但由于《代孕安排法》规定中没有涉及代孕合同及其效力问题，对代生子女的归属问题也未规定，因此对代孕相关问题并没有从法律层面得到根本解决。

为了弥补《代孕安排法》的缺陷，1990 年英国政府通过了《人类受精与胚胎学法》，本法的重点内容有以下几点：①创立人类受精与胚胎研究管理局（HFEA）来监督管理代孕技术的实施；②规定任何代孕合同无法律约束力；③依据"分娩者为母"的传统规则来确定代孕产生的亲子关系，但丈夫不同意其妻为代孕行为的除外；④规定法院有权制作"亲权令"，该法令在法律上将代生子女视为委托夫妻的婚生子女；⑤规定除合

---

〔1〕 ［美］凯特·斯丹德利：《家庭法》，屈广清译，中国政法大学出版社 2004 年版，第 243 页。

〔2〕 潘荣华、杨芳："英国'代孕'合法化二十年历史回顾"，载《医学与哲学（人文社会医学版）》2006 年第 11 期，第 49～50 页。

〔3〕 何建志译："英国代孕母立法"，载《生物科技与法律研究通讯》1999 年第 2 期，第 39 页。

理费用之外代孕母亲不得收受委托夫妻给付的任何费用。[1] 该法弥补了以前法律法规的不足之处，直接规定委托夫妻可以与代孕子女确立亲子关系，保障了代孕相关当事人的合法权益。

第二，美国。基于美国属于联邦制国家，因此政府对代孕的相关问题没有统一的规定，各州都是根据自己的立法处理代孕问题，这就导致有时联邦各州在对待同一代孕问题时，处理的方式方法却大相径庭。例如，在美国华盛顿州的法律中，代孕合同是绝对无效的，严禁实施任何形式的代孕，规定代孕母亲可以拥有对所生子女的监护权；而在加利福尼亚州，法律承认代孕行为的合法性，将代孕合同作为确定代孕所生子女的亲子关系的直接依据，也即明确了委托夫妻是代孕子女的法律父母，代孕母亲不得主张对代生子女的亲权。[2]

由于代孕行为已然成为社会上的一种普遍现象，为此美国政府于2000年出台了《统一亲子法2000》。该法关于代孕的主要内容包括：承认代孕的合法性，法律不仅支持义务代孕和合理补偿代孕，并且也允许酬金代孕的存在；委托夫妻对代孕所生子女拥有亲权，法律保障其对代孕子女抚养监护权的实现。

（2）大陆法系国家对代孕所生子女归属问题的认定。大陆法系国家以法国和德国为代表，基本上都对代孕持否定态度，普遍认为代孕与社会公共秩序和善良风俗相违背，极易引发一系列伦理道德冲突和法律纠纷，所以严禁实施任何形式的代孕，并且对代孕行为的违法处罚和子女归属问题法律都有明确的法律规定。

第一，德国。德国对代孕相关立法方面持禁止的态度。根据德国1989年颁布的《收养介绍法》的规定，代孕母亲是代生子女的合法母亲，她拥有对代孕所生子女的亲权，但在代孕母亲自动放弃对代生子女的亲权时，委托夫妻可以通过收养的方式成为代孕子女的法律父母。但仅在过了一年之后，德国于1990年10月又再次出台了《胚胎保护法》来禁止代孕技术

---

〔1〕 潘荣华、杨芳："英国'代孕'合法化二十年历史回顾"，载《医学与哲学（人文社会医学版）》2006年第11期，第50页。

〔2〕 孟金梅："关于代孕法律问题的国际视角分析——以美国加利福尼亚州为例"，载《北京政法职业学院学报》2009年第2期，第66~67页。

实施。根据该法的规定，胚胎只能在亲生母亲的子宫中孕育成长，如果被植入其他女性的子宫，虽然代孕母亲不会因为代孕行为受处罚，但违法实施代孕手术的医生将因此遭到严重的惩处。[1]

第二，法国。在大陆法系国家乃至全世界各个国家中，可以说法国在处理关于代孕及相关问题方面上是最为严格的。在代孕技术刚刚兴起时，法国法律从一开始面对代孕技术时就一直保持否定态度，法律规定禁止实施任何形式的代孕。其观点认为代孕行为是对女性的一种奴役行为，严重侮辱了女性的尊严。因此，法国于1994年通过的《生命伦理法》对代孕技术及其相关问题做出了明确规定：禁止实施任何形式的代孕，否定代孕合同的合法性；依据"分娩者为母"的规则将代孕母亲确定为代孕子女的法律父母，代孕母亲不得随意抛弃亲权，否则将受到法律的严惩。[2] "任何涉嫌代孕母亲的夫妇都将受到法国检察机关的密切监控。如果有妻子提出收养孩子的请求，这将受到严格调查。在国外的法国夫妇提出申请婴孩登记户口，同样将受到司法机关的严密监控。至于那些组织策划代孕母亲的协会或医生，均将面临3年监禁和4.5万欧元罚款的处罚"[3]。

综上所述，可以得知基于历史背景、文化传统以及法律观念的不同，两大法系对待代孕及其相关问题的处理差别极大。英美法系国家，大部分都有条件地承认代孕的合法性，并对代孕所生子女归属有明确的法律规定。大陆法系国家，虽然基本上都对代孕持否定态度，严禁实施任何形式的代孕，但是法律却对代孕行为的违法处罚和子女归属问题都有明确的规定。相比而言，我国虽然明确禁止代孕，却没有对其相关问题，尤其是子女归属问题进行规定，使得代孕所生子女的归属问题处于法律的空白区。

（三）我国代孕所生子女归属的立法建议

1. 我国关于代孕相关问题的立法现状及评价

（1）现状。近些年来，代孕现象在我国社会中呈现出不断增加的趋势，由此也引发出来了一系列的法律、伦理问题。由于代孕涉及使用代孕

---

〔1〕 罗满景：《代孕合同合法性研究》，湖南师范大学2007年硕士学位论文，第77页。

〔2〕 刘成明："论代孕母亲所生子女的身份确认"，载《攀登》2007年第3期，第111页。

〔3〕 汪琼："法国地下代孕市场禁而不止"，载《江淮法治》2007年第18期，第55页。

母亲的部分身体功能而且代生子女的归属难以确定，因此代孕一经出现即遭到反对，其中我国《人类辅助生殖技术管理办法》的第3条明确规定："禁止以任何形式买卖配子、合子、胚胎。医疗机构和医务人员不得实施任何形式的代孕技术。"在法律责任部分，该《办法》第22条规定："对实施代孕技术的医疗机构，由省、自治区、直辖市人民政府卫生行政部门给予警告、3万元以下罚款，并给予有关责任人行政处分；构成犯罪的，依法追究刑事责任。"2003年卫生部颁布的《人类辅助生殖技术和人类精子库技术规范、基本标准及伦理原则》也规定：禁止实施代孕技术。从中可以看出，我国在代孕问题上采取了完全禁止的态度。我国政府为了避免代孕带来的一系列复杂问题，采取了逃避的态度，以一刀切的做法禁止代孕。除此之外，我们难以在现行的《民法通则》、《婚姻法》和《继承法》中看到针对"代孕"的专门规定，更对利用代孕技术所生子女的归属问题只字不提。但是不容否认，由于社会对代孕的潜在需求，即使立法全面禁止，代孕也并没有从我们的实际生活中消失，一旦出现纷争，法律根本无法解决。

（2）评价。首先，我国现行代孕立法采取的是部门规章的形式，这些文件大多都是由我国卫生部颁布的，属于行政规章，其法律效力的位阶较低，仅仅具有行业内的行政管理的效力。因此，现行规范代孕的部门规章无法与法律的性质相提并论，它不具有法律的普遍约束力，不能从根本上禁止代孕的出现。其次，我国现行立法对于代孕的规定过于简单，并未涉及代生子女的归属问题。从人类辅助生殖技术在我国应用后，虽然我国卫生部颁布了多部相关行政规章，但这些行政规章中并没有对"代孕"做出详细规定，仅仅明确规定医疗机构和医务人员不得实施任何形式的代孕技术，对代孕技术所生子女的归属问题更是完全没有规定。相对于法国等大陆法系国家，虽然其对代孕也持否定态度，却对代生子女归属有明确的法律规定。最后，现行立法对禁止代孕的主体范围规定过于狭窄，仅仅是单纯地禁止医疗机构实施代孕技术。据统计，我国每年大约有100万人需要经过辅助生殖技术的介入来实现自己的生育梦想，渴望代孕技术的人数相当可观，无形中就形成了一个庞大的潜在市场，广阔的发展前景不容小觑。[1] 因此法律规定的禁止并不能从根本上消除代孕现象的存在，不能禁止非医疗机构和非医务人员进行"地下"代孕手术，更不能阻止公民之间订立代孕合同或选择去国外医疗机构实施代孕手术。

2. 现行民法对代孕所生子女归属的认定

（1）我国现行民法对父母子女关系的认定。我国《婚姻法》明确规定了父母与婚生子女、非婚生子女，养父母与养子女，继父母与继子女之间的权利义务关系。总之，在我国现行婚姻法中，父母子女关系可以分为两大类：

一类是自然血亲的父母子女关系。它是基于子女出生这一自然事实而发生的父母子女关系。自然血亲的父母子女关系是客观存在的，不能人为地解除，只能因一方死亡而消灭，这种父母子女关系包括父母与婚生子女和父母与非婚生子女的关系；此外我国司法解释还规定了婚生推定：依据我国最高人民法院在《关于夫妻离婚后人工授精所生子女的法律地位如何确定的复函》，在夫妻关系存续期间，双方一致同意进行人工授精，所生子女应视为夫妻双方的婚生子女，父母子女间的权利义务关系适用《婚姻法》的相关规定。

另一类是法律拟制的父母子女关系。这是指本无自然血亲应具有的血缘关系，但法律上确认其与自然血亲具有同等的权利义务的亲子关系。这种父母子女关系包括养父母子女关系和形成抚养关系的继父母子女关系。

（2）我国现行民法对代生子女归属的认定。虽然我国现行《婚姻法》规定了四种不同的父母子女关系，却没有对父母的含义做出准确解释，从而使得代孕技术所生子女是否适用我国现行的《婚姻法》和如何适用变得更难以把握。

我国学理解释通常将父母子女关系分为自然血亲和法律拟制父母子女关系。自然血亲强调父母与子女之间有血缘关系，依据其是否在婚姻关系存续期间受胎或者出生，将其进一步分为婚生子女和非婚生子女。如果我

〔1〕 刘菲："浅谈代孕及相关法律构建"，载《广西警官高等专科学校学报》2007年第3期，第50页。

们仅以是否在婚姻关系存续期间受胎或分娩为依据，来衡量妊娠型代孕的话，那么一个已婚的代孕母亲所生的孩子就可以被认为是婚生子女，而一个单身代孕母亲所生的孩子将会被认定为是非婚生子女，但是由于妊娠型代孕情况下，代孕母亲与代生子女之间没有血缘关系，这又与婚生子女与非婚生子女是基于血缘关系这样一个事实相违背。因此，代孕技术所生子女的归属问题就不能靠婚姻法来解决。

那么，代孕技术所生子女的归属问题是否能够依靠《收养法》来调整呢？委托夫妻是否可以以收养人身份对代生子女进行收养呢？根据我国《收养法》的规定，收养是通过法定程序而形成的养父母子女关系，须具备严格的条件。我国《收养法》对收养人、被收养人、送养人的资格都有严格规定：被收养人应当是丧失父母的孤儿、查找不到亲生父母的弃婴和儿童或生父母有特殊困难无力抚养的子女；送养人应当是孤儿的监护人、社会福利机构或有特殊困难无力抚养子女的生父母；收养人也应当无子女、有抚养教育被收养人的能力、未患有在医学上认为不应当收养子女的疾病以及年满30周岁。根据上述规定，不难发现无论是代生子女、委托夫妻还是代孕母亲，都不可能完全满足法律规定的被收养人、收养人以及送养人的法定条件。因此，《收养法》并不能解决代孕技术所生子女的归属问题。

3. 我国代孕所生子女归属的立法建议

（1）代孕所生子女归属认定的相关学说及其评价。由于代孕技术的出现，打破了人类延续后代的传统方式，带来了目前无法解决的社会、伦理、道德和法律方面等诸多问题，尤其是如何确定代孕技术所生子女的归属问题成了现如今亟待解决的问题。因为无论代孕合法与否，只要代孕母亲基于委托夫妻的委托为其生育了孩子，那么法律就必须解决该代生子女的归属问题，而不能无视代生子女的存在。依据现行的各国法律、法理，关于代孕所生子女归属的认定，学术上主要有四种观点：分娩说、血缘说、契约说以及子女最佳利益说。

第一，分娩说。在人工生殖技术产生之前，人们依据分娩来判断孩子的母亲是谁，所以才有了罗马法的"分娩者为母亲"的原则。依据该原则，孩子从谁的子宫中孕育分娩，谁就成为孩子的母亲。在代孕行为中，孩子由代孕母亲孕育分娩，代孕母亲经历了十月怀胎的艰辛把孩子带到这个世界，代孕母亲就是孩子的母亲，那么代孕母亲的丈夫就成了孩子的父亲。前文提到的德国《收养介绍法》、法国《生命伦理法》以及瑞典的法律均是采纳此种观点。

第二，血缘说。对一般社会观念而言，凡是父母子女有血缘关系即有亲子关系。代孕出生的孩子必须由与其有血缘联系的生物学上的父母抚养。血缘说隐含的价值在于对自然科学真理的肯定。

第三，契约说。根据代孕合同，双方在从事代孕行为以前，已经同意由委托夫妻成为孩子的父母，法律应该尊重当事人的决定。契约说的最大优点在于充分考虑到代孕的设立初衷，完全符合人工生殖的目的。尤其是在产生纠纷的情况下需要采取必要的法律措施时，也能够很好地维护孩子的亲权的稳定性。

第四，子女最佳利益说。该说"采取和离婚案件中解决子女监护权归属问题相类似的方法，由子女的最佳利益作为判决的最终标准。"[1] 将代生子女的归属问题视为类似一般离婚时对子女监护权归属的争执，由该子女的最佳利益决定。当双方对子女归属问题产生争议时，由法院认定该子女的最佳利益并作出判决。

然而上述四种学说都有各自的缺陷，均不能完美解决代生子女的归属问题。首先，分娩说曲解了代孕母亲本身的意愿，违背了代孕母亲与委托夫妻缔结代孕协议的初衷。如果采用分娩说确定代孕母亲为代生子女的法律母亲，那么委托夫妻的初衷就不能得以实现，并且代孕母亲实施代孕行为的初衷也不是为自己孕育子女。其次，在血缘说中，由于代孕存在匿名的精子或卵子的捐赠者，如果贯彻血缘说，则捐赠者就有可能成为孩子的父亲或母亲，显然与实施人代孕的目的相违背。因为捐赠者只是帮助委托夫妻生育子女，其本身并不承担法律上有关父母子女间的权利和义务。再次，在契约说中，充分体现了"私法自治"的法律精神，将代孕母亲与委托夫妻在为代孕行为前所订立的代孕合同视为确定代孕产生的亲子关系的直接依据。然而，代孕合同虽然在平等主体间签订，但其本身涉及了人身利

---

[1] 杜伟、卢菁菁："代孕的若干法律问题探析"，载《法制与社会》2008年第8期，第12页。

益，就不能简单地用合同法来进行调整。"尽管私法尊重公民意思自治，但自治并不等于放任，任何自治行为都必须有一定的界限，突破了界限也就等于突破了彼此私权的禁区，没有了权利禁区也就没有了私权存在的空间。"〔1〕最后，子女最佳利益说所倡导的是，孩子是一个有独立人格的人，不是民法上所说的"物"，不能为任何人据为己有，是受到法律保护的独立个体。但我们应该注意到，在社会实践中，虽然人们极力追求保障子女的最大利益，但究竟什么是子女最佳利益，评判子女最佳利益的标准是什么，这样的问题一直没有统一的答案。这导致了子女最佳利益定义的模糊性及法官过大的裁量空间。由于子女最佳利益原则这一标准的高度模糊性，使其很难在实践中应用。综上，上述四种学说因各有其缺陷，无一能独立成为认定代生子女归属的基准。

（2）我国代孕所生子女归属认定的建议。根据我国现有国情，对将来关于代孕的立法有两种可能：一种是继续否定代孕的合法性，明确规定代孕为违法行为；另一种则承认代孕的合法性，对代孕及其相关问题予以立法。

在我国继续否定代孕合法的情况下，笔者认为，应当提升禁止代孕的法律位阶，从行政规章提升至法律，以便具有法律的普遍约束力，从根本上禁止代孕的产生。并且在违法行为产生后，不仅要对违法者进行惩罚，还要对代生子女的归属有明确法律规定，以"分娩者为母"为原则，将代孕母亲作为代生子女法律上的母亲。这样不仅仅完善了法律，也是对违法之徒的惩罚，使委托双方的目的从根本上不能实现，维护法律的尊严。

如果我国承认代孕的合法性，根据前文所述，笔者认为，无论采取何种学说作为判断基准，对于代生子女归属的认定应充分考虑并力争符合如下几条标准：①代孕是人工生殖技术的一种，对代生子女归属的认定应当满足人工生殖设立的宗旨；②确定代生子女归属的最终目的在于决定代孕所生的子女，由谁作为对他（她）行使亲权的母亲。因此，对于代孕技术所生子女归属的认定应当既要考虑以子女最佳利益为原则，也要顾及代孕合同设立的初衷目的，因此，就应当是子女最佳利益说与契约说相结合，

---

〔1〕 杨军：《代孕法律问题研究》，西南政法大学 2007 年硕士学位论文，第 48 页。

并且代孕合同的设立必须有公权力的介入。具体如下：

首先，满足不育者生育愿望是代孕的伦理基础，以代孕契约为基础的"契约说"反映了代孕的根本目的。因为，代孕契约正是委托人委托他人生育自己子女的意愿与代孕母亲为他人生育子女的意愿相一致的产物。所以，我们首先提出这种代孕意思一致应当成为代孕子女身份认定的直接依据，也就是说当事人双方在代孕契约中就代孕子女身份所做出的一致的意思表示可成为认定依据。

其次，由于代孕母亲历经十月怀胎之苦，很有可能在其成功产下婴儿后，由于约定不明或即便约定明确但代孕母亲对代生子女产生难以割舍的感情。此时，我们绝不可以仅仅将代孕母亲当作怀胎生子的工具，泯灭其感情。因此，在代生子女出生后法律应当赋予代孕母亲一定的考虑期，考虑是否要保留对该子女的亲权。例如美国爱荷华州规定，代孕母亲在孩子出生后 72 小时内，可以最终保留对孩子的亲权；弗吉尼亚州规定，在孩子出生后 25 日内，最终决定是否放弃对孩子的保留权。[1] 但是，为了保证委托夫妻的合法权益以及代孕设立的根本目的，该考虑期不宜过长，应控制在 3～5 日。

再次，虽然代孕契约符合私法自治原则，且代孕本质上涉及私人最隐私的生殖事项，但对代孕契约的内容及应用，公权力必须介入。包括对代孕合同的核准，代孕法定条件，委托夫妻、代孕母亲的权利义务等等，来避免代孕的滥用；审查医疗机构，从事代孕技术业务的医疗机构必须有良好的医疗设施和医疗条件；监管代孕中介，代孕中介的存在其实无法避免，为了防止代孕技术的滥用以及误入歧途，有必要为代孕中介保留一定生存空间，使之走上规范化和法制化的轨道。现在开放代孕的国家和地区大都禁止营利性代孕中介，但对公益性代孕中介组织却予以认可。因此，面对我国缺少法律规制的代孕中介混乱无序的现状，应当建立公益性代孕中介服务机构。

最后，关于无效代孕合同下代孕所生子女的归属。为了保障代孕合同各方以及将来所生子女的最佳利益，代孕合同应该经过审批，才能被认为

---

〔1〕 陈凤珠：《代孕合同法律关系研究》，成功大学法律研究所 2003 年硕士学位论文，第 33 页。

有效，如果没有经过卫生主管部门的认可则该合同无效，这样规定的原因是能够使代孕合同始终在公权力的监督下，只有这样才能充分保障各方的利益。如果代孕合同没有经卫生主管部门批准，代孕所生子女的归属就依照"分娩者为母"的原则来认定，如果没有经过相关部门批准的代孕合同所生的子女被认为是委托夫妻的子女的话，那么就等于法律间接鼓励人们私下签订代孕合同，这样使得代孕各方的利益极易受到侵害，并且有可能产生婴儿买卖等问题的风险。

医疗案件知情同意的性质及例外

崔家天

一、案例简介[1]

(一) 事实经过

2004 年 2 月 23 日,原告高德才因右髋疼痛到被告漯河市第五人民医院就诊,被告方医生诊断为:①右股骨头坏死;②强直性脊柱炎。原告高德才遂入住被告处进行治疗,并于 2004 年 2 月 26 日进行人工全髋关节置换术。2004 年 2 月 29 日,被告方医生发现高德才左上肢及左下肢肌力 0 级,经会诊后诊断为脑梗塞。2004 年 3 月 8 日,高德才出院。

2004 年 8 月 18 日,原告高德才以被告漯河市第五人民医院在对其实施的诊疗过程中,主观臆断、草率手术、不顾原告有脑血栓病史仍对原告进行手术,违反医疗常规,侵犯了其知情权为由,向原审法院提起了民事诉讼,要求被告漯河市第五人民医院赔偿各项经济损失 30 000 元。原审法院受理后,于 2004 年 11 月 17 日委托漯河市医学会医疗事故技术鉴定委员会进行了医疗事故技术鉴定。2005 年 1 月 25 日,漯河市医学会技术鉴定委员会作出鉴定结论为:①违法、违规事实:手术同意书中并发症第六项事后补记,无上级医生签字;麻醉记录中显示有高血压病史,与病历有矛

---

〔1〕 参见高德才与漯河市第五人民医院医疗损害赔偿纠纷案二审判决书,(2011) 漯民一终字第 129 号,载中国法院网,http://www.chinacourt.org/paper/detail/2011/06/id/500035.shtml,访问日期:2014 年 4 月 1 日。

盾之处。②因果关系：医疗方的医疗行为与患者的肢体瘫痪无因果关系。③责任程度：无。④事故等级：构不成医疗事故。⑤对患者的医疗护理建议：无。2005年4月2日，原审法院委托漯河市中级人民法院法医技术鉴定处对原告损伤是否需继续治疗，费用多少及是否构成残疾、等级如何进行鉴定。2005年5月16日，漯河市中级人民法院法医技术鉴定处作出鉴定：结论为：①高德才因瘫痪患褥疮，需继续治疗，费用约2000元；②高德才的伤残等级为三级伤残。

（二）法院观点

原审法院认为：术后高德才出现脑梗塞致肢体瘫痪，经漯河市中级人民法院法医技术鉴定处鉴定原告高德才的伤残等级为三级伤残。对此，原审法院予以认定。虽然经漯河市医学会鉴定原告高德才的手术构不成医疗事故，但公民、法人由于过错侵害他人财产、人身的，应当承担民事责任。如果患者身体因医疗机构非医疗事故行为受到损害，医疗机构仍应承担赔偿责任。原告高德才到骨科医院就诊，即与骨科医院发生服务合同关系，医疗行为本身就具有高风险性，对可能产生的不良医疗后果，医疗机构应当让患者知情，由患者自愿对风险作出选择。高德才原有脑梗塞病史，术前又告知麻醉师有高血压史，因而对术中可能会出现的心脑血管意外，漯河市第五人民医院应当明确告知高德才。

根据漯河市医学会的医疗事故鉴定书鉴定结论中的医院违法、违规事实：①手术同意书中并发症第六项（心脑血管意外）事后补记，无上级医师签字。②麻醉记录中显示有高血压病史，与病历有矛盾之处。虽然2010年2月20日河南检苑司法鉴定中心的鉴定书结论显示漯河市第五人民医院在治疗高德才过程中补加病历不能被认定与高德才脑梗塞存在因果关系，参与度为0。但没有推翻原审时双方认可且已被生效判决确认的漯河市医学会医疗事故鉴定书，医疗事故鉴定书认定手术同意书中并发症第六项（心脑血管意外）事后补记，既然是事后补加，说明当时应当告知而非告知，麻醉记录中虽显示高德才有高血压病史，但与病历有矛盾之处，而麻醉同意书所解决的是麻醉可能产生的意外，以及患者对医疗单位所采用的麻醉方法是否同意的问题，而不是整个手术的风险，如果认可患者签了麻醉同意书就视为已告知，手术同意书就无须补记。因漯河市第五人民医院对手术的风险未告知原告，侵犯了高德才的知情权，影响了其选择，因而漯河市第五人民医院应对高德才肢体瘫痪的后果予以赔偿。判决如下：①被告漯河市第五人民医院于判决生效后 10 日内赔偿原告高德才30 000元。②驳回原告高德才的其他诉讼请求。

原告与被告均不服一审判决，提起上诉。二审法院认为高德才因右髋疼痛到漯河市第五人民医院就诊，并做了人工全髋关节置换手术。术后高德才出现脑梗塞致肢体瘫痪，经司法鉴定为三级伤残。对以上事实双方无争议，二审法院予以确认。

二审法院在审理过程中，就本案事实的认定，作了如下分析：高德才认为，在做手术之前，医院方在明知高德才有高血压病史且患者有脑梗塞的情况下，没有履行术后风险告知义务，侵犯了患者的知情同意权，造成了患者三级伤残的后果。漯河市第五人民医院称：脑血管意外是麻醉的主要并发症。而且麻醉医生已就此风险先做了告知，手术医生再做已是重复。漯河市第五人民医院是否尽了告知义务，从该院提供的麻醉同意书上第 5 条第 4 项可以看出：严重心血管反应或脑血管意外，脑血管意外到什么程度，作为普通患者而言，不容易理解到术后会出现肢体瘫痪的严重后果，漯河市第五人民医院提供的麻醉同意书是一份格式合同，双方对此有争议，根据《合同法》第41 条规定："对格式条款的理解发生争议的，应当按照通常理解予以解释。对格式条款有两种以上解释的，应当作出不利于提供格式条款一方的解释……"高德才因右髋疼痛到该院就诊，手术后肢体瘫痪，伤残等级三级。漯河市第五人民医院没有提供证据证明向其释明术后会引起心脑血管意外如肢体瘫痪等事实，故依照上述法律规定，应承担不利的法律后果。故漯河市第五人民医院应承担赔偿高德才经济损失的责任。

综上所述，二审法院最后判决如下：驳回上诉，维持原判。

二、案例分析

这是一起关于医疗损害赔偿纠纷的案件。该案判决对规范医务人员的医疗行为和加强自我保护具有警示作用。

首先，原告高德才到骨科医院就诊，即与骨科医院发生服务合同关系，医疗行为本身就具有高风险性，对可能产生的不良医疗后果，医疗机构应当在术前让患者知情，告知医疗风险，包括术中和术后可能出现的不良后果，如难以避免的并发症。因漯河市第五人民医院对手术的风险未告知原告，侵犯了高德才的知情权，影响了其选择，因而漯河市第五人民医院应对高德才肢体瘫痪的后果予以赔偿。

其次，医疗机构对法定告知形式应当严格遵守。如判决中所述，"医疗事故鉴定书认定手术同意书中并发症第 6 项（心脑血管意外）事后补记，既然是事后补加，说明当时应当告知而未告知，麻醉记录中虽显示高德才有高血压病史，但与病历有矛盾之处，而麻醉同意书所解决的是麻醉可能产生的意外，以及患者对医疗单位所采用的麻醉方法是否同意的问题，而不是整个手术的风险，如果认可患者签了麻醉同意书就视为已告知，手术同意书就无须补记"。因此，漯河市第五人民医院的告知形式存在很大问题，并非患者签过字就能证明医院尽到了告知义务。

最后，漯河市第五人民医院认为脑血管意外是麻醉的主要并发症。而且麻醉医生已就此风险先做了告知，手术医生再做已是重复。正是这种不规范的方式，导致事后被法庭认定在告知方面没有尽到义务。众所周知，医疗行为具有不确定性，任何人均无法详尽列举医疗行为可能导致的所有不良后果。然而如果医生仅给患者提供模糊的、不全面的诊疗情况介绍，将使患者对疾病治疗的选择无所适从。因此，漯河市第五人民医院认为手术医生再做告知是重复行为的想法是错误的，医院应当尽到详尽的告知义务，不能以此为借口推脱责任。

告知义务是医疗机构对患者应承担的法定义务，医疗机构违反该义务则构成侵权。因此只有医疗机构尽到完善的告知义务，纠纷发生的几率才会降低，医疗机构尽管站到被告席也不至于因为未尽到告知义务而处于被动的局面。

三、学理讨论

（一）知情同意权的性质

在上文案例中，上诉人高德才认为，在做手术之前，医院方在明知其有高血压病史且患者有脑梗塞的情况下，没有履行术后的风险告知义务，侵犯了其知情同意权，造成其三级伤残的后果。在这里，笔者不禁思考，究竟知情同意权是一种怎样的权利？又是一种什么性质的权利？

"知情同意"的概念最早发源于医学伦理学，随着伦理原则的法律规则化而逐渐成为法学上的概念。在法学领域，也是先有了法律实践应用，才升华为法律理论和法律概念。因此，从法学概念的角度来看，知情同意的概念还需进一步讨论。[1]

有学者认为，患者的知情同意权属于人格权的一种。[2]患者的知情同意权是指患者在知悉病情的基础上，自主选择医疗方案的权利，其体现的是患者的一种自由决定权，而患者的自由决定权源自其人格自由权。

笔者认为，患者的知情同意权并非是一种独立的人格权，它应属于身体权的一部分。因为若身体权不存在，也就无法有知情同意权了，知情同意权是建立在患者身体权的基础之上的。

在上文案例中，二审法院认为漯河市第五人民医院提供的麻醉同意书是一份格式合同，双方对此有争议，并且二审判决援引的法律条文是《合同法》关于格式条款的那一条。笔者认为，麻醉同意书的性质并非是合同。患者在医院就医，实际上医患双方是形成了医疗服务合同关系。在此种关系下，麻醉同意书也就称不上是一份合同了，二审法院适用《合同法》未免有失妥当。笔者认为，麻醉同意书的性质应更接近于一种准法律行为，以表示 定心理状态于外部为特征，与法律行为的性质极为相似。准法律行为是指行为人以法律规定的条件业已满足为前提，将一定的内心意思表示于外，从而引起一定法律效果的行为。

（二）知情同意之例外

知情同意权包含了知情和同意两部分的内容。知情是同意的前提，同意是知情的结果。因此，知情同意的例外应包括知情的例外以及同意的例外两部分内容。

---

〔1〕 刘宇、王北京、邓利强、谢君辉、郑雪倩："医疗知情同意权概述"，载《中国医院》2008年第4期，第3页。
〔2〕 王利明：《侵权行为法研究》（下卷），中国人民大学出版社2011年版，第435页。

1. 知情例外情形

知情例外的情况，归纳起来主要有以下四种：

（1）紧急情况下的例外。紧急情况指的是患者无法接收信息，无法在知情后靠自己的判断做出同意的决定，或是没有足够的时间来做出说明。在此情况下，如果仍坚持知情同意法则，那么将会侵犯到病患的身体权益，更会人为地让"制度"变质。应强调的是，紧急情况例外的适用范围仅仅是在患者处于无意识状态或不能授权治疗，且不治疗对患者造成的损害要远远大于治疗所产生的各类风险。[1]

（2）患者自身放弃权利的例外。知情同意权对于患者来说是权利，不是义务。权利是可以放弃的。因此，在医疗实践中患者也可自愿放弃该项权利，患者可以不被告知有关的信息，当然，患者必须明确地做出意思表示，而不能采取默示的方式。如果病人明确表示放弃知情同意权，则医师就可以不做任何告知，而是尽量尊重病人的意见。患者放弃知情同意权的前提是患者必须知道他有知情同意权，他必须知道医生有说明告知的义务，知道自己有做出同意或拒绝的自主决定权，知道医生不能做未经其同意的任何治疗。但为避免发生争议，应在病历之上加以记载。

（3）医师实施医疗特权的例外。有些疾病的风险如果告知患者，可能会对患者心理造成打击，不利于疾病的治疗。我国《执业医师法》和《医疗事故处理条例》，均规定医师履行告知的义务要避免对患者产生不利的影响。但这种医师的判断完全取决于医师个人的判断，并无统一的标准。

医师的这种告知判断的医疗特权，其目的虽然是要维护患者的利益，但从患者的角度而言，其知情权可能会在某种程度上被剥夺。所以，医师的这种权利在运用中应尽量限制其适用的范围，以减少对患者知情权的侵害。

（4）已知的风险与不可预测的风险的例外。这里包括两种情况：一种是患者已知风险，即该信息是众所周知的，或是患者已知的，此时医务人员就不必说明此种风险；另一种是不可预测的风险，医务人员在诊疗过程

〔1〕 徐长松："知情同意中患方权利人的排序"，载《医学与哲学》2003 年第 1 期，第 41～43 页。

中，实施的是正确、合理的操作，但还是无法避免一些难以预测的风险发生时，此时医生亦可免责。

2. 同意例外情形

（1）以社会公共利益为大的例外。在个人权益与社会公共利益相冲突时，可以不用经得患者的任何同意即可实行强制医疗。比如，为了社会公共利益，对患有"非典"、"甲流"等重大传染性疾病的患者、需要强制医疗的精神病人、需要强制医疗戒毒的吸毒人员，采取何种方法治疗，就不需要向患者进行说明，也不需要取得患者的同意。但笔者认为，当患者的利益与公共利益发生冲突时，其公共利益的界限须严格界定，不能以医师个人的判断为标准。对这种公共利益的例外情势进行处理，必须有法律的授权，医师应严格依照法定的条件和程序履行职责。

（2）紧急情况下的例外。此种紧急情况指的是患者无法在知情后靠自己的判断做出同意的决定，或是没有足够的时间来做出说明。在此情况下，如果仍坚持知情同意法则，那么将会侵犯到病患的身体权益，更会人为地让"制度"变质。应强调的是，紧急情况例外的适用范围仅仅是患者意识不清、又无法获得患者亲属或者法定代理人同意的情势，且不治疗对患者造成的损害要远远大于治疗所产生的各类风险。基于此，医师可以对患者进行施救行为，而不必考虑是否要承担责任。同时应把握以下要件：已出现明显的、严重威胁患者生命的情况；施救的目的是为了保护患者生命健康的权利；以理性患者的标准判断被施救的患者是否会对施救行为表示同意。

（三）告知义务理解

关于告知义务的规定主要是在《侵权责任法》第七章"医疗损害责任"部分，其中第55条规定："医务人员在诊疗活动中应当向患者说明病情和医疗措施。需要实施手术、特殊检查、特殊治疗的，医务人员应当及时向患者说明医疗风险、替代医疗方案等情况，并取得其书面同意；不宜向患者说明的，应当向患者的近亲属说明，并取得其书面同意。医务人员未尽到前款义务，造成患者损害的，医疗机构应当承担赔偿责任。"

我们可以从以下几个方面对该条文进行理解：

首先，医疗机构应当对以下情形对患者或其近亲属进行告知：①对患者施行手术；②对患者施行特殊检查或特殊治疗；③患者施行实验性临床检查和治疗；④对患者施行其他可能产生严重不良后果的诊断、治疗活动。

其次，医务人员不仅应向患者或其近亲属告知医疗风险、替代医疗方案等情况，而且要向其取得书面同意，二者缺一不可。并不能因为拥有患者签字的同意书就能证明医务人员尽到了告知义务。而在诉讼中，违反告知义务的证明，实行过错推定。在原告已经证明了医疗机构的违法行为和自己的损害事实以及违法行为和损害事实之间存在因果关系的基础上，法官将推定医疗机构存在过错。医疗机构如果认为自己的医疗行为没有过失，应当举证证明自己已经履行了法定告知义务，没有证据证明，那么过错推定成立。

再次，医疗机构违反告知义务并非必然导致承担损害赔偿责任的结果。可以这么理解：①医疗机构违反告知义务使患者未能行使选择权，结果造成患者损害后果的，医疗机构应承担相应的损害赔偿责任；②违反告知义务与损害后果之间无因果关系，患者以违反告知义务为由要求医疗机构承担赔偿责任的，则不被支持。

最后，特别强调实施手术、特殊检查、特殊治疗活动中应该履行说明义务，并不是指其他通常医疗行为不需要患者同意，而是因为这种通常诊疗行为，如常规注射、用药等，对患者不存在可能性的伤害，因此告知方式简单，简要说明即可，不强调患者的同意，也不需要向患者详尽说明，而是采取患者默认许可原则。换句话说，只有患者明确表示不同意这种相关的医疗措施，医疗机构才考虑患者自身的处分权。然而，实施手术、特殊检查、特殊治疗活动等医疗行为在治疗患者的同时，可能会对患者产生较大的伤害，有较大的医疗风险性，医疗费用也较高，因此要求医疗机构应当全面及时告知，需要向患者说明病情、医疗措施、医疗风险、替代医疗方案、相关费用等情况，告知方式也应更规范。此时，告知要求患者书面明示同意。

结　语

近年来，医患关系颇为紧张，不仅患方敲诈、辱骂、殴打医务人员、围攻医院的行为多发，更有甚者故意将医务人员致残、致死……一幕幕暴力恶性事件在全国频频"上演"，性质极其恶劣。出现这种现象最根本的原因还是医患之间缺乏沟通、缺乏信任，因此，当医务人员进行诊疗行为时，应悉心听取患方的意见，及时告知患者及其家属有关医疗事项，使其理解医师的诊疗行为，避免之后因未履行告知义务而引起纠纷。只有患者的知情同意权得到实现，医患关系才能在一定程度上得到缓解。

第 二 编
损害赔偿篇

临床教学基地患者隐私权的限制
与保护探讨

刘兰秋

一、案情介绍

外地来山东打工的女青年刘某（化名）自 2002 年 6 月 6 日起多次到山东省某人民医院做妇科检查，最后被确认是早期怀孕。2002 年 9 月 2 日上午，刘某在好友潘某的陪同下到该医院做无痛人工流产手术。大约 8 时许，刘某进入手术室，好友潘某在手术室门外等候，另有八九位男女实习生也聚集在手术室门外。过了一会儿，主治大夫彭某出来叫这几位实习生进入手术室，潘某也随后进入手术室。此时，潘某看见刘某被放在手术架上，处于昏迷状态，下身赤裸。而彭大夫及另一位教师则在刘某旁边向那八九位实习生讲解着什么。这时，潘某对主治大夫说，你们怎么找了这么多人旁观？主治大夫彭某说，病人已经同意了，并说这些青年都是某学校医学院的见习医生。对好友被别人观看流产手术事件，潘某觉得很气愤，但因为马上得做手术，不方便再说什么，就离开了手术室到门外等候。大约过了一个小时后，那些从手术室出来的见习医生在门外议论纷纷，还发出了阵阵笑声。过了一会儿他们又被叫进手术室。直到所有的见习生都出来离去后，潘某再次进入手术室，见手术还在进行，刘某仍处于昏迷状态，潘某也气愤地离开了。下午潘某来病房看望刘某，问起是否同意见习医生观看流产一事，刘某惊讶地说：这怎么可能？他们根本没有跟我说过啊？此时，潘某得知主治医生没有跟她说实话，便与刘某商量后，与已经来到病房的刘某的家人及好友一起找主治医生对证，主治医生彭某只是说患者同意了，却不肯到病房与刘某对质。为此，原告刘某以自己的隐私权受到侵害为由，于2002年10月8日向山东省某市南区人民法院提起诉讼，要求被告山东省某市人民医院给予精神赔偿2万元，并要求返还支出的医疗等费用。

事情发生后，医患双方对手术和医疗效果都没有异议，刘某及其家属对医院没有经过本人及家属同意，擅自组织学生观摩流产手术全过程极为不满，要求医院给出合理解释并请求精神赔偿。医院则辩称：首先，医院作为公益单位，组织见习医生观看流产是对医学发展负责和培养医务人员的必然需要。并且称他们这样做是符合我国法律和医生职业道德的，没有什么不妥的。其次，最重要的是患者也曾表示过同意，没有任何过错，因此，刘某请求赔偿没有任何道理和依据。对于是否事前经过患者同意，双方也有争议。原告刘某称，自己从被告处接受检查一直到手术结束，从来没有明确同意医院组织观摩，大夫也从来没有向自己征求是否同意被观摩的请求。并且将自己的病历拿出来证明，据病历记载，原告自2002年6月6日开始，数次在被告处做过检查，但检查病历中没有任何关于是否同意观摩的内容。并且，据病例记载，手术开始以后，原告刘某一直处于麻醉状态。而且对观摩一事原告的证人潘某证明了在手术前看到的情况和与主治大夫彭某的交涉情况。由于原告在手术前处于药物麻醉状态，不可能与大夫谈论是否同意观摩一事。最后原告及其家属非常气愤，要与大夫对质，以澄清事实。主治大夫以各种理由推脱，不肯与原告对质。并且辩称，医院的天职是治病救人并为医学发展培养人才，医院组织观摩流产是为了医学事业的发展，培养这方面的专业人才，符合我国法律和医生职业道德。并且举出了主治大夫和几个医护人员的书面证言，内容是在手术前，指导老师和患者沟通过，问是否同意观摩，原告曾经点头同意。并且出来时大夫和见习生都对原告表示感谢，原告也微笑点头。

二、案例点评

本案是一起在医学人才临床实践过程中因隐私侵权而引发的医患纠

纷。《侵权责任法》第 62 条是关于患者隐私权保护的规定，根据该条规定，医疗机构及其医务人员应当对患者的隐私保密。泄漏患者隐私或者未经患者同意公开其病历资料，造成患者损害的，应当承担侵权责任。《侵权责任法》虽然对患者隐私权的保护及侵害隐私权的法律形式、责任作出了规定，但在实践中，对于未经患者同意，医疗机构允许医学院实习生观摩对患者的治疗过程是否构成侵权，各界仍然存在不同的认识。一种意见认为，医疗机构，特别是教学医院，组织见习医生观摩手术，是出于医学发展和培养医务人员的公益需要，且符合我国法律和国际惯例，不构成对患者隐私权的侵犯；另一种意见认为，未经患者同意，医疗机构擅自组织实习学生观摩对患者的治疗过程的行为，侵犯了患者的隐私权。

根据相关法学理论和法律规定，应该认为，本案中被告医院的做法已经构成对患者隐私权的侵犯。尽管临床实习是医学生转变为医生所必须要经历的阶段，但临床实习不能以牺牲患者的隐私权为代价。根据《执业医师法》的规定，实习生并不具备法律意义上的医师资格，不享有获悉患者隐私的权利。同时，患者也并没有配合医院进行临床教学的法定义务。因而，医院要组织观摩教学必须征得患者的同意，否则就构成对患者隐私权的侵犯。在该案例中，刘某进行人工流产手术时，医院组织医学院实习生进行教学观摩，该患者据此提出侵犯隐私权的纠纷，这显然是医院一方有过错的侵权行为。虽然该做法有为社会培养医学人才的良好出发点，但是却侵犯了患者的隐私权，对此种行为应予否定。

三、延伸理论探讨[1]

医学教育具有很强的社会性、实践性特征，以患者为对象和载体的临床教学是医学教育的重要组成部分。在临床见习阶段，医学生在教师的带领监督下，了解病人的病情，检查病人的身体，学习写病历和开处方。在实习阶段，实习生在上级医师的指导下，接诊病人，了解病情，检查病人，参与病历讨论，参与病情谈话，进行诊疗操作等等，不可避免地会涉及病人的隐私。保护医学临床教育中患者的隐私权，平衡学生的学习权与

---

[1] 本部分内容曾发表于《中国卫生法制》2008 年第 5 期。

患者的隐私权，是非常重要的。

（一）患者隐私权的含义

1. 隐私权的含义

1890 年，美国学者路易斯·布兰蒂斯（Louis D. Brandeis）和萨莫尔·华伦（Samuel D. Warren）在《哈佛法学评论》上发表了《隐私权》一文，首次提出隐私权的概念和以法律保护隐私权的设想。此后，各国学者从不同角度对隐私权进行了深入研究，不同国家对隐私权的立法保护也呈现多元化的态势。

一般认为，隐私是一种与公共利益、群体利益无关的，当事人不愿他人知道或他人不便知道的信息，当事人不愿他人干涉或他人不便干涉的个人私事和当事人不愿他人侵入或他人不便侵入的个人领域，包括身体秘密（如生殖器官等身体隐秘部位、身体缺陷）、私人空间（如日记）、个人事实（如个人婚恋状况、收入情况）和与社会无关的个人生活（如性生活）等内容。隐私权是自然人享有的对其个人的、与公共利益无关的个人信息、私人活动和私有领域进行支配的一种人格权。[1] 隐私权主要包括三项基本权能：①私隐瞒权。即公民对上述个人隐私的保密权，未经许可，任何人不得刺探、公开和传播。②隐私支配权。公民对于个人隐私有权按照自己的意愿进行支配，可以公开部分隐私，准许他人对个人活动和个人领域进行察知，准许他人利用自己的隐私。[2] ③隐私维护权。公民对自己的隐私享有维护其不受侵犯的权利，在受到非法侵害时可以依法寻求司法保护。可见，隐私权属于对世权，具有排他性，任何人不得非法侵害。

在 2010 年《侵权责任法》颁行之前，我国虽然未从立法上将隐私权明确作为一种独立的人格权予以确认，但仍明确了隐私权是一种具体的人格权。根据最高人民法院《关于贯彻执行〈中华人民共和国民法通则〉若干问题的意见》第 140 条第 1 款："以书面、口头等形式宣扬他人的隐私，或者捏造事实公然丑化他人人格，以及用侮辱、诽谤等方式损害他人名誉，造成一定影响的，应当认定为侵害公民名誉权的行为。"最高人民法院

---

[1]　王利明：《人格权法新论》，吉林人民出版社 1994 年版，第 480～482 页。
[2]　王利明、杨立新：《侵权行为法》，法律出版社 1996 年版，第 181 页。

《关于审理名誉权案件若干问题的解答》中再次指出："对未经他人同意，擅自公布他人的隐私材料或者以书面、口头形式宣扬他人隐私，致他人名誉受到损害的，按照侵害他人名誉权处理。"《侵权责任法》第 2 条明确实现了"隐私权"的法定化。该条第 1 款规定："侵害民事权益，应当依照本法承担侵权责任。"第 2 款继而指出："本法所称民事权益，包括生命权、健康权、姓名权、名誉权、荣誉权、肖像权、隐私权……继承权等人身、财产权益。"

2. 患者隐私权的含义

在诊疗活动中，患者为治疗疾病而需要向医生如实陈述病史及诊断疾病所需的个人信息，在一定情况下还应接受对其隐私部位进行的以诊断和治疗为目的的医学检查。患者的隐私就是指患者在就诊过程中向医师公开的，但不愿让其他人知道的个人信息、私人活动或私有领域，包括所有能够特定患者个人的信息：①患者的一般个人信息，如家庭住址、电话号码、工作单位、年龄、籍贯、经济状况等；②患者的既往史如疾病史、家族史、生活史、婚姻史、生育史等；③患者身体的隐秘部位及通过诊疗探知或查明的心理生理缺陷；④患者的病名及病情；⑤血液、精液、血型等特殊检查的报告单。

出于治疗疾病所需，患者必须对上述内容与诊疗相关的人员公开，这是患者基于其隐私支配权而作出的对隐私的有限放弃。医生等与治疗有关的人员因治疗疾病所需获知患者的个人信息，以及在患者的知情同意的前提下对患者的身体隐秘部位实施医学检查具有正当性，并不构成对患者隐私权的侵犯。对患者隐私的获知或对其身体隐秘部位的检查具有正当性，必须同时具备五个条件：①主体合法，即是依法注册的经治执业医师等与治疗有关的人员；②程序合法，主要是指对患者身体的隐秘部位进行医学检查之前，必须事先告知患者此项检查的有关情况，并且取得患者的同意；③目的合法，即获知患者的隐私或对患者身体隐秘部位的检查只能是为了治疗疾病所需，而非出于其他与诊疗无关的目的；④范围合法，医生所获知的患者隐私或所进行的医学检查必须限定在治疗疾病所需的范围之内；⑤手段合法，医生在询问涉及患者隐私的病史或有关信息时，或者对其身体隐秘部位进行医学检查时，必须以适当的方式进行，避免与医疗无关的第三人在场或得知患者的隐私。而且，医生在获知患者的隐私之后负有尊重患者隐私、保守秘密的义务。

（二）限制和保护临床教学基地的患者隐私权的必要性

1992 年 11 月 15 日，国家教委、卫生部、国家中医药管理局发布的《普通高等医学教育临床教学基地管理暂行规定》（以下简称《基地管理暂行规定》）规定，临床教学基地分附属医院、教学医院和实习医院三种类型。附属医院的主要教学任务是临床理论教学、临床见习、临床实习、毕业实习，教学医院承担高等医学院校的部分临床理论教学、临床见习、临床实习和毕业实习任务，实习医院承担高等医学院校的部分学生临床见习、临床实习和毕业实习任务。在医学临床教育中，医学生在教师的带领监督下，了解病人的病情，检查病人的身体，参与病历讨论，参与病情谈话，进行诊疗操作，从而可能接触到患者的隐私。对于临床教学基地中的患者隐私权，法律应在合理限制的同时予以妥善保护。

1. 限制临床教学基地患者隐私权的必要性

隐私权是患者的一项基本权利，在临床教学基地就诊的患者仍然享有隐私权，但基于医学教育的公益性、医学生受教育权的法定性以及临床教学基地在性质与功能上的双重性，患者在临床教学基地就诊过程中的隐私权具有不同于其他一般医疗机构的特点，应受到必要的、合理的限制。

（1）医学临床实践的公益性特征。包括临床见习和实习在内的医学临床实践符合医学教育的规律，其目的是加强医学生的临床操作能力、医患沟通能力，树立正确的医疗思想和优良的医疗作风，顺利实现医学生向医生的转变，为社会培养合格的医务工作者，符合社会的公共利益和长远利益，具有社会公益性。

（2）医学生受教育权的法定性。《中华人民共和国宪法》第 46 条规定，中华人民共和国公民有受教育的权利和义务。《中华人民共和国教育法》（以下简称《教育法》）第 4 条规定，教育是社会主义现代化建设的基础，国家保障教育事业优先发展。全社会应当关心和支持教育事业的发展。该法第 9 条规定，中华人民共和国公民有受教育的权利和义务。第 42 条还规定，受教育者享有"参加教育教学计划安排的各种活动，使用教育教学设施、设备、图书资料"的权利。《教育法》第 47 条规定，国家机关、军队、企业事业组织及其他社会组织应当为学校组织的学生实习、社会实践活动提供帮助和便利。

（3）临床教学基地性质与功能的双重性。临床教学基地具有相对精良和充足的医疗资源，既是医疗服务机构，同时又是临床教学机构，承担着医疗服务和临床教学的双重职能。《基地管理暂行规定》第3条明确指出，承担一定教学任务是各级各类医疗单位的职责和应尽的义务。以附属医院为例，该《暂行规定》强调，附属医院是学校的组成部分，承担临床教学是附属医院的基本任务之一。附属医院的主要教学任务是临床理论教学、临床见习、临床实习、毕业实习。附属医院应保证对教学病种的需要，内、外、妇、儿各病房（区）应设2～4张教学病床，专门收治教学需要病种病人；在不影响危重病人住院治疗的前提下，尽可能调整病房中的病种，多收容一些适合教学的患者住院治疗。《全国医院工作条例》第2条、第15条和第17条也作了类似规定。

卫生部《关于加强部属高等学校临床教学的暂行规定》（以下简称《临床教学暂行规定》）第4条规定："附属医院是学校的重要组成部分，具有救死扶伤和教书育人两个基本职能……就其教育职能而论，医疗是基础，育人是目的。附属医院要认真贯彻教育方针，增强教学意识，完善教学管理，提高教学质量。"第6条规定，附属医院、教学医院的科室要积极支持和落实教研室的教学安排，保证教学的顺利进行。

2. 保护临床教学基地患者隐私权的必要性

患者的隐私权在临床教学基地应受到一定的限制，但这并非意味着患者在临床教学基地不享有隐私权，更不说明医学生可以随意以患者为对象进行临床实习。患者的隐私权问题是临床教学基地经常面临的问题，因而更应该进行有效的法律保护。

（1）隐私权是患者的基本权利。隐私权是公民的重要人身权利，对于维护患者的人格尊严具有重要意义。《中华人民共和国宪法》第38条规定，中华人民共和国公民的人格尊严不受侵犯。隐私权对于保证患者的尊严具有重要作用。

（2）有利于疾病的诊疗和治愈，构建和谐的医患关系。对患者隐私权的保护对于构建和谐的诊疗关系，对于疾病的诊疗和治愈都非常重要。患者基于对医生的信任，将属于自己隐私范畴的事项告知医师，以利于医生更好地诊断病情。医生对患者隐私的尊重也是构建诚信、和谐医患关系的必要前提。目前，医学教育中侵犯患者隐私权的现象具有一定普遍性。随着公民权利意识的增强，因未事先告知病人并取得患者同意而让医学生对患者的身体隐私部位进行见习的教学活动而发生的医患纠纷甚至诉讼屡有发生。

（3）从比较法的角度考察，加强医学教育中对患者隐私权的保护是世界趋势。

首先，1981 年，世界医师协会第 34 次会议通过了《关于患者权益的里斯本宣言（WMA Declaration of Lisbon on The Rights of The Patient）》，该宣言先后于 1995 年和 2005 年作了修改。根据《里斯本宣言》，患者在就医过程中享有接受妥善医疗的权利、自由选择的权利、自主决定的权利、接受健康教育的权利、关于尊严的权利等 11 项权利，其中有两项权利涉及医学教育中的隐私权问题。"自主决定的权利"在第 3 项中规定，"患者有权拒绝参与医学研究或医学教育。"《里斯本宣言》第 10 条"关于尊严的权利"第 1 项规定，"在进行医疗和医学教育时，应该根据病人的文化与价值观保障患者的尊严和隐私权。"

其次，1994 年，世界卫生组织（WHO）欧洲分部在阿姆斯特丹召开了"关于患者权利的欧洲会议"，通过了《关于促进患者权利的欧洲宣言》。宣告明确规定，"所有人，都拥有隐私受到尊重的权利。"并且在"秘密保持和隐私"中规定了 8 项内容。其中第 7 项规定，"医疗行为仅在充分尊重个人隐私权的基础上进行。这意味着，在医疗行为中，除该患者做出同意或者要求的场合外，不允许必要人员以外的人在场。"而且，根据《欧洲患者权利宣言》，告知后同意（informed consent）是"进行一切医疗行为之际，事先所必要的"。即使在患者"参加临床教育"、"参加科学研究"之际，也必须以获得知情后的同意为前提。

最后，长期以来，美国医学教育机构认为，医学生对因麻醉而处于无意识状态的妇女进行医学检查，是保证医学教育能够顺利进行的重要措施，这也是美国许多教学医院极为普遍的医学教育活动。但 2003 年，加利福尼亚州通过了一项新法案（2003 年第 663 号），该法案于 2004 年 1 月 1

日起生效，明确要求在医学生对处于被麻醉状态的妇女进行盆腔检查之前，必须取得该妇女的明确同意。这使加利福尼亚成为美国第一个以法律形式保护妇女免受医学生未经其授权的骨盆检查的州。

此外，冰岛于 1997 年制定了《患者权利法》，根据该法第 11 条的规定，医学生为进行研修而参与治疗时，必须将这一事实告知患者。在此场合，对于患者的同意或拒绝，必须予以尊重。

(三) 临床教学基地患者隐私权限制与保护的立法现状

当前，我国关于患者隐私权的规定主要见于《执业医师法》和《护士条例》等法律法规中。《执业医师法》第 22 条中规定，医师在执业活动中应关心、爱护、尊重患者，保护患者的隐私。另据《执业医师法》第 37 条规定，泄露患者隐私，造成严重后果的，应承担法律责任。《护士条例》第 18 条规定，护士应当尊重、关心、爱护患者，保护患者的隐私。《侵权责任法》第 62 条对患者的隐私问题亦作了明确规定，"医疗机构及其医务人员应当对患者的隐私保密。泄露患者隐私或者未经患者同意公开其病历资料，造成患者损害的，应当承担侵权责任。"

上述规定较为宏观地规定了医疗机构及其医务人员对患者隐私的保护义务，而非对临床教学中患者隐私权限制和保护问题作出的直接规定，且基本都是从医生的义务角度进行的规范，而不是从患者的角度将隐私权规定为基本权利。在内容上也过于笼统，没有涉及患者隐私权的实现途径和相关责任。为此，卫生部和教育部于 2008 年 8 月 18 日联合印发《医学教育临床实践管理暂行规定》，自 2009 年 1 月 1 日起实施。这一暂行规定对医学教育临床实践与患者隐私权等权益的保障问题作了明确规定，如第 7 条规定，"临床教学基地及相关医疗机构应采取有效措施保护医学教育临床教学实践活动中患者的知情同意权、隐私权和其他相关权益。"第 11 条指出，"临床带教教师和指导医师应牢固确立教学意识，增强医患沟通观念，积极说服相关患者配合医学教育临床实践活动；在安排和指导临床实践活动之前，应尽到告知义务并得到相关患者的同意。在教学实践中要保证患者的医疗安全和合法权益。"第 15 条再次强调，"医学生和试用期医学毕业生在医学教育临床实践活动中应当尊重患者的知情同意权和隐私权，不得损害患者的合法权益。"该《暂行规定》填补了我国关于医学临床教育中患者隐私权保护的立法空白。上述这些规定体现了医学生临床实践过程中涉及患者隐私权时应遵循如下原则：

1. 告知原则、同意原则和适当原则

告知原则要求在对涉及患者隐私的部位或信息进行医学教育时，必须首先以适当方式向患者进行充分的告知。同意原则要求在获得充分告知之后，患者有权决定是否参与医学教育。如果患者拒绝，就不得进行针对该患者的医学教育。即使患者同意之后，也可以随时拒绝。对于患者的医学教育必须取得患者的允许和授权方可实施。适当原则要求医学生以适当的方式进行临床见习和实习，如医学生的数量不宜过多，尽量避免无关的第三人在场等。

2. 遵守守密义务

远从希波克拉底时代就已将保守诊疗秘密认为是医师的伦理守则之一。从一定意义上讲，患者的隐私权就是医生的守密义务，保护患者的隐私权必然要求医师为患者保守秘密。在临床教学基地，实习医学生同样对病人的隐私负有保密的义务，不得在非医疗专业的公开场合讨论病人的病情，不得将病人的病历或其复印件带离医院。但如为讨论病例之用，可以在带教老师的指导下，适当地整理或摘录病人的资料。

此外，为确保临床教学的顺利开展和患者权益的切实保障，除了尽可能地调和两者之间的矛盾与冲突之外，还应大力宣传医学教育的公益性，增强全社会参与、支持医学教育的意识，通过在临床教学基地张贴壁画等方式宣传医学教育的公益性，树立患者对医学教育事业的正确认识，加深其对医学教育公益性的理解和对临床教学工作的理解和支持。让更多的患者认识到担任"活标本"的行为就是为推动医学教育事业，推进医学发展做贡献的高尚行为，增强全社会参与、支持医学教育的意识。同时，探索灵活多样的见实习方式，如使用标准化病人、进行模拟临床教学等。"标准化病人"又称"患者演员"，既包括从真正患者中招募来的活教材，也包括由健康人经过专门培训，来扮演患有某些特定病症的假患者。这些假患者能够相当准确地模仿相应病例的症状，包括走路的姿势、身体的动作、疼痛的程度、面部的表情、病史病状的自述等。而医学生则充当"准医生"，根据这些患者演员表现出来的症状，询问病史、判断病情，做出正确的诊断。在模拟临床教学中，使用"模拟病人"进行临床实习和教学。澳大利亚科学家还研制出了一种"虚拟手术系统"，可以让年轻的实习医生们通过计算机系统虚拟的手术刀练习给一个虚拟人体动手术，该系统中手术器械切入肌肉组织、碰到骨头等触感都非常逼真，实习医生觉得自己仿佛是在给真正的患者动手术，这可以有效地提高医术水平。

医疗损害责任中的过错推定

李筱永

一、案例简介[1]

（一）案 例

2007 年 3 月 12 日，孙某到公司新装修的办公楼办公，新办公楼是全封闭的，而楼内中央空调还未正常运转，空气里弥漫着刺鼻气味。孙某即感觉不适，她陆续出现流涕、发烧、声音嘶哑、胸闷、眩晕、头痛、手指麻木等症状。4 月 19 日，孙某在工作中突然出现"不认识人了"，目光呆滞，言行怪异的症状。当晚 9 点左右，孙某出现神志不清，浑身发冷，瞳孔散大、上肢痉挛。次日早上，孙某父母立刻带着女儿前往镇江四院就诊。

根据 2007 年 4 月 20 日医方门诊病历记录：患者既往无精神病史，身体健康，工作很好，近一个月办公室搬迁至新装修的大楼后，自诉身体不适，头痛，胸闷，眼鼻刺激重时感呼吸困难，从昨天下午出现言行怪异，说话东拉西扯，多话，查体见"神清，注意力不集中，交谈多问少答，答非所问，很难沟通"。门诊初步诊断为："中毒性精神障碍待定；精神分裂症待排"，并将孙某收入该院精神科病房住院，给患方开具的住院证对孙某的诊断为"有机化合物所致精神障碍待定（苯）"。然而入院诊断却为

---

〔1〕 2013 年 6 月召开的全国精神病学伦理和法律问题学术研讨会卓小勤律师提供，特此致谢。

"急性短暂性精神病（分裂样精神病）；器质性精神病待排"。用药包括氟哌啶醇、东良菪碱、思瑞康等。

孙某于 5 月 9 日办理了出院。医生开具的《出院小结》中，诊断结论是"急性短暂性精神病"。5 月 23 日，孙某到江苏大学附属医院看病，被诊断为急性脑功能障碍、苯中毒可能，建议减停药物。她当天开始减药，3 天后彻底停药。7 月 18 日，她到江苏大学附属医院复诊，被确诊为"中毒性脑病"。8 月 6 日经过上海龙华医院检查，对孙某诊断为"急性中毒"。有数份"中毒"诊断做支撑，孙某信心满满地找到镇江四院，希望对方修正"急性短暂性精神病"的诊断，但多番协商未果。而且，孙某出院后，出现严重肥胖、口干、心动过速、晕厥、胆固醇升高、血管痉挛、头疼、记忆力减退、高血压等病症。于是 2008 年 4 月，她将镇江四院告上法庭，同时申请对医院的过错及过错与损害之间的因果关系进行司法鉴定。

2008 年 5 月份，与被告交换证据材料后，孙某大吃一惊，病例中 3 处父亲签名中有 2 个系伪造，且多处记录自相矛盾。一审法院委托权威机构对病历进行文书鉴定，仅签名被确认系伪造，其余项目因涉及"精神病临床医学内容"，超出文书鉴定业务范围，未能鉴定。2008 年 11 月，孙某撤回起诉之初的鉴定申请，要求一审法院对病历的原始性、真实性、合法性进行审查。一审法院认为，仅从记录内容矛盾认定被告伪造病历，太主观。此后，镇江四院提出司法鉴定申请，一审法院希望孙某配合。孙某坚持：先鉴定病历真伪，然后配合做司法鉴定。僵持之间，一审法院于 2010 年 9 月做出判决：从医患知情谈话记录分析，尚难判断被告的伪造行为导致原告何种程度的损害，该判断有赖于临床法医学鉴定；虽然医疗侵权案实行举证倒置，医疗机构须证明自己无过错，但医方申请鉴定后，需患者配合。因原告不配合，导致无法得到专家意见，影响本案的法律判断，驳回原告请求。

孙某不服一审判决，于 2010 年 10 月 1 日上诉至镇江市中级人民法院。二审期间，孙某再次提出司法鉴定申请，申请鉴定的事项除过错和因果关系外，还包括对病历的真实性、合法性、完整性、原始性进行专业审查。二审法院委托中山大学法医鉴定中心进行鉴定，因该鉴定中心拒绝对病历进行专业审查，二审法院又委托北京华夏物证鉴定中心对病历进行专业审查鉴定。经华夏物证鉴定中心鉴定，认为孙某住院病历"存在不真实、不合法的地方，但是从司法鉴定的角度，这份病历还是可以作为过错和因果关系司法鉴定的依据的材料"。于是二审法院要求中山大学法医鉴定中心恢复对本案的鉴定。2012 年 4 月 26 日，中山大学法医鉴定中心组织医患双方听证，听证会上鉴定人宣布本次鉴定是一起涉及精神科医疗损害的案件，需要进行医疗损害的法医精神病鉴定。但是患方的意见是：本案的案由是"医疗损害赔偿纠纷"，鉴定应该属于医疗纠纷鉴定，依法应当由法医临床鉴定人进行鉴定，而不应当由精神病司法鉴定人进行鉴定。本案即使涉及"精神病"问题，也仅仅是医方对患者做出的"急性短暂性的精神病"的诊断是否成立，并不涉及《司法鉴定执业分类规定（试行）》第 6条关于"法医精神病鉴定"的法定内容。为此，二审法院于 2012 年 6 月12 日，再次以孙某不配合鉴定为由，驳回孙某的上诉，维持一审判决。

（二）问题思考

1. 举证责任的分配。

2. 结合本案，委托鉴定的事项应该是什么？

3.《侵权责任法》第 58 条的适用问题。

二、案例分析

病历不仅是对医疗行为的详细记录，具有极高的医学价值，同时又是医疗损害赔偿诉讼、鉴定的重要证据资料与依据。因其具有极强的专业性且由医疗机构单方制作并负责保存，产生医疗纠纷后，患方常常对病历的真实性、有效性提出质疑，因而病历往往成为医患双方争议的焦点。本案是侵权责任法施行前发生的侵权行为引起的民事纠纷案件，所以并不适用《侵权责任法》的规定，而是适用《中华人民共和国民法通则》、《中华人民共和国民事诉讼法》、《医疗事故处理条例》、《最高人民法院关于民事诉讼证据的若干规定》（以下简称《民事证据规定》）等规定。针对因医疗纠纷引起的损害赔偿案件，必须确定医疗机构在诊疗过程中是否存在过错以及该过错与损害后果之间的因果关系。基于医疗行为的专业性和复杂性，这一过程必须依赖专门鉴定部门完成。如果基于各种因素导致鉴定不能，就意味着双方争议的案件事实处于一种真伪不明的状态，此时法官无法用实体法律规定对案件进行裁判，最终只能使用程序法来进行裁判，即判决举证不能的一方承担最终的不利后果。原因是：举证责任有两层含义，即行为意义上的举证责任和结果意义上的举证责任。行为意义上的举证责任简称行为责任，是指当事人对主张的事实有提供证据加以证明的责任；结果意义上的举证责任简称结果责任，是案件事实经证明处于真伪不明的不利诉讼后果由哪一方当事人承担。举证责任在根本上要解决案件事实真伪不明、法官又不能拒绝裁判时如何分配不利后果的问题，因此，举证责任的本质是结果责任。本案一审判决认为：一方面孙某拒不同意以现有病历进行鉴定，却又对病历真实性的异议无法提供证据予以证明，因此孙某承担不利的的法律后果。笔者认为该判决是值得商榷的。依据《民事证据规定》第4条第1款规定，因医疗行为引起的诉讼，由医疗机构就医疗行为与损害结果之间不存在因果关系及不存在医疗过错承担举证责任。本案举证责任由医院承担。诉讼中，经审查病历存在伪造签名，多处自相矛盾的不真实情况，故孙某不予认可，使相关鉴定无法进行，造成孙某的损害原因不能查明，相应举证不能的法律后果应由负有举证责任的医院承担。

随着《侵权责任法》的适用，病历是医患双方争议的焦点这一情况并未得到实质的改善，相反越演越烈。根据《侵权责任法》第58条的规定："患者有损害，因下列情形之一的，推定医疗机构有过错：（一）违反法律、行政法规、规章以及其他有关诊疗规范的规定；（二）隐匿或者拒绝提供与纠纷有关的病历资料；（三）伪造、篡改或者销毁病历资料。"所以，对病历提出异议成为更多原告的选择，一方面患者动辄提出"医疗机构在病历上作假，病历不具有证据效力，推定医疗机构有过错"的诉讼主张，除不涉及医学专业知识、根据常理就可以做出判断的情况外，其他情况都须依靠鉴定做出判断。病历异议最直接的后果是，导致本已较长的案件审理周期变得更长。医疗过错鉴定机构往往认为"病历的瑕疵涉及证据真实性问题，鉴定机构无权裁决"，于是法院只能委托鉴定机构作书证鉴定，实际后果是案件久拖不决，裁判处于窘境。另外，司法实践中适用《侵权责任法》第58条第2、3项判案的很少，主要因为法官还是延续了之前靠鉴定办案的思维惯性。对于病历存在缺陷的案子，不管原告方如何要求，法官坚持要求首先去鉴定，有些原告屈从了，鉴定被告构成医疗损害，顺理成章变成了过错责任，判案当然就适用 54 条。如果原告方以病历缺陷为由的不去鉴定的，法官认为仅凭病历缺陷本身无法认定被告存在过错，认定原告未完成举证责任，判决原告败诉。[1] 无论《侵权责任法》出台前后，病历的真实性、完整性永远是患方的"保护伞"。关于病历的真实性审查是指对病历记载的内容是否真实，是否是当时记载的文字符号信息进行判断的专门活动。病历的完整性审查是指对提交给法庭或者鉴定机构的病历资料是产生医疗争议事件所涉及的患者医疗病历的全部还是其中一部分进行判断的专门活动。但是谁来审查、怎么审查的问题，长期以来争论不休。《北京市高级人民法院关于审理医疗损害赔偿纠纷案件若干问题的指导意见（试行）》第 13 条规定：当事人对病历资料及其他进行医疗损害鉴定所需的材料的真实性、完整性有异议的，应当由人民法院先行组织双方当事人举证、质证。人民法院应根据举证、质证的具体情况进行审查。经审查，病历资料存在瑕疵的，人民法院应通过咨询专家、委托文件检验、病历评估或由鉴定专家作初步判断来认定瑕疵病历是否对鉴定有实质性影响。如果没有实质性影响，则仍可继续进行鉴定，但瑕疵病历部分不能作为鉴定依据；如果有实质性影响，造成鉴定无法客观进行的，则应终止鉴定。由此我们可以看出医患双方就病历真实性与完整性进行争辩，除非是显而易见，否则这种情况下往往也需要借助鉴定来解决。并且即使存在伪造、篡改病历的情况，医疗机构往往会要求对是否构成诊疗损害进行鉴定，这事就不能简单根据医疗机构伪造、篡改病历的情况来最终认定医疗机构有过失，而要通过鉴定最终认定有无医疗过失。这一问题的复杂性在于，在认定存在医疗机构伪造、篡改病历的基础上，还要进一步确定伪造、篡改情况是否影响诊疗过失与诊疗损害因果关系的鉴定。如不影响，则可以进行鉴定并以鉴定结论作为证据，经质证和认证最终认定事实。如伪造、篡改情况已足以影响医疗过失与因果关系的鉴定，则医疗机构因自身行为已失去推翻过错推定的机会，最终应认定医疗机构存在诊疗

---

[1] http://blog.sina.com.cn/s/blog_ 4cec51fd0102edtd.html.

过错。[1] 所以本案在二审中法院委托北京华夏物证鉴定中心对病历进行专业审查鉴定，认为孙某住院病历"存在不真实、不合法的地方，但是从司法鉴定的角度，这份病历还是可以作为过错和因果关系司法鉴定的依据的材料"。由此我们可以得出，鉴定中心对病历的专业审查的目的不是该病历是否被伪造、篡改，而是为进一步确定"存在不真实、不合法的地方"情况是否可以作为过错和因果关系司法鉴定的依据的材料，是否影响诊疗过失与诊疗损害因果关系的鉴定。该案的病历鉴定结论是瑕疵病历没有对鉴定有实质性影响。既然如此，该案的诉讼进程的关键是鉴定"医疗机构在诊疗过程中是否存在过错以及该过错与损害后果之间的因果关系"。然而二审中医患双方争议的焦点又成为委托鉴定的事项。法院委托的是法医精神病鉴定，而患者主张的是法医临床鉴定。笔者认为二审法院委托法医精神病鉴定是值得商榷的。根据《司法鉴定执业分类规定（试行）》第6条规定的所谓法医精神病鉴定，是指运用司法精神病学的理论和方法，对涉及与法律有关的精神状态、法定能力（如刑事责任能力、受审能力、服刑能力、民事行为能力、监护能力、被害人自我防卫能力、作证能力等）、精神损伤程度、智能障碍等问题进行鉴定。而第5条规定所谓法医临床鉴定，是指运用法医临床学的理论和技术，对涉及与法律有关的医学问题进行鉴定和评定。其主要内容包括：人身损伤程度鉴定、损伤与疾病关系评定、道路交通事故受伤人员伤残程度评定、劳动能力评定、活体年龄鉴定、性功能鉴定、医疗纠纷鉴定、诈病（伤）及造作病（伤）鉴定、致伤物和致伤方式推断等。笔者认为：①本案案由是"医疗损害赔偿纠纷"，是患者起诉医疗机构的诊疗行为存在过错以及与原告的损害结果（患者主张其出现了严重肥胖、口干、心动过速、晕厥、胆固醇升高、血管痉挛、头疼、记忆力减退、高血压等病症）之间存在因果关系，即"医疗过错和因果关系的医疗纠纷鉴定"，这属于"法医临床鉴定"的范畴。②虽然涉及"精神病"问题，也仅仅是医方对患者做出的"急性短暂性精神病"的诊断是否成立，并不涉及法医精神病鉴定的内容。申请鉴定的是医疗机构的诊疗行为，而不是患者的精神状态。而且患者主张精神抚慰金，是因为

---

〔1〕 单国军：《医疗损害》，中国法制出版社2010年版，第162页。

医疗机构的误诊导致患者被冠以"精神病人"所受到的名誉损害提出的，并不是说医疗机构的诊疗行为造成其精神损伤，从何谈起"精神损伤鉴定"。

三、学理探讨

（一）精神类疾病的特殊性

我们通常所说的"被精神病"是指：不该收治的个人可以被轻而易举地送进精神病院进行隔离治疗，医院只对支付医疗费的人负责，住院期间没有任何纠错机制，投诉、申诉、起诉皆无门。表面上看，被精神病是指正常人被误诊为精神障碍患者。但实质上被精神病不同于误诊，被精神病的本质特征在于"随意性"或"任意性"。随意性即指精神障碍的诊断和治疗没有限制、制约和主观性大。正因为这种随意性，公民的合法权益极易被侵犯、公权力极易被滥用以及医疗机构极易成为公权力的帮凶。最终造成了公权力出于某种利益的考虑，凭借其优势地位就可以将正常公民扣上"精神病"的"帽子"，以及本来应该独立行使疾病诊断权的精神病院，不再对病人负责，而变成对金钱与权力负责的种种乱象。众所周知，"医学是不确定的科学"，即使医学在不断进步，然而疾病因其不确定性，诊断依然不可能 100% 准确。造成误诊的原因有很多，主要有医生经验不足，缺乏对疾病的认识；问诊与检查没有取得共识；医生没有选择最有利的检查项目；疾病本身缺乏特异性症状等等。但就本案而言，笔者认为这是一个误诊。因为被精神病往往是在家庭、社会、政治压力下做出的有损病人利益的错误的诊断。本案中，被告方是将"中毒性脑病"诊断为"急性短暂性精神病"。之所以这样医生对此并无主观意识。同躯体性疾病相比，精神类疾病非常特殊。至今为止，对于其属于科学的范畴还是伦理的范畴仍存有较大争议。[1] 另外，精神疾病医师的诊断，主要根据病人的自我陈述，然后凭借其专业知识与经验来做出判断。这种诊断方式，在效度上难以令人信服，这已经成为困扰现代精神病学的一道难题。美国斯坦福大学设计的一项著名实验研究说明了这一点，该研究要求 8 位身心健康的心理

---

[1] 戴庆康："精神疾病诊断：科学的判断？伦理的判断？"，载《医学与哲学》2005 年第 7 期。

学研究人员假装成患有精神分裂症的病人，先后向美国 5 个州的 12 所精神病院求诊并请求住院治疗，结果全部获准住院治疗，而且其中 7 人被诊断为精神分裂症。[1] 美国学者萨斯甚至说："区别患精神疾病的人和精神健康的人的科学方法根本是不存在的。这一事实——至少在目前——从精神病学文献中看来，是很明显的……实际上，在能提出精神病学证据的任何案件中，都一定能得出与这一证据相反的精神病学证据。"[2] 所以孙某的情形相对于其他疾病而言更容易诊断错误。

（二）关于过错推定的问题

所谓推定，是根据已经存在的一定事实，假定另一事实的存在。前一事实称为基础事实，后者称为推定事实。推定包括法律上的推定和事实上的推定。法律上的推定是指，根据法律的规定，当基础事实存在时，必须假定推定事实存在。至于该事实是否合乎逻辑地出自基础事实，在所不问。事实上的推定，本质上属于推论。它是根据经验法则和逻辑规则进行推理而得出的结论。无论法律上的推定还是事实上的推定，都应该允许反驳。这是由推定的不精确性或盖然性所必然得出的结论。根据这样的理论，《侵权责任法》第 58 条就是一种法律上的推定，即根据法律的规定，当基础事实存在时，必须假定推定事实存在。就第 58 条而言，如果出现了列举的三种基础事实，就应当推定过错的存在。

关于该推定是否允许反驳，学界众说纷纭。梁慧星教授认为："总结裁判实践经验，本条明文规定，凡具备本条列举的三种情形之一时，应当推定医疗机构有过错。特别应当注意，本条所谓过错推定，属于不可推翻的推定，而与通常所谓推定允许以反证加以推翻不同。"杨立新教授在其《中华人民共和国侵权责任法司法解释草案建议稿》第 101 条规定：依照侵权责任法第五十八条规定推定医疗机构有过错的，法院即可认定医疗机构有过错；医疗机构不得主张推翻该过错推定。而张新宝教授则认为：原告一方无需证明对方有过失，而是给对方一个证明自己没有过失的机会。

---

〔1〕 张春兴：《现代心理学》，人民出版社 1994 年版，第 656～657 页。
〔2〕 〔美〕托马斯·S. 萨斯：《刑事责任和精神病学》，周嘉桂译，群众出版社 1986 年版，第194 页。

笔者认为关于《侵权责任法》第 58 条的规定需要具体分情形做探讨，关于第 1 项的情形宜为认定医疗机构有过错。根据《欧洲侵权法基本原则》第 4：101 条规定，任何人故意或过失违反必需的行为标准的，都应承担过错责任。关于"必需的行为标准"第 4：102 条规定："（1）必需的行为标准是指理性人在具体情境应遵守的标准。（2）因行为人年龄、精神或身体的障碍，或因特殊情况无法期待行为人遵守时，上述标准可做调整。（3）确定必需的行为标准时，必须考虑限制或禁止某些行为的规则。"由此可以看出：什么是过错？对注意义务的违反，对行为标准的违反。"法律、行政法规、规章以及其他有关诊疗规范"对医生的行为提出了要求，没有做到，那就是对过错的证明。从措辞上来看，如果违反医疗法律规范，依然需要推定而不是认定来判断过错，那么认定这个词基本上就没有用武之地了。[1] 而且，在道路交通安全法中，违反道路交通安全法律法规，即可以认定过错的存在，侵权法上的违法性也应该是认定，而不是推定。

其次，过错推定是立法者径直推定被告有过错，令被告就其无过错负证明责任。例如，《侵权责任法》第 88 条规定：堆放物倒塌造成他人损害，堆放人不能证明自己没有过错的，应当承担侵权责任。该条的过错认定过程是：损害事实→推定→过错，即以损害事实作为基础事实，过错的存在是推定事实。而《侵权责任法》第 58 条第 1 项过错认定过程是：违反规定→推定→过错，即以违反规定作为基础事实，以过错的存在作为推定事实。对于原告来说，仅仅有损害事实是远远不够的，其只有在证明违反规定情形存在的情况下，才能成立过错的推定。显然这是与立法初衷相违背的。

关于《侵权责任法》第 58 条第 2、3 项所列举的隐匿、拒绝提供、伪造、篡改、销毁病历资料的行为，主观上存在故意，客观上造成病历资料失真，导致无法查明患者病情和医疗行为对错，这些行为定性为证明妨碍。证明妨碍即"不负举证责任之当事人，因故意或过失，以作为或不作

---

〔1〕 王成："医疗侵权行为法律规制的实证分析——兼评《侵权责任法》第七章"，载《中国法学》2010 年第 5 期。

为，使负有举证责任之当事人之证据提出陷于不可能时，在事实认定上，就举证人之事实主张，作对该人有利之调整。"证明妨碍法律效果的择定，理论上有主张举证责任倒置者，认为有证明妨碍情势时，即将举证责任转由妨碍之一方负担；有主张自由心证说者，认为有证明妨碍情势时，法院得以一般原则为证据调查后，依自由心证径行认定待定事实之真实性；亦有主张折中说者，认为有证明妨碍情势时，原则上减轻举证责任之一方的证明责任，但妨碍故意致举证人无法证明时，举证责任应转换由妨碍之一方负担。如：《德国民事诉讼法》第 444 条规定：一方当事人意图妨碍对方当事人使用证书而毁损或致使证书不堪使用时，对方当事人关于证书的性质和内容的主张，视为已得到证明。我们应该从立法精神去解读法律条文，显然立法者赞成第一种意见。即证明妨碍行为将导致举证责任的重新分配，将举证责任转移至有证明妨碍行为的一方。全国人大常委会法制工作委员会在给全国人大常委会的立法审议报告中就诊疗损害举证责任问题提出："疾病的发生有患者原因，疾病的治疗需要患者配合，在诊疗纠纷中不能适用无过错责任，我们也没有看到哪个国家实行无过错责任。那么能否概括地、一般地适用过错推定呢？有两种意见：一种意见认为，诊疗活动专业性强，患者和医院之间信息不对称，在诊疗过程中许多证据都由医院掌握，应当适用过错推定，让医院承担更重的举证责任。另一种意见认为，根据诊疗活动未知性、特异性等特点，在诊疗纠纷中不宜适用过错推定。不问青红皂白，一律实行过错推定，助长保守医疗，不利于医学科学进步。对诊疗活动引起的纠纷，应当适用一般过错责任，只在特殊情况下如医务人员有严重违规治疗行为或者隐匿、拒绝提供与纠纷有关的医学资料，才发生举证责任倒置。患者和医院之间信息不对称问题，应当通过信息交流和信息公开等办法解决。"[1] 结合《侵权责任法》第 54 条、第 58 条的表述，不难看出医疗损害案件举证责任采取的原则上患者承担和特殊情况下医疗机构承担（不存在医疗过错的举证责任）的立法态度，即与前述意见中的后一种意见是一致的。立法过程亦是立法者价值选择与利益衡

---

[1] 全国人大常委会法制工作委员会副主任王胜明向全国人大常委会提交的立法审议报告：《我国的侵权责任法律制度》。

量的过程,是价值与利益的冲突糅合的结果。所以该法第 58 条 2、3 项的规定是立法者主要基于诚实信用的价值选择。在诉讼过程中为了探求案件真相,需要双方协作,需要双方诚实、善意。如果有一方存在不诚信的诉讼行为,妨碍到事实的认定,会导致举证责任的重新分配,将举证责任转移至有不诚信行为的一方。在医疗损害案件中如果存在妨碍事实认定的不诚信诉讼行为即医疗机构隐匿、拒绝提供、伪造、篡改、销毁病历资料的行为,其法律后果是将推定医疗机构有过错,医疗机构必须证明自己没有过错,否则将承担不利的法律后果。

医疗损害案件的鉴定问题

赵博文　孟彦辰

一、案例介绍[1]

因患者吴女士在医院就医死亡，与医院协商赔偿费用未果，吴女士家属将某医院诉至法院，要求赔偿。本网今天获悉，北京市第二中级人民法院终审驳回了吴女士家属的上诉，维持一审法院作出的医院赔偿吴女士家属医疗费、死亡赔偿金、丧葬费、精神损害抚慰金等共计 9.86 万元的判决。

2006 年 10 月 16 日 11 时 21 分，吴女士因"头晕、呕吐 3 小时"至某医院急诊科就医。次日上午 6 时 50 分，经抢救无效，医院宣布吴女士死亡。

吴女士家属诉至一审法院称，2006 年 10 月 16 日当天，吴女士被诊断为"急性脑血管病"。吴女士死后我们多次找到医院，要求其对吴女士的死亡有一个合理解释，并依法予以赔偿，但医院仅答应给予部分赔偿。故诉至法院，要求判令医院支付医疗费、丧葬费、死亡赔偿金等共计 119 万余元。

医院辩称，在整个诊疗过程中，医院按照诊疗规范进行操作，吴女士为猝死。由于吴女士家属拒绝尸检，死亡原因无法查明。纠纷发生后双方

---

[1]　中国法院网，http：//www.chinacourt.org/article/detail/2013/03/id/930761.shtml。

进行了协商,后因意见不统一,吴女士家属于 2008 年 4 月 19 日向法院提起诉讼,对病历进行了确认,并已提交区医学会进行的医疗事故技术鉴定,但不知何故,中途撤诉。医院在为吴女士进行诊疗过程中不存在医疗过错,但对于吴女士家属合理部分的赔偿主张同意由法庭根据证据核算确定。故不同意吴女士家属的诉讼请求。

一审中,经医院申请,区医学会医疗事故技术鉴定结论为,病例不构成医疗事故。吴女士家属对该鉴定结论不服,并申请再次进行医疗事故技术鉴定。2009 年 6 月 5 日,北京市医学会医疗事故技术鉴定结论为,病例不属于医疗事故。此后,吴女士家属申请对该病例进行司法过错鉴定。2011 年 12 月 12 日,中国法医学会司法鉴定中心司法鉴定意见为,医院在对吴女士的诊疗过程中存在医疗过错,鉴于被鉴定人吴女士为急诊就医、其自身基础疾病为急性脑血管疾病,该疾病具有发病急、发展快、死亡率高的特点,医方建议留院观察,但家属未办理留院观察手续,对被鉴定人预后(指预测疾病的可能病程和结局)亦有一定影响。医方过错参与度系数为 1% ~ 10%。

一审法院经审理判决后,吴女士家属不服,上诉至北京二中院。北京二中院经审理认为,根据中国法医学会司法鉴定中心鉴定意见书可以确定,医院在对患者吴女士的诊疗过程中存在一定过错,且该过错与吴女士的死亡结果之间存在因果关系,医方过错参与度为 1% ~ 10%。一审法院在此情况下,根据现有证据及本案的实际情况,酌定医院承担责任的比例为 10% 并无不当。吴女士家属主张的各项损失,一审法院经当庭核实,确认了合理损失的范围及数额,包括医疗费、丧葬费、死亡赔偿金、交通费,并按照医院应该承担的赔偿比例确定了医院应该承担赔偿义务的各项损失数额,酌定了精神抚慰金的赔偿数额;而且已经考虑了吴女士在北京生活居住多年的事实,按照北京市城镇居民的标准计算了丧葬费及死亡赔偿金。综上,一审判决结果并无不当,应予维持。据此,北京二中院作出上述判决。

二、案例点评

本案中,吴女士与医院事实上存在两个法律关系。其一,便是基于医疗服务合同所产生的合同关系，医院具有运用医学知识和技术，为患者诊断病情进而施以相应的救治的诊疗义务，若医院违反该义务，则应承担违约责任。其二，是医务人员若未尽到与当时医疗水平相应的诊疗义务而造成患者损害时，双方存在的侵权关系。由此，产生了两大请求权的竞合：违约责任请求权与侵权责任请求权，原告方可任选其一作为起诉的理由。而由于最终的赔偿范围不同，若医院应承担侵权责任，有可能还要支付精神抚慰金，对于原告方可能会更为有利，因此作为患方的原告常会选择侵权为由提起诉讼。本案中，吴女士的家属便以此为由，提起诉讼。

若医院要承担侵权责任，应满足四个条件：首先，行为人实施了侵权行为；其次，行为人实施侵权行为时有过错；再次，受害人受到损害；最后，侵权行为与损害结果之间存在因果关系。本案中，吴女士家属起诉于2008年，根据当时《最高人民法院关于民事诉讼证据的若干规定》，适用过错与因果关系倒置的举证原则，即此两点由被告方，即医院证明自己没有过错或与损害结果没有因果关系，原告方只需证明侵权行为与损害后果即可。但根据2010年实施的《侵权责任法》，以上四点都需要原告来举证证明，也即由吴女士家属证明。

通过上述分析可以看出，《侵权责任法》的实施，举证责任机制发生了改变，但由于医学的专业性与复杂性，让基本不了解医学的患方不借助任何外力而举证，基本上是不可能的。同时，由于法官大多也没有医学背景，面对病历等相关医学文书时，难以从中判断医院是否构成侵权，因此，鉴定是至关重要的。在本案中，可以看出，医院申请了医学会鉴定，而吴女士家属申请了司法过错鉴定，医学会鉴定意见为不构成医疗事故，而司法鉴定意见为医方过错参与度系数为1%～10%。而最终，法院采纳了司法鉴定意见，酌定医院承担责任的比例为10%。为什么在医疗纠纷案件的鉴定中，存在两种鉴定方式？为何当事人双方倾向于申请选择不同的鉴定方式？为何法院倾向于司法鉴定？

2003年《最高人民法院关于参照〈医疗事故处理条例〉审理医疗纠纷民事案件的通知》（已失效）中规定：人民法院在民事审判中，根据当事人的申请或者依职权决定进行医疗事故司法鉴定的，交由条例所所规定的医学会组织鉴定。因医疗事故以外原因引起的其他医疗赔偿纠纷需要进行司法鉴定的，按照《人民法院对外委托司法鉴定管理规定》组织鉴定。此条文确定了在医疗鉴定中，存在双轨制模式，即由医学会组织进行的医疗事故技术鉴定，及法医司法鉴定。2010 年《侵权责任法》统一了"医疗损害责任"这一责任形式，但鉴定模式仍为双轨制。而各地法院在处理医疗损害责任案件的鉴定问题时，亦没有统一的做法，如上海市及江苏省的法院在处理医疗鉴定申请时，一律委托医学会进行，但北京市却主要委托社会司法鉴定机构，而广东省则依申请或依职权任选其一。

而从当事人的角度出发，因为两种鉴定方式的鉴定内容等方面不同，有可能会有不同的结果，因此，有可能就会出现本案中的情况，双方当事人倾向于申请不同的鉴定方式，而法官最后也会酌情采纳鉴定意见。主要原因有以下两点：

第一，鉴定内容不同。根据国务院《医疗事故处理条例》规定，医学会医疗事故鉴定内容主要是医疗行为是否违反医疗卫生管理法律、行政法规、部门规章和诊疗护理规范、常规；医疗过失行为与人身损害后果之间是否存在因果关系；医疗过失行为在医疗事故损害后果中的责任程度；医疗事故等级等。在本案中，经两级医学会鉴定，本案不构成医疗事故，虽不能直接认定医院无过错及与损害发生无因果关系，但对医院来说已极为有利。在不构成医疗事故的鉴定书中，虽也会记载医院在诊疗活动中存在的缺陷，但因为不构成医疗事故，所以一般没有因果关系，而且也得不出医院在其中的责任系数，所以医院往往不用承担责任，或者只做出适当的补偿即可。

法医司法鉴定不同于医学会鉴定，更易于法院的适用，因为它最终得出的鉴定意见更切合侵权责任的构成要件，即如本案中的鉴定意见：医院的行为是否存在过错，是否与损害结果有因果关系，以及过错参与度的多少。这些，更易于法官判断医院是否侵权，以及应承担的责任大小。相比而言，医学会鉴定中以是否构成医疗事故为主，而对医院过错及责任程度鉴定较模糊，法医司法鉴定似乎更受法官所青睐。

第二，鉴定人员不同。在医学会鉴定中，鉴定人常常是各科的临床专家，具有丰富的临床经验，因此，医院更希望采用医学会鉴定，因为鉴定意见往往会综合考虑临床相关实践，从而做出有利于医院的鉴定意见。而在法医司法鉴定中，鉴定人是法医，缺少临床相关经验，但更具有中立性，同时，也比医学专家掌握更多的法律知识，因此，患方会更倾向于选择此种鉴定方式。

因此，通过上述的分析，便不难看出，在本案中，为何医院会申请医学会鉴定，而患方家属却要再申请法医司法鉴定，以及为何最后法院会采用法医司法鉴定的相关意见。

三、深层分析

自医疗鉴定双轨制实施以来，由于两种鉴定模式各有弊端，亦广为学者所批判。比如，医学会鉴定采用集体负责制，权利义务不对等，且缺乏中立性，同时鉴定内容过于局限，可谓"有医无法"；而法医鉴定由于缺乏临床专家，所以鉴定意见欠缺科学性，是"有法无医"。因此，呼吁改革之声从未停止，均提倡鉴定一元化，具体而言，有以下三种改革方案：

方案一，"将医疗损害司法鉴定从司法鉴定中剥离，与医疗事故技术鉴定合二为一，设立新的全国性机构统一领导医疗鉴定。"[1]这样，事实上是构建全新的医疗鉴定机构及体系，保证鉴定的中立性，"但设立新的机构意味着政府权力的重新分配及行政管理成本的增加，这一方案动作太大，需要协调的人和事众多，可行性不大"。[2]

方案二，"取消医疗事故技术鉴定制度，改革现行司法鉴定体制，将司法鉴定体制中的医疗鉴定特殊化，在医疗责任鉴定的鉴定人员组成中加入医学专家的方式。"[3]这实际上是以法医司法鉴定为蓝本进行的改革，保证司法鉴定中考虑临床经验，使鉴定意见更加科学。

方案三，"将医疗事故技术鉴定机构与司法鉴定机构合并，建立由医

〔1〕 丁文、王洪礼："完善我国医疗事故技术鉴定的法律思考"，载《山东审判》2006年第6期，第56~59页。
〔2〕 陈小嫦："《侵权责任法》背景下医疗损害鉴定程序改革研究"，载《证据科学》2013年第2期，第185~198页。
〔3〕 胡家强、陶振华："论医疗事故鉴定体制的改革"，载《中国卫生法制》2009年第6期，第37~40页。

学会和司法行政部门共同参与的统一的医疗过错鉴定体制。"[1] 这实际上是以医学会鉴定为蓝本进行的改革，由医学会发挥主导作用。

在医疗鉴定中，还有一个问题不容忽视，那便是鉴定人出庭质证的应用。无论是法医司法鉴定还是医学会鉴定，所作出的均是鉴定意见，并不能直接作为认定案件的依据。依照直接言词原则，"法官必须经过当事人的言词辩论后才能对事实做出认定，在法庭审判中，法官与当事人和鉴定人'面对面'（实践司法的亲历性，通过司法亲历性获得形成'心证'的经验以及心理上的根据），通过当事人和鉴定人在法庭上的举止、神态和情状能够察获言语所无法传递的案情信息，从实际审判中法官获得内心确认。"[2]

虽然鉴定人出庭质证制度的重要性已众所周知，然而在实践中，当当事人对鉴定意见有异议时，一般只会要求鉴定机构作书面答复，若满足重新鉴定的条件，如：鉴定机构或者鉴定人员不具备相关的鉴定资格的；鉴定程序严重违法的；鉴定结论明显依据不足的，则会重新鉴定，很少有鉴定人出庭质证，因此，才会出现本案中的情况，通过不断地鉴定来查明案件真相，使诉讼时间延长，既不利于当事人及时实现权利，也使法院效率降低，正所谓"迟来的正义非正义"。"以 2008 年度江苏省苏州市为例，在苏州市两级法院审理的案件中，司法鉴定部门共计委托鉴定 6009 件，法医、物证及声像资料的'三大类'鉴定 2831 件，占到所有委托鉴定案件的 47%；在总的这些鉴定案件中，诉讼当事人申请鉴定的案件 5480 件，法院依职权鉴定的案件 529 件，其中因案件需要通知鉴定人出庭 86 件，实际出庭 33 件，可以说，绝大部分的鉴定人都不出庭质证。"[3]

事实上，2013 年以前，关于规定鉴定人出庭质证制度的文件便已有很多，例如，《最高人民法院关于民事诉讼证据的若干规定》第 59 条第 1

---

〔1〕 陈小嫦："《侵权责任法》背景下医疗损害鉴定程序改革研究"，载《证据科学》2013 年第 2 期，第 185～198 页。

〔2〕 邱丙辉：《论我国完善的鉴定人出庭质证制度的构建》，西南政法大学 2013 年硕士学位论文。

〔3〕 施晓玲："鉴定人出庭质证的相关法律问题"，载《中国司法鉴定》2010 年第 3 期，第 87～89 页。

款："鉴定人应当出庭接受当事人的质询。"；《全国人民代表大会常务委员会关于司法鉴定管理问题的决定》第 11 条："在诉讼中，当事人对鉴定意见有异议的，经人民法院依法通知，鉴定人应当出庭作证。"；《司法鉴定程序通则》第 7 条："司法鉴定人经人民法院依法通知，应当出庭作证，回答与鉴定事项有关的问题。"有如此多的文件规定，但鉴定人出庭状况却不理想，究其原因，主要有如下两点：

第一，相关规定不细化，难以实施。正如上述所列举的相关文件，大多只是原则性的规定，其目的多是点明鉴定人有出庭质证的义务，但具体规定却没有，如鉴定人出庭的例外，差旅费的负担，不出庭的后果，出庭的具体程序，因此，在实践中无法具体得到实施。

第二，相关人员重视不够。如前述所说，医学的鉴定更加专业，外行人很难深入理解。而即使是医学会鉴定，也可以大致表述出医院是否存在过错及因果关系，就更不用说法医司法鉴定中以侵权四要件为鉴定方向的鉴定意见了。因此，法官对鉴定意见过于依赖，在采纳时，往往直接应用鉴定书的结论部分，对具体鉴定内容、程序不会多加考量。若当事人对医学亦不了解，不提出有针对性的异议，鉴定意见往往会直接被采用。

2013 年新《民事诉讼法》实施后，将鉴定人出庭质证制度上升到法律层面，体现了对鉴定人出庭质证制度的重视。新民诉法对此部分的规定，对未来医疗鉴定程序改革亦有借鉴意义，下面，本文会通过对新民诉法的分析，试举出对未来医疗鉴定程序改革的相关启示。

首先，将"鉴定部门"改为"鉴定人"。新《民事诉讼法》第 76 条规定：当事人可以就查明事实的专门性问题向人民法院申请鉴定。当事人申请鉴定的，由双方当事人协商确定具备资格的鉴定人；协商不成的，由人民法院指定。而在旧法中，则仅是规定交由法定鉴定部门予以鉴定。这一修改，事实上是明确了鉴定人个人负责制，当当事人对鉴定意见有异议时，负责鉴定的鉴定人则应出庭。《司法鉴定程序通则》第 4 条规定：司法鉴定实行鉴定人负责制度。司法鉴定人应当依法独立、客观、公正地进行鉴定，并对自己作出的鉴定意见负责。同时，如上文所述，司法鉴定中，鉴定人出庭已有相关文件规定。医疗鉴定若采用法医司法鉴定，直接适用相关规定即可。但是，对于医学会鉴定而言，这无疑是一项重大的修改。因为，在医学会鉴定中，采用专家组这一鉴定形式，鉴定组的专家由双方当事人抽签决定，而最终的鉴定意见形成亦是通过少数服从多数的合议制得出。专家组"是一个依照既定条件随机产生的临时性的专门针对某一具体医疗纠纷案件从事鉴定活动的组织，自抽签决定时产生，鉴定完成后解散"，[1] 这一临时组织实施集体负责制，鉴定专家并不会在鉴定意见上签字，若在诉讼中希望鉴定专家出庭，有一定的难度。可见，医学会集体负责制改革，已刻不容缓。

其次，明确鉴定人出庭作证的情况。新《民事诉讼法》第 78 条规定：当事人对鉴定意见有异议或者人民法院认为鉴定人有必要出庭的，鉴定人应当出庭作证。在医疗鉴定中，由于鉴定过程过于专业，不可能要求每一个鉴定中鉴定人都出庭说明鉴定过程、依据等，因此，只有当当事人对鉴定意见有异议或者人民法院认为鉴定人有必要出庭的，鉴定人才应当出庭，并且就专业的问题接受询问，这样，既保证鉴定意见接受质证，同时也可以提高效率。但从法条来看，规定仍较为粗糙，对于何种情况是"人民法院认为鉴定人有必要出庭"没有详细规定。同时，即使当事人对鉴定意见有异议，在实践中也无法保证鉴定人均出庭。《医疗事故处理条例》第 21 条规定：设区的市级地方医学会和省、自治区、直辖市直接管辖的县（市）地方医学会负责组织首次医疗事故技术鉴定工作。省、自治区、直辖市地方医学会负责组织再次鉴定工作。必要时，中华医学会可以组织疑难、复杂并在全国有重大影响的医疗事故争议的技术鉴定工作。因此，很有可能在实践中出现鉴定人路途遥远等情况无法出庭，这时，既要完善远程视频直播等辅助出庭的方式，同时也要规定鉴定人可不出庭的例外情况。

再次，明确鉴定人不出庭的相关后果。新《民事诉讼法》第 78 条规定：经人民法院通知，鉴定人拒不出庭作证的，鉴定意见不得作为认定事实的根据；支付鉴定费用的当事人可以要求返还鉴定费用。鉴定意见作为证据的一种，不质证便无法成为认定事实的依据。在医疗鉴定中，由于鉴

〔1〕 刘鑫、梁俊超："论医疗损害技术鉴定危机与改革"，载《证据科学》2010 年第 4 期，第 409～424 页。

定过程的专业性与复杂性，使法官过于依赖鉴定意见，而本条文再次明确，鉴定人出庭对于鉴定意见被采纳是至关重要的。同时通过费用退还这一制度，鼓励鉴定人出庭，也是一大亮点。鉴定人出庭参与质证事实上是其法定义务，在实践中，无论是医学会鉴定还是法医鉴定，申请鉴定的当事人常常需要垫付费用。若最终鉴定人未出庭作证，导致鉴定意见无法被采纳，鉴定费用理应退还，由此激励鉴定人出庭。当然，鉴定人不出庭的责任也不应仅局限于此，应当强调鉴定人出庭是其法定义务。如上所述，在医学会鉴定中，鉴定人基本不出庭，且专家组的鉴定模式反而给鉴定人出庭制造了不便。而在法医司法鉴定中，书面答复经常会代替出庭质证。在医疗鉴定的历史中，鉴定人出庭质证的义务一直未引起充分的重视，因此，也需相关行政部门出台规定，对于违反出庭义务的鉴定人，给予行政处罚。

最后，新《民事诉讼法》提出引入专家辅助人制度。新《民事诉讼法》第79条规定：当事人可以申请人民法院通知有专门知识的人出庭，就鉴定人作出的鉴定意见或者专业问题提出意见。如上所述，在医疗纠纷诉讼中，很少有法官或患方对相关医学知识有深层次的了解，而引入专家辅助人，对于医疗诉讼而言可谓意义重大。一方面，可以帮助当事人，尤其是患方当事人更好地实现诉讼权利，更好地参与到诉讼之中。另一方面，也可以使法官更好地了解案件事实，有利于形成自由心证，而不是仅根据鉴定意见得出结论。但不可否定的是，该项制度同样存在未细化、难实施的问题。例如，申请时间是何时，申请程序有哪些，申请的专门知识人员的要求有哪些，这些还需要具体的规定。

结 语

现如今，人们的维权意识逐渐加强，与医疗纠纷有关的诉讼亦不断增多，而医疗鉴定在其中的重要性也不言而喻。鉴定人出庭质证，可以保证鉴定意见的科学性，可谓意义重大。因此，以2013年新《民事诉讼法》为契机，推动医疗鉴定中鉴定人出庭制度的完善，已刻不容缓。

医疗侵权案件中的过失认定

刘炫麟

一、案例简介[1]

(一) 事实经过

杜某现年 69 岁，系北京市某厂退休职工，与丈夫王某共生育 3 子 2 女
（均已成年），因王某与某医院医疗纠纷一案，杜某等 6 人被列为共同
原告。

原告声称，2005 年 11 月 9 日，王某因病住进了被告医院肿瘤科。同
年 11 月 19 日早晨，王某的子女去医院探望王某，发现他已经昏睡不醒。
经询问医院得知，护士于 18 日晚上 10 点左右给王某注射了安定液。但院
方并未告知家属，而且在病历中也没有记载。据此，原告杜某与其子女等
6 人对医院无故为王某注射安定液的行为提出异议，认为王某的死亡与被
告医院的不当医疗行为之间具有一定的因果关系，请求法院判决被告承担
相应的责任，赔偿原告死亡补偿金、丧葬费 20 000 元，赔偿精神损失费
10 000元，医疗过错的司法鉴定费用以及本案的诉讼费用均由被告承担。

被告医院辩称，给病人注射安定是正当的，目的是为了病人的正常休
息。王某是晚期肺癌病人，注射安定是临床普通治疗，且该病人白天嗜睡

---

[1] 本案例来源于北京市宣武区人民法院（〔2006〕宣民初字第 03684 号）民事判决书，特此
致谢。

晚上躁动，因此，注射安定可以保证其正常休息。安定注射不是诊治病人自身疾病的药品，根据有关规定，不能证明被告的医疗行为与病人死亡之间存在因果关系，因此不应当承担任何的赔偿责任，不同意原告的诉讼请求。

法院经审理查明，王某为原告杜某的丈夫，原告5位子女（均已成年）的父亲。2005年11月9日下午，王某因"肺癌"入住被告医院肿瘤科。同年11月18日晚，被告为王某注射了安定。2005年11月20日下午，王某去世。现原告认为被告的医疗行为存在一定的过错，应对王某的死亡承担一定的责任，故原告起诉，请求判令被告赔偿死亡补偿金、丧葬费20 000元，赔偿精神损失费10 000元，司法鉴定费用、本案诉讼费用均由被告承担。被告对于原告的诉讼理由提出异议，认为王某的死亡与被告给王某注射安定针无直接关联，故不应负担相关费用，不同意原告的诉讼请求。审理中，被告提出到医学会进行鉴定的请求：确认其医疗行为是否存在过错；如存在过错，是否与患者王某的死亡之间存在因果关系；是否构成医疗事故。法院委托了北京市某区医学会对本案进行了鉴定，鉴定结论为："①根据临床提供资料，老年男性肺癌患者（2004年10月某医院诊断）出现神经系统症状表现，不能排除肺癌脑转移的可能。②依据现在的资料显示，对王某的低蛋白血症诊断不能成立。③病人的死亡与使用安定无直接因果关系，本案不构成医疗事故。④病历记载不够详细，医患之间沟通不够。"此后，原告提出对被告的医疗行为进行过错责任鉴定，经原告、被告双方确认，委托北京市某法庭科学技术鉴定研究所进行鉴定。经鉴定认为，"①被告医院对鉴定人王某的诊治过程中存在安定使用方面的不足。②被告医院的上述不足与被鉴定人王某的病情恶化及死亡之间无因果关系。"上述事实，有双方当事人的陈述、北京市某区医学会医疗事故技术鉴定书、北京市某法庭科学技术鉴定研究所鉴定文书、护理记录单、死亡证明等材料在案佐证。

（二）法院判决

法院经审理认为，公民的合法权益受法律保护。患者到被告医院进行治疗，被告医院应当完善地履行诊疗义务，做好完备的病历记录并对病人家属履行适当的告知义务。本案中，被告在上述环节存在不足，致使医患之间出现了不必要的纠纷。但患者本身所患疾病较为严重，经鉴定其死亡与被告使用安定的不足无直接因果关系，因此本院不能确认患者死亡系被告医院的医疗行为所致这一事实，对原告要求被告赔偿死亡补偿金、丧葬费的请求，本院不予支持。鉴于被告在诊疗过程中存在使用安定方面的不足，在一定程度上使患者家属在失去亲人的情况下受到了不必要的影响，故被告应对原告给予适当的精神抚慰，具体的抚慰金数额，由本院予以酌定。据此，根据《中华人民共和国民法通则》（以下简称《民法通则》）第 5 条之规定，判决如下：①自本判决生效后 3 日内，被告医院赔偿原告杜某等 6 人精神抚慰金 5000 元。②驳回原告杜某等 6 人的其他诉讼请求。

（三）问题思考

1. 本案的原告与被告应当如何确定？

2. 如果你是本案原告一方的诉讼代理人，应当如何选择本案的案由？

3. 如何正确理解医疗事故赔偿与一般的人身损害赔偿之间的关系？

4. 医疗事故侵权的构成要件是什么？

5. 医疗事故技术鉴定与法医鉴定有何区别？各自的优劣势是什么？

6. 在本案中，被告医院在病历书写与履行告知义务上是否存在瑕疵？为什么？

二、案例分析

本案是一起典型的医疗纠纷案件，原告、被告双方争论的核心问题是，被告医院在诊治患者王某的过程中是否存在医疗过失？倘若没有医疗过失，那么无论按照案发时的法律规范，还是按照之后颁布的《侵权责任法》（对本案没有溯及力）的相关规定，被告医院均无需赔偿；如果存在医疗过失，那么还需要进一步判断该医疗过失是否与患者王某死亡之间存在因果关系？倘若二者之间不存在因果关系，那么被告医院亦无需承担损害赔偿责任。当前，有关医疗过失以及其与损害之间因果关系的认定，除一部分简单案件之外，均需要借助鉴定来完成。在《侵权责任法》颁布之前，我国存在医疗事故技术鉴定和法医鉴定二元化问题，而且通常是医疗事故技术鉴定先行，法医鉴定后补，即在不构成医疗事故的情况下，进一步考察有关过失对损害的参与度问题。在医疗卫生领域，绝大多数法官属于外行，通常需要依赖鉴定专家才能完成，在没有特别证据可以推翻鉴定结论的情况下，法官通常会依据鉴定结论作出判决，至少会成为法官判案时的重要参考。

本案先后经历了北京市某区医学会的医疗事故技术鉴定和北京市某法庭科学技术鉴定研究所的法医鉴定，鉴定结论可综合表述为，被告医院的行为不构成医疗事故，其与患者王某的死亡之间不存在因果关系，因此无需承担损害赔偿责任。不过，让读者感到困惑的是，如何正确理解北京市某法庭科学技术鉴定研究所作出的法医鉴定的第一项内容，即"被告医院对鉴定人王某的诊治过程中存在安定使用方面的不足"？事实上，这是一项医学标准而非法律标准。医学界与法学界在类似该项内容的理解上是不同的，前者认为医学标准高于法律标准，尽管存在一定的不足也不应当赔偿，毕竟其符合一般的诊疗规范；而后者则认为，这仍然存在一定的瑕疵，这亦是为何本案主审法官最终判决被告医院承担5000元精神抚慰金的重要原因，确有必要加以澄清与厘定。

三、学理探讨

（一）原告与被告的确定

1. 原告的确定

在民事诉讼法理论上，原告是指为了维护自己或者自己所管理的他人的民事权益，而以自己的名义向法院起诉，从而引起民事诉讼程序发生的人。[1] 但是起诉是有一定条件的，不能任意为之，根据《中华人民共和国民事诉讼法》（以下简称《民事诉讼法》）第119条的规定，"起诉必须符合下列条件：（一）原告是与本案有直接利害关系的公民、法人和其他组织；（二）有明确的被告；（三）有具体的诉讼请求和事实、理由；（四）属于人民法院受理民事诉讼的范围和受诉人民法院管辖。"结合本案来看，王某因为前往被告医院进行诊疗而发生了（死亡的）损害结果，显然与本案有直接利害关系，应当将其列为原告，由其提起民事诉讼，但由于其已经死亡，因此其在法律上已经不再具备民事主体的资格。这是因为，按照

---

〔1〕 江伟：《民事诉讼法》（第5版），中国人民大学出版社2011年版，第106～115页。

我国《民法通则》第9条的规定，"公民从出生时起到死亡时止，具有民事权利能力，依法享有民事权利，承担民事义务。"于是，原告的确定就成本案首要解决的问题之一。根据《最高人民法院关于审理人身损害赔偿案件适用法律若干问题的解释》（以下简称《人身损害赔偿解释》）第1条的规定，"因生命、健康、身体遭受侵害，赔偿权利人起诉请求赔偿义务人赔偿财产损失和精神损害的，人民法院应予受理。本条所称'赔偿权利人'，是指因侵权行为或者其他致害原因直接遭受人身损害的受害人、依法由受害人承担扶养义务的被扶养人以及死亡受害人的近亲属。"由此可见，本案的原告应为死者王某的近亲属。但问题在于，法律上的近亲属具体包括哪些人？他们之间是否存在顺位上的差别？这则是接下来需要认真探讨的问题。

（1）近亲属的范围。事实上，我国不同法律文件对近亲属的范围界定是不同的。《最高人民法院关于贯彻执行〈中华人民共和国民法通则〉若干问题的意见（试行）》（以下简称《民法通则意见》）第12条规定，"民法通则中规定的近亲属包括配偶、父母、子女、兄弟姐妹、祖父母、外祖父母、孙子女、外孙子女。"《最高人民法院关于贯彻执行〈中华人民共和国行政诉讼法〉若干问题的意见（试行）》（以下简称《行诉意见》）第12条规定，"有权提起诉讼的公民死亡，其提起诉讼的近亲属为原告。近亲属包括配偶、父母、子女、兄弟姐妹、祖父母、外祖父母、孙子女、外孙子女。"《中华人民共和国刑事诉讼法》（以下简称《刑事诉讼法》）第106条第1款第（六）项规定，"近亲属"是指夫、妻、父、母、子、女、同胞兄弟姊妹。由此可知，三个法律文件的关键区别在于是否承认祖父母、外祖父母、孙子女以及外孙子女属于近亲属的范围，而对于配偶、父母、子女以及兄弟姐妹属于近亲属范围均无异议。由于民事诉讼法与民法同属于民事法，且是为了民法所规定的实体权利能够更好地实现而存在的，因此在近亲属的范围上应当适用《民法通则意见》的相关规定，即近亲属包括配偶、父母、子女、兄弟姐妹、祖父母、外祖父母、孙子女和外孙子女。行文至此，问题依然没有得到完全解决。这是因为，我们还需要在此基础上进一步讨论，是全部的近亲属都可以成为原告还是其中一部分近亲属可以成为原告？换个角度考察，在近亲属中是否存在顺位上的差别？

（2）近亲属中的顺位。从国外的立法例考察，配偶、子女属于近亲属的范围，其他人要么不属于近亲属的范围，要么属于近亲属中的第二顺位。反观我国，《民法通则》与《人身损害赔偿解释》对此均没有作出明确规定。不过，《最高人民法院关于确定民事侵权精神损害赔偿责任若干问题的解释》（以下简称《精神损害赔偿解释》）第7条规定，"自然人因侵权行为致死，或者自然人死亡后其人格或者遗体遭受侵害，死者的配偶、父母和子女向人民法院起诉请求赔偿精神损害的，列其配偶、父母和子女为原告；没有配偶、父母和子女的，可以由其他近亲属提起诉讼，列其他近亲属为原告。"由此可见，该司法解释将配偶、父母、子女作为近亲属的第一顺位，将兄弟姐妹等其他近亲属作为第二顺位。其主要考虑的就是，中国仍为一个大家庭社会，无论是在城市还是在农村，与配偶、父母、子女的联系依然是十分紧密的，也正是基于这样的考虑，关于死亡赔偿金索赔权利人的范围和顺位应遵循《精神损害赔偿解释》的立法精神与内容规定，只有在第一顺位的近亲属缺位时，才由其他近亲属行使该索赔请求权。[1]具体到本案，在王某已经死亡且其父母已经不在人世的情况下，应由其妻杜某和其5个子女共同行使索赔请求权，成为本案的共同原告。

2. 被告的确定

在我国，民事主体通常被区分为自然人、法人和其他组织三类，国家只有在特殊的情况下才能被纳入到民事主体的视野，[2]在此不作考虑。因此，被告的确定也需要依此进行不同的讨论。我国《民事诉讼法》第48条规定，"公民、法人和其他组织可以作为民事诉讼的当事人。法人由其法定代表人进行诉讼。其他组织由其主要负责人进行诉讼。"尽管《民事诉讼法》作了如此规定，但在本案中，究竟是医院这一法人实体作为被告，还是具体实施医疗行为的医务人员作为被告？《最高人民法院关于适用〈中华人民共和国民事诉讼法〉若干问题的意见》（以下简称《民诉意

---

〔1〕 陈现杰：《中华人民共和国侵权责任法条文精义与案例解析》，中国法制出版社2010年版，第64页。

〔2〕 王利明：《民法》（第5版），中国人民大学出版社2010年版，第39页。

见》）第 42 条规定，"法人或者其他组织的工作人员因职务行为或者授权行为发生的诉讼，该法人或其组织为当事人。"《人身损害赔偿解释》第 8 条规定，"法人或者其他组织的法定代表人、负责人以及工作人员，在执行职务中致人损害的，依照民法通则第 121 条的规定，由该法人或者其他组织承担民事责任。上述人员实施与职务无关的行为致人损害的，应当由行为人承担赔偿责任。"由此可见，无论是从程序法上，还是从实体法上，对于法人或者其他组织的工作人员所实施的职务行为所致的损害，均由法人或者其他组织负责。因此，本案被告应当是医院这一法人单位，而非具体实施诊疗行为的医务人员。不过，另外一个需要考虑的问题是，该医院的肿瘤科能否作为被告？答案也是否定的，因为肿瘤科仅是医院的一个职能部门，不具备独立的诉讼当事人资格。但应当注意的是，如果是在该医院的一个分支机构（如该医院的分院）而非职能部门完成的诊疗行为，该分支机构能否作为被告？对此我国《民诉意见》第 41 条作了明确规定，即"法人非依法设立的分支机构，或者虽依法设立，但没有领取营业执照的分支机构，以设立该分支机构的法人为当事人"。由此可见，如果是该医院的分院，则需要进一步分类讨论。综上所述，本案的被告应当是医院。

（二）案由的确定

1. 案由的概念与意义

民事案由是民事诉讼案件的名称，反映案件所涉及的民事法律关系的性质，是人民法院将诉讼争议所包含的法律关系进行的概括。[1] 为了正确适用法律，统一确定案由，根据《民法通则》、《合同法》和《民事诉讼法》等法律的规定，最高人民法院于 2000 年 10 月 30 日发布了《民事案件案由规定（试行）》，并于 2001 年 1 月 1 日开始试行，但由于社会的持续发展和新型案件的不断涌现，尤其是 2007 年《物权法》的颁布，使得《民事案件案由规定（试行）》有必要作出一定的修正。于是，最高人民法院在 2008 年 2 月 24 日下发了《关于印发〈民事案件案由规定〉的通知》，

---

[1] 曹建明：《最高人民法院民事案件案由规定理解与适用》，人民法院出版社 2008 年版，第 1 页。

该通知自 2008 年 4 月 1 日起施行，原《民事案件案由规定（试行）》同时废止。应当看到，科学完善的民事案件案由有利于当事人准确选择诉由，有利于人民法院在民事立案和审判工作中准确确定案件诉讼争点和正确适用法律，有利于提高民事案件司法统计的准确性和科学性，从而更好地为人民法院管理决策提供有价值的参考。

2. 案由的竞合

（1）竞合的产生。在《民事案件案由规定》第一部分（人格权纠纷）之生命权、健康权、身体权纠纷中，在第 2 项明确规定了医疗损害赔偿纠纷；在《民事案件案由规定》第四部分（债权纠纷）之服务合同纠纷中，在第 3 项明确规定了医疗服务合同纠纷。其中，医疗损害赔偿纠纷是指医疗机构在诊疗护理工作中，因医务人员诊疗护理过失，直接造成病人死亡、残废、组织器官损伤导致功能障碍事故而引起的对受害人的赔偿纠纷。医疗服务合同纠纷是指医疗机构与患者之间就明确相互权利义务关系的合同所发生的纠纷。由此可见，在患者因医疗机构或者医护人员的过错（绝大多数情况下表现为过失）而产生损害时，就存在侵权责任与违约责任竞合的现象。[1]

（2）竞合的处理。关于侵权责任与违约责任的竞合处理，无论是大陆法系，还是英美法系，甚至同一法系内部的不同国家或者地区，均存在一定的差异。在大陆法系，法国法禁止竞合，认为合同当事人不得将对方的违约行为视为侵权行为，只有在没有合同关系时才产生侵权责任，两类责任应严格区分，不存在竞合的问题；德国法则允许竞合，受害人既可以提起违约之诉，也可提起侵权之诉，如果一项请求权因时效届满而被驳回，还可以行使另一项请求权，但受害人之双重请求权因其中之一的实现而消灭；[2]在英美法系，其一般认为责任竞合制度主要解决的不是实体法上的问题，而是诉讼法的问题，因此主张限制竞合，即使被侵权人享有双重请求权，但一经行使其中之一（如以侵权为诉因而起诉），另一请求权（如

---

〔1〕 曹建明：《最高人民法院民事案件案由规定理解与适用》，人民法院出版社 2008 年版，第 26、138 页。

〔2〕 王利明：《民法总则研究》，中国人民大学出版社 2003 年版，第 281～286 页。

请求承担违约责任）即告消灭。

限制竞合的理论和法律对策，无论是在民法的基本理念（如平衡当事人之利益）上，还是在实践操作（如简化法律解释、减轻审判和诉讼负担）上，似乎都更为可取。但是，认为请求权竞合或者责任竞合仅仅是程序法上的问题却是值得商榷的。毋庸置疑，请求权竞合或者责任竞合是一个程序法上的问题，但它同时亦应当是一个实体法上的问题。因为是否允许或限制被侵权人的双重请求权，以及如何行使这一双重请求权，最终将在很大程度上影响当事人的实体利益。[1]在我国，无论是《合同法》，还是《最高人民法院关于参照〈医疗事故处理条例〉审理医疗纠纷民事案件的通知》（以下简称《审理医疗纠纷案件通知》），均赋予当事人选择权。我国《合同法》第122条规定，"因当事人一方的违约行为，侵害对方人身、财产权益的，受损害方有权选择依照本法要求其承担违约责任或者依照其他法律要求其承担侵权责任。"我国《审理医疗纠纷案件通知》第2条规定，"人民法院在民事审判中，根据当事人的申请或者依职权决定进行医疗事故司法鉴定的，交由条例所规定的医学会组织鉴定。因医疗事故以外的原因引起的其他医疗赔偿纠纷需要进行司法鉴定的，按照《人民法院对外委托司法鉴定管理规定》组织鉴定。"按照该条的立法意图，一方面肯定了侵权法救济，另一方面"因医疗事故以外的原因"则意味着除可追究侵权责任之外，还可追究违约责任。于是，本案的另外一个关键问题便是案由如何确定，因为选择不同的案由，将对案件当事人（尤其是原告）产生重要影响。因此，我们需要厘清违约之诉与侵权之诉的主要区别所在。

（3）案由的选择。从原告的角度出发，要在违约之诉和侵权之诉两个存在竞合关系的诉由中作出抉择，就首先需要厘清二者的关键区别，然后结合我国的立法与司法实践，作出对原告有利的抉择，以便能够充分保护案件当事人（尤其是原告）的合法权益。

第一，选择违约之诉和侵权之诉的关键区别之一体现在请求被告承担何种性质的民事责任不同。按照我国《合同法》第107条的规定，"当事

---

[1] 张新宝：《侵权责任法》（第2版），中国人民大学出版社2010年版，第58页。

人一方不履行合同义务或者履行合同义务不符合约定的，应当承担继续履行、采取补救措施或者赔偿损失等违约责任。"但是按照我国《侵权责任法》第15条第1款的规定，"承担侵权责任的方式主要有：（一）停止侵害；（二）排除妨碍；（三）消除危险；（四）返还财产；（五）恢复原状；（六）赔偿损失；（七）赔礼道歉；（八）消除影响、恢复名誉。"我国《精神损害赔偿解释》规定的精神损害赔偿责任主要是针对侵权行为人侵犯自然人人身权所作的规定，其没有承认在违约中可以主张精神损害赔偿。另外，在赔偿范围上，违约之诉还通常需要受到可预见规则、减损规则和损益相抵规则的限制，[1]而侵权之诉的赔偿范围则遵循的是实际赔偿原则，既包括直接损失，也包括间接损失，既包括物质损失，也包括非物质损失。[2]

第二，选择违约之诉与侵权之诉的关键区别之二体现在归责原则上的适用不同。我国民法学界的通说认为，违约之诉主要适用严格责任原则，只要当事人不履行合同义务或履行合同义务不符合约定，无论其有无过错，均应承担违约责任。我国《侵权责任法》第54条规定，"患者在诊疗活动中受到损害，医疗机构及其医务人员有过错的，由医疗机构承担赔偿责任。"由此可见，医疗侵权属于一般的侵权行为，因此医疗侵权之诉需要原告证明被告存在医疗过错。尽管本案发生在我国《侵权责任法》颁布之前，但无论是我国《民法通则》第106条第2款规定的一般侵权行为，还是《医疗事故处理条例》第2条所规定的医疗事故侵权行为，均坚持的是过错责任原则。换言之，在侵权责任的归责原则上，我国《侵权责任法》第54条只是延续了之前的法律规定与实践操作而已，实际上却并无新意。

第三，选择违约之诉与侵权之诉的关键区别之三体现在诉讼时效上的适用不同。按照我国《民法通则》第135条规定，"向人民法院请求保护民事权利的诉讼时效期间为2年，法律另有规定的除外。"这意味着，除

---

〔1〕 王利明、房绍坤、王轶：《合同法学》（第3版），中国人民大学出版社2009年版，第244~252页。

〔2〕 张新宝：《侵权责任法》（第2版），中国人民大学出版社2010年版，第99~126页。

法律另有规定外，医疗违约的诉讼时效期间为 2 年。我国《民法通则》第 136 条规定，"下列的诉讼时效期间为一年：（一）身体受到伤害要求赔偿的；（二）出售质量不合格的商品未声明的；（三）延付或者拒付租金的；（四）寄存财物被丢失或者损毁的。"这说明医疗侵权之诉的诉讼时效期间为 1 年，该条的规定构成《民法通则》第 135 条的特殊条款。于是，如果医疗违约之诉和医疗侵权之诉的诉讼时效均没有届满，则当事人可以选择适用；若是诉讼时效期间超过 1 年但尚未超过 2 年，则只能以违约为由提起诉讼；若是诉讼时效期间超过 2 年，则意味着无论选择医疗违约之诉，还是选择医疗侵权之诉，均无太大的实际意义。这是因为，诉讼时效届满之后，尽管该债权依然存在，但此时其已由法定债权转化成自然债权，债务人因此取得了永久抗辩权，而债权人则失去了胜诉权。[1] 当然，若是债务人自愿偿还，债权人仍有权接受，并不构成不当得利。在本案中，由于杜某等 6 原告在 1 年内起诉，因此可以在违约之诉与侵权之诉中任意选择其一。

（4）我国的立法与司法实践。综观而论，从前文所述我国立法上的规定考察，以侵权为由起诉往往更能保护受害者的合法权益；从司法实践考察，受害人也多是选择侵权之诉进行公力救济，其主要原因就在于医疗侵权仍然属于侵犯人身权和财产权的范畴，现行立法和司法解释对医疗损害的赔偿范围与赔偿标准都有明确的规定，而对于服务合同及服务行为造成人身损害之违约责任的承担则没有任何相关计算标准，实践中难以具体操作。不过，有的学者认为，若发生以下两种情形时，亦可考虑以违约为由进行民事诉讼：一是医方承诺诊疗效果之情形；二是双方就诊疗方法、措施进行约定，而医方擅自改变诊疗方法之情形。

综合本案来看，杜某等 6 原告选择医疗侵权作为案由向有管辖权的人民法院提起诉讼，不仅是正确的，而且是可取的。不过，案由的确定并没有把问题完全解决。如前所述，由于本案发生在我国《侵权责任法》颁布之前，当时的法律规定还在侵权之诉的项下进一步区分了医疗事故赔偿和一般的人身损害赔偿两种路径，这又应当如何作出选择，显然值得进一步

---

[1]　王卫国：《民法》，中国政法大学出版社 2007 年版，第 174 页。

深入研究。

（三）医疗事故赔偿与一般的人身损害赔偿

1. 医疗事故赔偿的缺陷

我国《医疗事故处理条例》已于2002年9月1日正式施行，同时宣告1987年颁布的《医疗事故处理办法》废止。《医疗事故处理条例》第49条第2款规定，"不属于医疗事故的，医疗机构不承担赔偿责任。"这说明，在医疗侵权领域，能否证明医疗行为构成医疗事故，无论是对患者而言，还是对医疗机构而言，均至关重要。这是因为，倘若不构成医疗事故，医疗机构自然"欢天喜地"，其既可以与刑事制裁、行政处罚无缘，又可以逃离民事赔偿，但对患者而言，其将一无所得；倘若构成医疗事故，医疗机构及其相关人员则"昏天暗地"，不仅要承担民事赔偿，而且严重者还要面临刑事制裁和行政处罚，不仅医疗机构的领导乌纱难保，而且其医务人员亦有吊销执照之虞。即便如此，对患者而言却也仍然不是一个利好的消息，因为按照我国《医疗事故处理条例》第50条和第51条的规定，患者只能获得比较低的赔偿数额。由此可见，医疗事故侵权发生后，要么是"一赢一输"的局面，要么是"双输"的结果。

2. 人身损害赔偿的补偏

不可忽视的是，在现实的医疗活动中，仍有可能存在"违反医疗卫生管理法律、行政法规、部门规章和诊疗护理规范、常规"以外的原因造成患者人身损害的情况。尽管我国《医疗事故处理条例》仅对医疗事故的赔偿作了专章规定，同时又在第49条第2款规定，"不属于医疗事故的，医疗机构不承担赔偿责任。"不过，这只是该条例一厢情愿，因为我国《民法通则》第106条第2款明文规定，"公民、法人由于过错侵害国家的、集体的财产，侵害他人财产、人身的，应当承担民事责任。"由于我国《民法通则》属于民事基本法，因此该条规定构成我国法律对侵权行为造成损害予以救济的一般规定。[1]于是，最高人民法院于2003年下发了《审理医疗纠纷案件通知》，其第1条规定，"条例实施后发生的医疗事故引起的

---

〔1〕 全国人大常委会法制工作委员会民法室：《中华人民共和国侵权责任法解读》，中国法制出版社2010年版，第267~268页。

医疗赔偿纠纷，诉到法院的，参照条例的有关规定办理；因医疗事故以外的原因引起的其他医疗赔偿纠纷，适用民法通则的规定。"该司法解释的这一规定在一定程度上纠正了《医疗事故处理条例》"不是医疗事故不予赔偿"的弊端。

3. 逻辑悖论的产生

由于我国于 1986 年颁发的《民法通则》在侵权的民事责任尤其是赔偿方面的规定已经不能适应社会现实的需要，最高人民法院通过《精神损害赔偿解释》特别是《人身损害赔偿解释》等司法解释对其作了重要补充，尤其体现在赔偿范围和赔偿标准上。于是就产生了这样的逻辑悖论：我国《医疗事故处理条例》将医疗事故分为四级，均是比一般的医疗损害更为严重的情形，那么按照最基本的公平正义观，其理应获得比一般的医疗损害更多的赔偿，但结果是，由于《人身损害赔偿解释》规定的赔偿范围较宽、标准较高，因而导致一般的医疗损害却比医疗事故损害获得了更多的赔偿，这也导致了司法实践中许多当事人偏爱选择适用《民法通则》及《人身损害赔偿解释》的规定，而不选择《医疗事故处理条例》的规定，这一现状严重影响了我国的法治统一。不过，本案当事人还是诉诸《医疗事故处理条例》来处理的。

（四）医疗事故侵权的构成要件

前文已述，无论是在我国《侵权责任法》制定之前，还是制定之后，对医疗事故侵权均是作为一般侵权行为来对待的，即需要具备违法行为、损害事实、违法行为与损害事实之间具有因果关系和过错四个构成要件，[1]《侵权责任法》制定前后的主要区别体现在过错和因果关系的举证责任分配上。

1. 违法行为

医疗机构及其医务人员在诊疗活动中存在违法行为是构成医疗事故侵权的必备条件，主要有以下三个方面的问题需要注意：

（1）主体必须是医疗机构及其医务人员。关于医疗机构，我国《医疗机构管理条例实施细则》第 2 条规定，"条例及本细则所称医疗机构，是

---

〔1〕 王利明：《侵权责任法研究》（下卷），中国人民大学出版社 2010 年版，第 387～410 页。

指依据条例和本细则的规定，经登记取得《医疗机构执业许可证》的机构。"我国《医疗机构管理条例》第2条规定，"本条例适用于从事疾病诊断、治疗活动的医院、卫生院、疗养院、门诊部、诊所、卫生所（室）以及急救站等医疗机构。"关于医务人员，我国《执业医师法》第2条规定，"依法取得执业医师资格或者执业助理医师资格，经注册在医疗、预防、保健机构中执业的专业医务人员，适用本法。本法所称医师，包括执业医师和执业助理医师。"我国《乡村医生从业管理条例》第2条规定，"本条例适用于尚未取得执业医师资格或者执业助理医师资格，经注册在村医疗卫生机构从事预防、保健和一般医疗服务的乡村医生。村医疗卫生机构中的执业医师或者执业助理医师，依照执业医师法的规定管理，不适用本条例。"我国《护士条例》第2条规定，"本条例所称护士，是指经执业注册取得护士执业证书，依照本条例规定从事护理活动，履行保护生命、减轻痛苦、增进健康职责的卫生技术人员。"另外需要注意的是，对于未取得医师资格的医学专业毕业生（包括本科生、研究生、博士生以及毕业第一年的医学生），应当区分情况，违反规定擅自在医疗机构中独立从事临床工作的，也不认为是医务人员；但在上级医师的指导下从事相应的诊疗活动的，不属于非法行医，可以构成医务人员。[1]

（2）必须发生在诊疗活动中。如果说上述第一点是关于主体方面的限定，那么该点则主要是对医疗事故侵权发生的时空条件的限制。换言之，倘若违法行为不是发生在诊疗活动中，那么将不能构成医疗事故侵权，而只能构成一般的人身损害责任。诊疗活动是指患者到医疗机构就医从而在医患之间成立医疗服务合同关系之后，医疗机构及其医务人员按照相关医疗卫生法律法规而实施的一系列诊断、治疗行为，具体包括门诊检查、门诊治疗、住院检查、住院治疗、康复治疗、疾病预防等方面的行为。[2]

（3）必须存在违法行为。违法行为是指医疗机构或者其医护人员在对患者实施诊疗活动时违反相关医疗卫生法律法规、行政规章以及其他有关

---

〔1〕　杨立新：《杨立新民法讲义》，人民法院出版社2009年版，第282页。

〔2〕　刘鑫、张宝珠、陈特：《侵权责任法"医疗损害责任"条文深度解读与案例剖析》，人民军医出版社2010年版，第27~28页。

诊疗规范的规定的行为。这些规定包含在我国《执业医师法》、《献血法》、《医疗机构管理条例》、《医疗事故处理条例》、《传染病防治法》、《病历书写基本规范》等规范性法律文件之中。

2. 损害事实

损害事实是指一定的行为致使权利主体的人身权利、财产权利以及其他利益受到损害，并造成财产利益和非财产利益的减少或灭失的客观事实。损害事实是由两个要素构成的：一是权利被侵害；二是权利被侵害而造成利益受到损害的客观结果。[1]损害通常需要受害人举证证明。从国外经验来看，许多国家对此有明确的规定，例如在法国，对于患者损害的认定，首先要寻找医学证据。当受害人的健康状况趋于稳定时，法院会传唤医学专家，不仅要求他们对受害人的损害进行描述，而且要求他们通过百分比的方式，对损害的程度进行量化。[2]在我国，按照《医疗事故处理条例》的相关规定，医疗事故需要采取鉴定的方式，并且对鉴定的级别进行了较为细致的规定，即设区的市级地方医学会和省、自治区、直辖市直接管辖的县（市）地方医学会负责组织首次医疗事故技术鉴定工作。省、自治区、直辖市地方医学会负责组织再次鉴定工作。必要时，中华医学会可以组织疑难、复杂并在全国有重大影响的医疗事故争议的技术鉴定工作。

3. 因果关系

德国学者冯·巴尔教授认为，"作为欧洲所有法律制度的共同特征，因果关系不仅归属于侵权行为法基本规定内容且构成了其他几乎所有赔偿责任构成要件的基础。"[3]台湾学者王泽鉴教授在研究因果关系时讲到，"在各国侵权责任法中，少见对于因果关系概念作出明确界定的"，[4]其原因就在于任何对因果关系概念作出具体界定的努力都无疑会碰到许多难以澄清的问题，并使任何企图单一化因果关系的理论最终难以成为实践的

---

〔1〕 杨立新：《侵权法论》，人民法院出版社 2005 年版，第 169 页。
〔2〕 王利明：《侵权责任法研究》（下卷），中国人民大学出版社 2010 年版，第 389 页。
〔3〕 ［德］冯·巴尔：《欧洲比较侵权行为法》（下册），焦美华译，张新宝校，法律出版社 2004 年版，第 498 页。
〔4〕 王泽鉴：《侵权行为》，北京大学出版社 2009 年版，第 180 页。

指导.[1] 因此，判定医疗行为与损害事实之间是否存在因果关系，将注定是一个专业性极强的问题。在我国，很多情况下需要借助医学会、司法鉴定机构等专业组织才能完成。而且，在疾病的发展与演变过程中，很少存在简单的一因一果的情形，较多存在的情况是多因一果、一因多果，甚至有多因多果的情况存在，患者罹患疾病、诊疗行为、营养、自身机体特异性等方面因素之间存在错综复杂的关系，并共同作用最终引起了损害结果的发生.[2]

由于本案发生在《医疗事故处理条例》颁布之后《侵权责任法》颁布之前，因此关于因果关系的举证责任应当适用《最高人民法院关于民事诉讼证据的若干规定》（以下简称《证据规定》），其第 4 条第 1 款第（八）项规定，"下列侵权诉讼，按照以下规定承担举证责任：……因医疗行为引起的侵权诉讼，由医疗机构就医疗行为与损害结果之间不存在因果关系及不存在医疗过错承担举证责任。"我国现行《侵权责任法》改变了这一做法，将举证责任重新配置给患者一方。实际上，无论是将因果关系的举证责任配置给医疗机构，还是配置给患者，二者之间的区隔并不明显，最主要的不同体现在由谁来启动鉴定，这在民事诉讼中并没有太大的难度，但在诉讼中却可能隐藏着一定的风险。因为一般的民事诉讼即使涉及专业技术问题，只需进行一般的技术鉴定即可，费用不高，负担不大。但是，目前的医疗纠纷案件所涉及的鉴定有医疗事故技术鉴定和法医鉴定双轨制（后文将详细论述），前者收费较低，而法医鉴定收费较高，很多鉴定机构动辄就收取上万元的鉴定费，一些案件还进行了多次鉴定，势必增加了当事人的负担。如果由患者一方承担举证责任，即由其提出鉴定申请，预交鉴定费用，这对于已经遭受损害的患者一方而言无异于雪上加霜，加重了其经济负担。

4. 过　错

（1）过错的基本形态。过错的基本形态可分为故意和过失。故意是指

---

〔1〕 张新宝：《侵权责任构成要件研究》，法律出版社 2007 年版，第 289 页。

〔2〕 刘鑫、张宝珠、陈特：《侵权责任法"医疗损害责任"条文深度解读与案例剖析》，人民军医出版社 2010 年版，第 29 页。

行为人预见到自己行为的后果，仍然希望或者放任该后果发生的一种主观心理状态。故意通常被区分为直接故意和间接故意两类，前者是指行为人预见到自己行为的后果，仍然希望该后果发生的情形，后者是指行为人预见到自己行为的后果并放任该后果发生的情形。过失是指行为人对自己行为的后果应当预见或者能够预见而没有预见（即疏忽大意的过失），或者虽然预见却轻信可以避免该后果发生的心理状态（即轻信的过失）。[1] 按照从重到轻的程度，过失又可以分为重大过失、一般过失和轻微过失。重大过失是指行为人连最普通人的注意义务都没有尽到，或者说行为人以极不合理的方式未尽到必要的注意。一般过失也称抽象轻过失，其判断标准是善良管理人或者合理人的注意标准，即一个有相当经验的人处于行为人当时的境地会作为或者不作为，行为人却不作为或者作为了，那么行为人的过失就属于一般过失。轻微过失也称具体轻过失，是指行为人欠缺与处理自己事务时相同的注意程度，此类过失应就案件当事人的主观具体情形加以判断。[2]

（2）医疗过失及其举证。我国《医疗事故处理条例》第2条规定，"本条例所称医疗事故，是指医疗机构及其医务人员在医疗活动中，违反医疗卫生管理法律、行政法规、部门规章和诊疗护理规范、常规，过失造成患者人身损害的事故。"由此可见，医疗事故侵权中的过错仅限于过失，不包括故意。

如何证明医疗过失，在理论上和实践上都存在较大的分歧。[3] 在理论上，有的主张实行过错责任原则，由受害患者一方承担举证责任；有的主张由医疗机构承担举证责任，实行完全的医疗过失推定。在司法实践中，自我国《民法通则》与《医疗事故处理办法》（现已废止）颁布以来较长的一段时间里，对医疗过失的认定采用的是过错责任原则，受害患者一方要实现赔偿权利，就必须自己举证证明医疗机构的医疗行为存在过错。其中，最重要的举证是通过医疗事故鉴定确认医疗机构存在过错。受害人不

〔1〕 张新宝：《侵权责任构成要件研究》，法律出版社2007年版，第438页。
〔2〕 程啸：《侵权行为法总论》，中国人民大学出版社2008年版，第343~344页。
〔3〕 朱柏松、詹森林、张新宝等：《医疗过失举证责任之比较》，华中科技大学出版社2010年版，第3~161页。

能取得医疗事故的鉴定结论，就无法获得赔偿。[1]这一做法对受害患者一方而言显然十分不利。理由是，医疗机构及其医务人员与患者在专业信息格局上处于极不对称的状态，而且若是在《医疗事故处理条例》实施之前而适用《医疗事故处理办法》，后者并没有明文规定患者可以前往医疗机构复印病历等资料，这进一步加剧了医患之间的信息不对称格局。于是，我国《证据规定》第4条第1款第（八）项才作了补偏性的规定，"下列侵权诉讼，按照以下规定承担举证责任：……因医疗行为引起的侵权诉讼，由医疗机构就医疗行为与损害结果之间不存在因果关系及不存在医疗过错承担举证责任。"随着社会实践的不断发展，我们渐渐发现，这一补偏性的规定有可能矫枉过正，因为医学的诸多复杂性和未知性导致医疗机构即便尽了最大努力仍无法完全排除某些因果关系不存在，在这种情况下让其承担不利后果，确实有失公允。不过，我国《侵权责任法》制定之后，又重新恢复到由患者举证证明自己的损害与医疗机构的违法行为之间存在因果关系的状态，可谓否定之否定。

（五）医疗事故技术鉴定与法医鉴定

在《侵权责任法》颁布之前，医疗侵权诉讼处于比较混乱的状态，最典型的就是诉讼案由二元化[2]、法律适用二元化以及医疗鉴定二元化。[3]该法制定之前，许多学者希望该法能够将案由、法律适用、医疗鉴定的二元化进行统一，以保障法律的权威性。然而《侵权责任法》公布之后却发现，其只完成了诉讼案由和法律适用的统一这两项任务，医疗鉴定是否统一，该法采取了回避的态度。换言之，医疗鉴定模式的二元化如今仍继续存在。所谓医疗鉴定模式的二元化是指涉及医疗赔偿纠纷中确定医疗行为有无过错的法医学鉴定，既有传统意义上的医疗事故技术鉴定，也有根据《人民法院对外委托司法鉴定管理规定》启动的法医鉴定，这两种

[1] 杨立新：《医疗损害责任研究》，法律出版社2009年版，第105~106页。
[2] 吴崇其、张静：《卫生法学》（第2版），法律出版社2010年版，第138页。
[3] 全国人大常委会法制工作委员会民法室：《侵权责任法立法背景与观点全集》，法律出版社2010年版，第762~764页。

鉴定都属于司法鉴定。[1]

1. 医疗事故技术鉴定

医学会的医疗事故技术鉴定机构是根据我国《医疗事故处理条例》和《医疗事故技术鉴定暂行办法》的规定建立起来的,对该鉴定的利弊分析如下:[2]

(1)医疗事故技术鉴定的优势。首先,鉴定专家是临床专家,部分案件有少数法医参加。鉴定的本质是所涉学科的专家就其掌握的专业科学知识和经验对案件争议的专门性问题所作出的科学分析和判断,[3]因此科学性应当成为鉴定的第一属性。对于少数患者死亡原因不清或者需要确定伤残等级的案件而言,医学会还会邀请少量法医参加鉴定,弥补了临床医学专家的经验空白。

其次,鉴定人经严格法定程序产生。我国《医疗事故技术鉴定暂行办法》第 5 条规定,"医学会应当建立专家库。专家库应当依据学科专业组名录设置学科专业组。医学会可以根据本地区医疗工作和医疗事故技术鉴定实际,对本专家库学科专业组设立予以适当增减和调整。"第 6 条第 1 款规定,"具备下列条件的医疗卫生专业技术人员可以成为专家库候选人:(一)有良好的业务素质和执业品德;(二)受聘于医疗卫生机构或者医学教学、科研机构并担任相应专业高级技术职务 3 年以上;(三)健康状况能够胜任医疗事故技术鉴定工作。"第 7 条规定,"医疗卫生机构或医学教学、科研机构、同级的医药卫生专业学会应当按照医学会要求,推荐专家库成员候选人;符合条件的个人经所在单位同意后也可以直接向组建专家库的医学会申请。医学会对专家库成员候选人进行审核。审核合格的,予以聘任,并发给中华医学会统一格式的聘书。符合条件的医疗卫生专业技术人员和法医,有义务受聘进入专家库。"第 17 条规定,"医学会应当根据医疗事故争议所涉及的学科专业,确定专家鉴定组的构成和人数。专家

---

〔1〕 刘鑫、张宝珠、陈特:《侵权责任法"医疗损害责任"条文深度解读与案例剖析》,人民军医出版社 2010 年版,第 260 页。

〔2〕 刘鑫、梁俊超:"论我国医疗损害技术鉴定制度构建",载《证据科学》2011 年第 3 期,第 262~263 页。

〔3〕 张赞宁:《医事法学研究及典型案例评析》,东南大学出版社 2003 年版,第 335~337 页。

鉴定组组成人数应为 3 人以上单数。医疗事故争议涉及多学科专业的，其中主要学科专业的专家不得少于专家鉴定组成员的二分之一。"第 21 条规定，"医学会对当事人准备抽取的专家进行随机编号，并主持双方当事人随机抽取相同数量的专家编号，最后一个专家由医学会随机抽取。双方当事人还应当按照上款规定的方法各自随机抽取一个专家作为候补。涉及死因、伤残等级鉴定的，应当按照前款规定由双方当事人各自随机抽取一名法医参加鉴定组。"这些规定都在很大程度上保障了鉴定结论的公正性。

再次，鉴定活动在严格的程序控制下实施。我国《医疗事故技术鉴定暂行办法》针对鉴定前程序、鉴定实施程序和鉴定后程序设计了相应的规定，程序的公正可以促进和保障实体的公正。另一方面，鉴定程序明确而具体，有利于鉴定的管理和质量控制，从而保证鉴定质量。

最后，鉴定收费很低。医学会属于由国家负担开支的事业单位，医学会的鉴定在收费和支出方面实行收支两条线。鉴定费的收取有国家严格的标准，没有任何的弹性和可操作的地方。一些当事人坚持要求选择医学会鉴定，也有这方面的考虑。实践中还出现过有的地方医学会实行免费鉴定的现象。

（2）医疗事故技术鉴定的劣势。首先，鉴定专家来源比较单一，法医相对较少。医学会是一个临床医学的学术性机构，下设多个临床医学分支专业委员会，这亦是其优势之一，因此在构建医疗事故技术鉴定专家库时，也主要是围绕医学学科体系来组建的。法医学并不是医学会的下属分支专业学科，因此法医学专家的进入相对受限，这种大多情况下由临床医师组成的鉴定专家组所得出的鉴定结论，其公正性往往受到社会公众的质疑。

其次，鉴定专家积极性不高。入库的临床医学专家和法医都要求具有副高级以上的技术职称，这些专家在各自的领域往往已是有所成就，衣食无忧，在没有什么压力的情况下，他们能够参加医学会的鉴定。不过，一旦出现了一些特殊情况，他们便会寻找各种理由拒绝参加鉴定。在鉴定施行实名制，要求公开鉴定专家的身份时，他们因心存顾虑也会拒绝参加鉴定。换言之，这些专家凭自己的主观意愿参加鉴定，没有任何义务和责任的制约，一部分专家囿于学术地位的特殊性，往往也不重视鉴定工作，甚至将其视为一种负担。

再次，鉴定专家匿名鉴定，鉴定书上不署名，导致鉴定人的权、责、利不清。鉴定专家抽签产生之后，双方当事人只知道专家的代码，不知道其姓名、工作单位。在最终出具的鉴定文书上，也没有鉴定专家的签名或者盖章。鉴定人自始至终处于匿名状态，这是医学会鉴定饱受质疑的最重要原因之一。

最后，鉴定人不出庭作证。鉴定结论属于证据，医疗事故技术鉴定结论也不例外，因此双方当事人对鉴定结论持有异议时，有权利要求鉴定人出庭质证，未经当庭质证的鉴定结论，不能作为定案的依据。可是，因为鉴定人不在鉴定结论上具名或者盖章，自然不能出庭接受质证，这亦是医学会鉴定饱受质疑的一个重要原因。

2. 法医鉴定

（1）法医鉴定的优势。首先，独立于医疗机构，容易为患方所接受和信任。我国《司法鉴定人登记管理办法》第 3 条规定，"本办法所称的司法鉴定人是指运用科学技术或者专门知识对诉讼涉及的专门性问题进行鉴别和判断并提出鉴定意见的人员。司法鉴定人应当具备本办法规定的条件，经省级司法行政机关审核登记，取得《司法鉴定人执业证》，按照登记的司法鉴定执业类别，从事司法鉴定业务。司法鉴定人应当在一个司法鉴定机构中执业。"我国《医疗事故处理条例》第 23 条规定，"负责组织医疗事故技术鉴定工作的医学会应当建立专家库。专家库由具备下列条件的医疗卫生专业技术人员组成：（一）有良好的业务素质和执业品德；（二）受聘于医疗卫生机构或者医学教学、科研机构并担任相应专业高级技术职务 3 年以上。符合前款第（一）项规定条件并具备高级技术任职资格的法医可以受聘进入专家库。负责组织医疗事故技术鉴定工作的医学会依照本条例规定聘请医疗卫生专业技术人员和法医进入专家库，可以不受行政区域的限制。"由此可见，法医鉴定中的鉴定人是专职的，而医疗事故技术鉴定中的鉴定人是兼职的，这种兼职往往导致鉴定人鉴定的是自己的同行、师生、朋友等，其公正性容易受到质疑。有调研显示，在许多省市的司法实践中，法医鉴定的效力要优先于医疗事故技术鉴定。[1]

其次，我国《医疗事故处理条例》第 34 条规定，"医疗事故技术鉴定，可以收取鉴定费用。经鉴定，属于医疗事故的，鉴定费用由医疗机构支付；不属于医疗事故的，鉴定费用由提出医疗事故处理申请的一方支付。鉴定费用标准由省、自治区、直辖市人民政府价格主管部门会同同级财政部门、卫生行政部门规定。"由此可见，医疗事故技术鉴定的首要内容之一就是判断是否构成医疗事故，若不构成医疗事故，不予赔偿；若构成医疗事故，则需按照《医疗事故处理条例》第 4 条第 1 款规定处理，即判定属于四级医疗事故中的哪一级医疗事故。与之不同的是，法医鉴定通常对加害人的过错参与度进行界定与说明，而不像医疗事故技术鉴定那样非此即彼，因而无论是对旨在维护自身合法权益的医患双方，还是对重在维稳平序的法院而言，法医鉴定的结论更容易被其接受。

（2）法医鉴定的劣势[2]。其一，法医的临床医学知识有限，往往没有具体的临床医学分支学科的经验。法医不可能什么都懂，尤其是在法医学领域之外的临床医学上只是了解皮毛，鉴定结论的科学性和准确性遭受质疑。其二，临床专家匿名产生，且没有法定程序保障。在法医的医疗鉴定中存在一个奇怪的现象，即在鉴定文书上署名的是法医鉴定人，但是法医为了弥补自己"医学知识"上的不足，往往需要邀请临床专家提供咨询，但提供咨询意见的临床专家并不署名，而且临床专家的产生完全由法医个人决定，有些鉴定机构的鉴定是法医完全根据自己的好恶、与专家联系的多寡来选定提供咨询意见的专家进行的，哪个学科、人数多少都很随意。其三，鉴定过程比较随意，没有严格的既定程序。我国《司法鉴定程序通则》第 26 条规定，"司法鉴定机构应当在与委托人签订司法鉴定协议书之日起 30 个工作日内完成委托事项的鉴定。鉴定事项涉及复杂、疑难、特殊的技术问题或者检验过程需要较长时间的，经本机构负责人批准，完成鉴定的时间可以延长，延长时间一般不得超过 30 个工作日。司法鉴定机

---

[1] 邢学毅：《医疗纠纷处理现状分析报告》，中国人民公安大学出版社 2008 年版，第 35～36 页。

[2] 刘鑫、梁俊超："论我国医疗损害技术鉴定制度构建"，载《证据科学》2011 年第 3 期，第 264 页。

构与委托人对完成鉴定的时限另有约定的，从其约定。在鉴定过程中补充或者重新提取鉴定材料所需的时间，不计入鉴定时限。"但是应当看到，这只是一个时间段的规定，具体实施鉴定的核心环节（听取双方当事人陈述、提问、讨论、评议、撰写鉴定文书）需要多长时间则没有规定。在实践中，司法鉴定机构拖延的时间可能更长。在这么漫长的鉴定过程中，各个环节的时间如何分配，鉴定结论怎么作出，完全由法医个人掌握，随意性很大，也为作弊留下了较大的空间和可能，一些鉴定机构在拟定初步的鉴定结论后，召集双方当事人"通气"，看双方当事人的反应修改鉴定结论。其四，临床专家的结论可能被法医更改。尽管法医鉴定人在诸多情形下会邀请临床专家提供咨询意见，但临床专家毕竟不是鉴定人，不参与制作鉴定结论和文书，法医在参考临床专家的意见后，其最终的鉴定结论究竟在多大程度上反映了临床专家的意见，恐怕也只有法医本人知道。其五，法医署名，临床专家不署名，临床专家权、责、利不清；法医出庭，临床专家不出庭。由于法医通常在咨询了临床专家的意见后制作出最终的鉴定意见，那么作出意见的到底是临床专家还是法医，这是一个很难说清楚的问题。临床专家不需要出庭接受质证使得一部分临床专家从其产生到提供咨询意见，具有很大的随意性。其六，鉴定收费较高。从性质上说，法医鉴定是一种商业运作的面向社会的营利性模式，鉴定机构及鉴定人都要求追求利润，社会鉴定机构收费一直居高不下。以北京为例，虽然司法部门发布的有关收费文件上医疗纠纷收费在 4000 元左右，但由于它是按项计费，因此一般医疗纠纷的鉴定最终每例收费均超过万元。

（六）病历书写与告知义务

1. 病历书写

2010 年 3 月 1 日，《病历书写基本规范》正式实施，同时宣告 2002 年颁布的《病历书写基本规范（试行）》废止。但由于本案发生在 2005 年，故还应当适用《病历书写基本规范（试行）》的相关规定。其第 1 条规定，"病历是指医务人员在医疗活动过程中形成的文字、符号、图表、影像、切片等资料的总和，包括门（急）诊病历和住院病历。"其第 2 条规定，"病历书写是指医务人员通过问诊、查体、辅助检查、诊断、治疗、护理等医疗活动获得有关资料，并进行归纳、分析、整理形成医疗活动记录的行为。"其第 3 条规定，"病历书写应当客观、真实、准确、及时、完整。"在本案中，被告医院的医务人员给王某注射安定液却没有在病历中及时记载，显然违反了《病历书写基本规范（试行）》的规定，有关部门可以责令其改正，并给予批评。但应当认识到，这一违反规定的行为与王某死亡之间并不存在引起与被引起的关系，因此不具有法律上的因果关系。

2. 告知义务

在本案中，原告曾提出被告医院在给王某注射安定液时没有告知家属，这一行为应当如何看待？关于医疗机构的告知义务，我国《执业医师法》、《医疗事故处理条例》、《医疗机构管理条例》及其实施细则等规范性法律文件均有规定。我国《执业医师法》第 26 条第 1 款规定，"医师应当如实向患者或者其家属介绍病情，但应注意避免对患者产生不利后果。"我国《医疗事故处理条例》第 11 条规定，"在医疗活动中，医疗机构及其医务人员应当将患者的病情、医疗措施、医疗风险等如实告知患者，及时解答其咨询；但是，应当避免对患者产生不利后果。"《医疗机构管理条例》第 33 条规定，"医疗机构施行手术、特殊检查或者特殊治疗时，必须征得患者同意，并应当取得其家属或者关系人同意并签字；无法取得患者意见时，应当取得家属或者关系人同意并签字；无法取得患者意见又无家属或者关系人在场，或者遇到其他特殊情况时，经治医师应当提出医疗处置方案，在取得医疗机构负责人或者被授权负责人员的批准后实施。"《医疗机构管理条例实施细则》第 62 条规定，"医疗机构应当尊重患者对自己的病情、诊断、治疗的知情权利。在实施手术、特殊检查、特殊治疗时，应当向患者作必要的解释。因实施保护性医疗措施不宜向患者说明情况的，应当将有关情况通知患者家属。"由此可见，对于一般的诊疗行为，医疗机构并不需要向患者的近亲属履行告知义务。[1] 因此，本案中的被告医院在此方面并不存在瑕疵。

结 语

近年来，我国医疗纠纷案件逐年上升，引起全社会的广泛关注。既要

---

[1] 单国军：《医疗损害》，中国法制出版社 2010 年版，第 241～243 页。

妥善处理医疗纠纷，界定医疗损害责任，切实保护患者的合法权益，又要保护医务人员的合法权益，促进医疗科技的进步，推动医药卫生事业的改革与发展。法律的目的是服务于人类的需要。[1]在我国《侵权责任法》制定之前，一部分学者寄希望于该法能够解决医疗纠纷案件所涉及的一些难题，这其中就包括叫嚣已久的医疗鉴定问题。可是当《侵权责任法》制定之后，其对鉴定的问题却只字未提。于是，一部分学者又开始寄希望于最高人民法院针对《侵权责任法》实施中的问题（包括鉴定）出台相关司法解释。事实上，这将是一种毫无意义的等候，而且，等候的意识越严重，我们的立法则越滞后，等候的时间越长，我们的权益保障的水平就越低！因此，当下我们亟要做的绝不是等候，而是要超越这种等候，加强研究，尽快推动问题的解决！

---

[1] Guido Calabresi, "Concerning Cause and the Law of Torts", 69 *University of Chicago Review* 105 (1975).

"不当出生"民事损害赔偿请求权分析

白家琪

一、案例简介[1]

张伟与李丽在 A 医院进行婚前检查，在进行地中海贫血症筛查时，医院怀疑二人均为轻型地中海贫血患者，故做了地中海贫血 DNA 检测，检测结论为：张伟正常，李丽为轻型地中海贫血患者。二人婚后，李丽怀孕，在 A 医院建档进行产前检查，因知夫妻一人正常一人为轻型地中海贫血患者，不会分娩出重型地中海贫血婴儿，故医院未对胎儿做产前地中海贫血诊断。后该夫妇女儿小丽出生，而容异常且经常生病，经检查，为重型地中海贫血症，将要靠输血、换骨髓等治疗。张伟夫妇实难接受，将 A 院起诉至当地法院，请求法院确认该医院对其婚检及产前检查行为有过错，赔偿治疗费、精神损害抚慰金等 110 万元。

二、案例点评

该案为典型的"不当出生"案件。由于在婚前检查中张伟的地中海贫血 DNA 检测结果正常，李丽为轻型地中海贫血，因而，医院没有为胎儿做产前地中海贫血检查，这不违反产前检查操作常规。但是医院在婚检中对

---

[1] 本案例来源于张赞宁："缺陷生命之诉的法理评析（上）"，载《医院院长论坛》2006 年第 2 期，第 60~61 页。

张伟的检测存在过失。市医学会对其进行医疗事故技术鉴定，鉴定结论为：医院对张伟夫妇做的地中海贫血检测技术操作不规范、违反临床检验操作常规，医疗过失行为与人身损害后果之间存在一定的因果关系，导致重症地中海贫血儿出生，构成二级丙等医疗事故，对该事故的发生承担次要责任。当事人不服此鉴定，申请重新鉴定。省医学会的鉴定结论为：没有发现医院在对小丽的诊疗过程中存在违法违规等过失行为，但医院对不同实验结果未仔细综合分析，造成张伟 DNA 检测假阴性结果未进一步复查，错失小丽在孕期产前的诊断机会，与重型地中海贫血儿出生有一定因果关系，构成二级丙等医疗事故，对该事故的发生承担次要责任。后当事人仍不服鉴定意见，经最高院指定的鉴定机构再次进行鉴定，该鉴定机构认为医院对张伟婚前做地中海贫血 DNA 检查时存在过失，该过失与小丽的损害后果存在一定的因果关系。最终经法院调解，医院赔偿患者 32 万元。

三、理论延伸

（一）"不当出生"的概念

"不当出生"（Wrongful Birth）的概念来源于普通法。除此之外，还存在"不当怀孕"（Wrongful Conception or Wrongful Pregnancy）和"不当生命"（Wrongful Life）等概念。一般而言，广义的"不当出生"是指当原本不应该出生的婴儿由于医疗机构或医务人员的医疗过失而出生时，由父母提起损害赔偿请求的情形。而根据出生的婴儿是否健康，可以将广义的"不当出生"区分为"不当怀孕"和"不当出生"。前者是指父母并不希望生育子女，但由于医疗过失导致一名健康的婴儿出生的情形；而狭义的"不当出生"是指父母希望生育健康的子女，但由于出生之前的医疗过失导致残疾婴儿出生的情形。该出生之前的医疗过失可能发生在受孕之前、受孕之中或受孕之后。[1] 有学者以原告的不同区分"不当出生"与"不当生命"，认为"不当出生"是以残疾儿父母为原告提起的诉讼，而"不当生命"则是以残疾婴儿为原告提起的诉讼。本文在使用狭义"不当出

---

[1] 丁春燕："'错误出生案件'之损害赔偿责任研究"，载《中外法学》2007 年第 6 期，第 683 ~ 684 页。

生"概念的同时，对其与"不当生命"不做区分，即本文所用的"不当出
生"指由于出生之前的医疗过失导致残疾婴儿出生，包含以父母和孩子为
原告的两种情形。

"不当出生"诉讼不同于普通的胎儿侵权损害赔偿。所谓胎儿侵权损
害赔偿，是指因被告的外在加害行为使胎儿出生前受到伤害，比如：分娩
过程中，医生因医疗操作失误，致使胎儿窒息，造成脑部供氧不足，从而
出生后成为弱智儿。此种情况下，出生儿可就该身体伤害向被告请求损害
赔偿。"不当出生"中孩子的生理缺陷不是被告造成的，而是先天因素所
致，即使被告在产前检查中尽到了注意义务，母亲生下缺陷儿的可能性仍
不能改变。而在胎儿侵权损害赔偿案件中，孩子的出生缺陷是与被告的过
失行为存在着直接因果关系，如果被告尽到了注意义务，孕妇就不会生下
残疾的孩子。[1]

结合本案，由于在婚前检查中张伟的地中海贫血 DNA 检测结果正常，
李丽为轻型地中海贫血，故，医院没有为胎儿做产前地中海贫血诊断，这
不违反产前检查操作常规。但是，医院在婚检中对张伟的检测存在过失。
市医学会认为，其检测存在技术操作不规范、违反临床检验操作常规和血
红蛋白电泳检查操作常规；省医学会认为，医院对不同实验结果未仔细综
合分析，造成张伟地中海贫血 DNA 检测假阴性结果未进一步复查，该医疗
过失即发生在受孕之前。小丽的重型地中海贫血乃其遗传因素造成，并非
被告外在加害行为所致，即便被告查出张伟为轻型地中海贫血，仍不可改
变小丽为重型地中海贫血的事实。该案为典型的"不当出生"案件。

（二）"不当出生"医疗损害赔偿请求权性质的比较分析——违约抑或
侵权

对于"不当出生"诉讼案件的处理，究竟按照违约责任还是侵权责任
进行处理存在争议。目前，大陆法系主要采用违约之诉，而英美法系主要
采用侵权之诉进行救济。[2]

---

[1] 高艳：《"不当出生"导致医疗损害赔偿的法律研究》，南京师范大学 2007 年硕士学位论文。
[2] 张健、向婧："'不当出生'侵权诉讼民事审判实证研究"，载《法律适用》2009 年第 5 期，第 52~53 页。

1. 契约之上的请求权

在我国台湾地区,朱秀兰诉医院"不当出生"案是比较典型的案例。原告朱秀兰怀孕,因系高龄产妇,恐生下唐氏症等有心身障碍的儿童,乃至被告医院产检,因被告医院从事羊水分析具有过失,未验出胎儿染色体异常,患有唐氏症。并告知是男孩,胎儿正常,以致未实施人工流产,且一再保胎,产下患有唐氏症候群、无肛症、动脉导管闭锁不全等重度残障男孩。原告朱秀兰及其丈夫于是以物质上及精神上受到重大损害为由向被告医院请求损害赔偿。法院认定被告医院与原告朱秀兰之间的医疗契约是成立的,负善良管理人的注意义务,被告医院应就其医生的过失与自己的过失负同一责任,而依不完全给付债务,负损害赔偿责任。原告另外主张被告医院检验室人员没有专业知识、技能尽责检验,致原告夫妻误信其错误之检验结果而产下唐氏儿,系侵害原告朱秀兰之"堕胎自由权"及"生育决定权",法院否认此项侵权行为损害赔偿请求权。[1]

医疗合同关系,是指医院与患者之间就患者的诊察、护理、治疗等医疗活动形成的意思表示一致的民事法律关系。[2] 患者到医疗服务机构就诊,通过挂号、就诊、按方取药等行为与医院建立了医疗合同关系。该合同的双方当事人是医院和患者,医务工作者作为医院的履行责任人有义务按照合同的约定全面履行相关义务,若其在履行合同的过程中存在过失或未完全履行合同,违反了基于合同信赖关系所产生的高度注意义务和忠实义务,则应承担相应的违约责任[3]。

从其合同的主要内容看,医疗服务合同的性质与《合同法》分则中"承揽合同"和"委托合同"最为类似。然而,一方面在医疗服务过程中,患者向医疗机构或医务人员支付报酬并不是以后者的服务达到特定结果为条件,而且在具有不确定性的医学上,要求某项医疗服务必须达到某种特定结果,是既不现实也无法检验的。因此,它与"承揽合同"之间存在较大差异。另一方面,委托合同分为无偿和有偿两种,即由受托人在委托人

---

〔1〕 王泽鉴:《侵权责任法》,中国政法大学出版社 2001 年版,第 140～141 页。

〔2〕 杨立新:《侵权法论》(第 2 版),人民法院出版社 2004 年版,第 414 页。

〔3〕 杨辉:《"错误出生"损害赔偿问题研究》,华中科技大学 2011 年硕士学位论文。

的授权范围内处理委托人的事务。[1] 患者享有知情同意权，故医生在进行特殊检查、特殊治疗时需得到患方的授权同意及配合，当医生的诊疗行为超出患者授权时，医生即对患者承担相应的损害赔偿责任。由此可见，在我国现行法下，医疗服务合同的性质最类似于"有偿委托合同"，从而适用相关规则。

根据《合同法》第406条之规定，有偿委托合同的受托人应当适用抽象轻过失标准，即"因受托人的过错给委托人造成损失的，委托人可以要求赔偿损失"；而无偿委托合同的受托人则应适用具体轻过失标准，仅"因受托人的故意或者重大过失给委托人造成损失的，委托人可以要求赔偿损失"。相应地，在医疗服务合同中，医疗机构或医务人员也应适用"抽象轻过失标准"，即所谓的"注意义务"。只有当医疗机构或医务人员违反合理之注意义务而给患者造成损害时，才需要承担赔偿责任。本案中，张伟夫妇与医院形成医疗服务合同关系，医院在怀疑张伟为轻型地中海贫血患者的情况下让其去做 DNA 检测，当检测结果与怀疑不符时，医院没有尽到高度注意义务，未向其提供专业角度的合理化意见，没有进行下一步复查，导致假阴性结果的发生。

医院对患者负有给付义务，分为主给付义务（即诊疗护理义务）、从给付义务（保存病历、提供检查报告的义务等）和附随义务（治疗指导、保密义务等）。医院因过失而未能检查出张伟病情，其性质在我国台湾地区民法上属于债务之不完全给付或称不完全履行，也就是债务人给付的目的虽然是完全给付，但给付在实际上不符合债务的本质目的。从法律要件的构成上看，这就相当于我国法学学者所称的不适当履行。我国合同法上没有不完全给付的概念，依照学者的归纳，不完全给付分为一般瑕疵给付和加害给付。前者有数量不足、质量不符、履行方法不当、履行地点不当、履行迟延等表现形式。如果履行合同除了有一般瑕疵之外，还造成对方当事人的其他财产、人身损害的，为加害给付。本案中，张伟假阴性结果的发生导致其女小丽没有进行产前地中海贫血诊断，直接影响到张伟夫

---

[1] 丁春燕："'错误出生案件'之损害赔偿责任研究"，载《中外法学》2007年第6期，第685页。

妇对是否堕胎的判断,丧失了避免残疾婴儿出生的机会,因此,张伟夫妇有权依合同违约向医院请求赔偿。

2. 侵权之上的请求权

"不当出生"是美国侵权法上的概念,美国通常以侵权法来处理"不当出生"的诉讼。如在俄克拉荷马州发生的 Duplanv. United States of America 一案中,Duplan 太太工作于一个儿童日托中心,她知道自己处于感染 CMV 的特殊危险中,此病毒一旦被一个孕妇所感染,将会导致严重的出生缺陷。因此要求诊所对其进行 CMV 感染检查。经过多次请求后,Duplan 太太最终接受了 CMV 测试。测试结果表明:Duplan 太太在其怀孕的前 3 个月初步感染了 CMV。尽管实际测试已表明了可能的结果,诊所的护士却告诉她对 CMV 具有免疫能力。医生没有同 Duplan 夫妇谈论 CMV 的感染问题,也没有跟踪检查病毒是否正在破坏他们的胎儿。法庭特别指出:针对美国政府提起的这一诉讼并非建立在医生有义务同 Duplan 太太探讨堕胎问题的观念之上。相反,法庭将其判决建立于它所发现的以下事实基础上:医生有法定义务为 Duplan 太太提供关于其胎儿危险性的充分信息,以使其能够对是否考虑堕胎作出明智的判断,但医生违背了这一义务。[1] 患者因此可获得损害赔偿。

在我国侵权行为有四个构成要件,即:违法行为、过错、因果关系及损害后果。若论证是否可以侵权起诉,则需论证"不当出生"是否满足这四个构成要件。

(1) 违法行为。侵权行为是民事主体违反民事义务,侵害他人合法权益,依法应当承担民事责任的行为。我们需明确"不当出生"案件中,医院的过失行为侵犯了原告享有的受法律保护的何种权利,使之具有违法性。侵权法的保护客体是私法上的权利和利益(法益),作为原告的父母所主张的受到侵害的生育自主权和堕胎选择权是否属于侵权法所保护的权利或利益范畴呢?[2] 对此,学界存在多种看法。我国台湾地区对堕胎自由

---

[1] 李大平:"不当出生损害赔偿诉析",载《医学与哲学》2005 年第 6 期,第 39 页。
[2] 王洪平、苏海健:"'错误出生'侵权责任之构成——一个比较法的视角",载《烟台大学学报(哲学社会科学版)》2008 年第 3 期,第 35 页。

权及生育决定权是否属于侵权法保护的自由权存有疑义，否定了不当出生的损害赔偿请求权属于侵权行为请求权。在美国早期，堕胎被视为一种负面现象，是对人类生命的攻击。美国殖民者采纳了传自英国的普通法，规定胎动发生前的堕胎属轻罪，胎动以后的堕胎属重罪。这也是美国法早期否决不当出生诉讼原告请求的一个重要原因。但在 1973 年罗伊诉韦德案中，承认了堕胎的合法化。该判决认定，美国宪法中的"人"不包括未出生的婴儿，个人隐私权中包括妇女有权处理自己的身体事务（终止妊娠）。总而言之，妇女的自由选择权高于胎儿的生存权。在侵权法领域，用不当出生诉讼来保护宪法上的父母权利是一个逻辑发展的趋势[1] 笔者认为，生育自主权或堕胎选择权属于法律所保护的权利。根据我国计划生育的基本国策，我国《宪法》第 48 条就规定"夫妻有计划生育的义务"。现行《母婴保健法》第 3 章"孕产期保健"详细规定了孕产期经治医生的注意义务，这即是医生承担侵权责任的法律依据。

（2）过错。《侵权责任法》第 57 条规定："医务人员在诊疗活动中未尽到与当时的医疗水平相应的诊疗义务，造成患者损害的，医疗机构应当承担赔偿责任。"这就是《侵权责任法》界定的判断医疗过错的标准——未尽到与当时的医疗水平相应的诊疗义务，即医疗注意义务。1932 年的 Domohue VS Stevenson 案中，阿克金（Atkins）法官，根据法律谚语"爱邻居犹如爱自己"，提出了注意义务观点。注意义务应包括以下两个主要方面：其一，法律法规所规定的注意义务（成文规定的注意义务）；其二，依照合同性质而产生的注意义务（非成文规定的注意义务）。合同性质所决定的注意义务要从两个方面把握：结果预见义务和结果防范义务。[2] 本案中，医院对张伟的检测存有过失，未能提供与基因或遗传有关的准确建议，未能尽到高度注意义务，且其过失使患儿没有进行产前地中海贫血诊断，导致损害结果的发生。该过失属于侵权责任法上界定的过错。

（3）损害结果。有学者提出，医院的过失与患者的残疾之间无因果关

---

〔1〕 聂欣："不当出生之请求权基础分析"，载《中国卫生法制》2010 年第 2 期，第 60 页。

〔2〕 王岳："产前超声筛查后'不当出生'的法律问题思考"，载《中华医学超声杂志（电子版）》2011 年第 4 期，第 690 页。

系。此种说法将患者的残疾作为损害结果，笔者对此不予认可。在概念中已辨析，"不当出生"诉讼不同于普通的胎儿侵权损害赔偿，该类案件的特点是患儿的残疾乃父母遗传因素所致，属先天生理缺陷，并非因医院的过失造成。但该类案件中，父母所遭受的损害不是婴儿的"残疾"而是残疾儿的"出生"。本案中，即便医院检测出张伟患有轻型地中海贫血，仍不能改变小丽为重度地中海贫血患儿的事实，但，若张伟得到准确的诊断，小丽也将会因此在产前得到检查，给张伟夫妇选择生育或者堕胎的机会。所以，对张伟夫妇而言，其损害后果是残疾儿的"出生"。

（4）因果关系。根据上述讨论，医院过失与损害结果之间的因果关系即显而易见了。医院的过失导致患者生育自由权的丧失，残疾儿的出生。患者即可因此请求基于侵权责任的损害赔偿。

（三）"不当出生"医疗损害赔偿请求权主体及基础权利的比较分析

1. 生育选择权

新泽西州最高法院审理的 Gleitman v. Cosgrove 案中，法院源于一般侵权原则提出一种考虑：一个因过失剥夺了某位妇女决定是否流产的选择权的医生，应当就其前后引起的损害进行赔偿。社会具有既定的利益以减少与禁止出生缺陷，以及要求过错人就因每个违背适当的照顾责任而自然导致的具有充分赔偿依据的后果进行赔偿。[1]该例所述即堕胎选择权。

堕胎选择权、生育选择权基本都是从侵害婴儿父母的决定权、自主权来说的。自主权、决定权都属于自由权，而自由权属于人格权益的一种，那么生育自主权是否为一种人格权利？王利明先生对一般人格权的定义是：由法律采取高度概括的方式，而赋予公民和法人享有的以具有集合性特点的人格利益为内容的人格权。所以一般人格权是一种弹性的权利（这一点与"民事权益"的弹性类似），具有高度的包容性，可以对尚未被具体人格权确认保护的其他人格利益，发挥其补充的功能，将其概括在一般人格权中进行法律保护。当这些没有被具体人格权所概括的人格利益受到侵害时，即可依据侵害一般人格权确认其为侵权行为，追究行为人的侵权责任，救济其损害。[1]

《中华人民共和国妇女权益保护法》第 51 条规定："妇女有按照国家有关规定生育子女的权利，也有不生育的自由。"这条明确规定的是公民享有"生育选择权"。《中华人民共和国母婴保健法》第 17 条、第 18 条规定，"经产前检查，医师发现或者怀疑胎儿异常的，应当对孕妇进行产前诊断"，"经产前诊断，胎儿有严重缺陷的，医师应当向夫妻双方说明情况，并提出终止妊娠的医学意见"。这是生育"选择"所包含的另一意义，即对发育异常或者有可疑畸形的胎儿进行筛查和诊断，然后将信息提供（告知）给胎儿父母，并进行合理全面的告知，最后，由缺陷胎儿父母做出决定。这便是真正、完整意义上的"生育选择权"。生育选择权行使的前提即获得全面准确的生育信息，然而，在"不当出生"案件中，医疗机构虽没有强制残疾儿父母选择生育，但其过失造成畸形审查和排除的信息不准确，没有尽到注意义务，医生提供的信息直接导致夫妇生育选择权的错误行使，使其生育选择权行使的基础丧失，合法权益未得到保障。因此，笔者认为，残疾儿父母有权依"生育选择权"受损提起诉讼。

2. 生命健康权

基于生命健康权的诉讼主要是指以残疾儿自己的名义起诉的案件。学者们广泛争议的问题有：残疾儿可否在此类案件中作为诉讼主体以及该类案件的损害为残疾儿"出生"的观点能否成立？从各国实务看，除了极少数法域外，几乎所有法域都不认可残疾新生儿的这项请求权，主要理由有：①新生儿的残疾是其遗传或先天性因素造成的，并非医疗过失所致，医疗机构或医务人员在此不对残疾儿负注意义务；②残疾儿所主张的损害是丧失被终止孕育的机会即自己的"出生"本身，但法律通常认为：任何人都无权主张自己的不出生（无论其是否健康），出生并非法律认可的一项具有可赔偿性的损害。[2]

---

〔1〕 刘凯、卞亚穸："关于'缺陷儿出生'相关法律问题的探讨"，载中国医师协会网站，http://www.cmda.gov.cn/zilvweiquan/weiquanzhishi/2011-04-18/9506.html，访问日期：2011 年 4 月 18 日。

〔2〕 丁春燕："'错误出生'案件之损害赔偿责任研究"，载《中外法学》2007 年第 6 期，第 688~689 页。

但是，认可该项请求权的法域在增加，主要原因在于：①法律允许残疾儿父母就残疾儿出生的相关损害获得赔偿，而基于相同事实却禁止残疾儿就自身残疾引起的损害主张赔偿，这违背了公平公正的法律理念；②当胎儿被确诊患有难以治愈的先天性疾病时，法律允许父母选择流产，当患者需要依赖生命的维持系统来存活时，法律允许其自主决定是否放弃治疗，这表示，并非任何情形下"残疾的生命"都绝对优于"不存在的生命"；③从胎儿的角度来理解，父母享有阻止残疾婴儿出生的权利可以被视为父母遵循"最佳利益原则"代理胎儿在"残疾的出生"与"不出生"之间做出决定。

《民法通则》第9条规定，公民的权利始于出生，终于死亡。但《继承法》第28条以胎儿活体出生为前提，又肯定了在遗产分割时胎儿的特留份。现行法下，我国学界对胎儿民事权利能力的问题尚未形成共识。笔者认为，以胎儿为原告起诉医院过失造成自己的出生实在有违伦理，且不认可胎儿在宫腔内即有决定自己是否出生的权利。

结　语

随着医学技术的发展和人民法律意识的增强，赋予医务工作者的责任也愈加增多。"不当出生"案件引发医学界和法学界的思考，一方面，医学技术的提升使得患者对诊疗结果的期待越来越高，另一方面，医学技术始终有其局限性，特别是婴儿在母体体内，由于胎儿体位等因素影响，很难做到将所有先天缺陷都诊断清楚，这就对医生的注意义务提出了更高的要求。本文侧重从损害赔偿请求权的角度，引用国内外案例，对"不当出生"案件的概念、性质等进行比较分析，以期做进一步的探讨。

超药品说明书用药致医疗损害案例解析

候钰滢

一、案例简介

（一）事实经过

产妇赵某，32 岁，因"孕足月，见红 2 小时"，于 2012 年 1 月 30 日早 8 时入住甲医院待产。

既往史：剖宫产术后 10 年（病历记录为卵巢囊肿切除术后 10 年）。入院时情况：体温 36.7℃，脉搏 76 次/分，呼吸 20 次/分，血压 120/70mmHg，心肺正常，下腹部正中有一约 15cm 陈旧性疤痕，腹围 103cm，宫底高度 30cm，羊水：中等，宫缩：无，胎位：LOA，胎心：145 次/分，胎先露：衔接，估计胎儿大小：3000g，胎膜：未破。入院诊断：孕 1 产 0，孕 41^{+6} 周，临产。

产妇入院后一般情况良好，未做特殊处理。

2012 年 2 月 1 日早 8 时，查体：血压 120/70mmHg，胎心 140 次/分。9 时许给孕妇服用引产药，米索前列醇半片（患方陈述为"催生药"），9 时 30 分开始出现宫缩，约 4~5 分钟一次，每次持续约 20 秒；引道有少量粉红色分泌物流出，胎心 132 次/分。11 时 30 分产妇诉腹痛。查体：宫缩仍为 4 分钟左右一次，持续约 20 秒；胎心 132 秒/分；阴道无出血及流水。未作处理。12 时 50 分产妇感腹痛加重，无明显间歇，伴出汗。追问病史，产妇10年前曾接受剖宫产术。查体：血压120/70mmHg，脉搏90次/分。胎心听不清。肛查：宫颈软，宫口开大约1cm；胎先露：浮。内诊：胎位不清。在征得产妇家属同意后将其转往乙医院，入院后乙医院为产妇施行了剖宫产手术。术中见子宫破裂，胎儿及胎盘游离于腹腔，胎儿已死亡，腹腔内大量积血。术中将产妇子宫切除，产妇于2月15日出院。

（二）争议焦点

患方认为：由于医方对产妇的剖宫产病史重视不够，产前未正确诊断出巨大儿，产程中乱用催产药物，同时又不具备相应的医疗条件，在出现异常情况后未能及时转院，最终导致了胎死宫内、孕妇失去子宫的严重后果。患方的损害后果完全是医方的医疗过失行为所造成的，应该对此事件负全部责任。

医方认为：我方具备必要的医疗条件，有《中华人民共和国母婴保健技术服务执业许可证》，我方妇产科医务人员也都具备助产、接生的资格。在孕妇做产前检查和产妇住院待产询问病史时，患方隐瞒了剖宫产手术史，致使我方对孕妇的情况判断失误，导致了严重后果的发生。所以对损害后果不应负担主要责任。

二、案例分析

此纠纷的解决，关键点即是药品米索前列醇的用法用量问题。根据该药品说明书可知，米索前列醇每片200μg，具有明显加强宫缩的作用，产妇使用时通常用量为1/8片，该案例中医方给产妇赵某使用米索前列醇半片（即100μg）引产，严重超过了药品说明书中所写的使用剂量，结果导致了产妇子宫强直收缩，子宫破裂及胎死宫内的严重后果。

就该医疗纠纷来看，虽然产妇赵某具备用药指征，但医方在对产妇赵某诊疗过程中的药品使用剂量问题上存在过失，故应对其产生的损害后果承担直接责任。

三、学理探讨

本案例中所涉及的是现阶段临床用药过程中一类普遍存在的问题，即在法律层面存在潜在风险和隐患但又无法完全规避的超药品说明书用药的现象。

针对这一问题的讨论，首先应该对两个概念加以理解。①药品说明书的概念：载有药品相关技术信息的文书，获国家药品监督管理部门批准的用药指导材料，是医师、药师、护士对病人进行临床治疗使用药品时的重要技术性依据。②超药品说明书用药的概念：超出药品说明书规定的年龄范围、给药剂量、适应人群、适应症、用药方法、给药途径等使用药品的现象。

临床工作中医师在用药时超越药品说明书规定的现象非常普遍，从全球范围来看，此现象在各个国家的临床实践中都占据着相当大的比例。

在国外，根据国外对临床中 160 种常见药物进行的调查数据来看，在 4.23 亿张处方中，有 8900 万张属于超药品说明书用药，约占总量的 21%，其中大多数没有或少有科学依据。不同类别药物的超药品说明用药情况有所差异，所占比例最高的是抗惊厥药物，其次是抗精神病药物和抗生素类药物。不同年龄段患者的超药品说明用药情况也大不相同，在普通成人用药中，超药品说明书用药所占比例约为 7.5% ~ 40%，当医生面对孕妇、儿童等特殊用药对象时，由于药品注册时临床研究资料的局限性，超药品说明书用药情况则变得更为常见，在住院儿科患者中所占比例甚至高达 50% ~ 90%。

在国内，就现阶段情况来看，除上述普遍存在的问题之外，还存在以下三个问题："老药新用"（即临床上应用了一段时间的药品，在治疗实践中发现了新的作用、用途或用法）问题；因无法进行儿童临床试验，所以在儿科患者中频繁出现使用"药品说明书之外用法"的问题；因医生存在"剂量越大作用越大"的错误认识，而出现超说明书用药剂量的问题，都是临床医师突破说明书用药的实例。

那么，导致此类现象频繁出现的原因是什么呢？

1. 药品说明书自身的特殊性

药品治疗作为一种普遍应用的临床治疗方法，其在解除患者病痛的医疗过程中起到至关重要的作用，而药品作为一种特殊商品，每一种都有相应的专业说明书介绍、适应症和用法用量，并需要在一定的专业知识指导下使用。虽然药品说明书的项目及内容书写等均有严格规定，但不可避免的是，说明书本身也存在缺陷。

对此，我们可以用两个极具普遍性的例子进行说明，比如，抗菌药物说明书通常描述为"适用于对本品敏感细菌所致感染"，但往往在细菌培养和药敏试验结果确定之前，临床医生就已开始经验性药物治疗，因而很难保证用药符合药品适应症的要求。再如，儿童和孕妇的药品使用方法，经常被列在说明书的免责声明中，被注明类似于"该药物在儿童中的疗效和安全性信息尚未得到证实"之类的字样，因为对于这类人群来说，法律所要求的药物安全性和有效性证据还没有通过食品药品监督管理局审核批准。所以针对这些药物，难免会出现超说明书使用的现象。此外，同一种药品，不同厂家的药品说明书也不尽相同。

2. 药品说明书滞后于临床发展

药品上市前临床试验存在试验对象条件控制严格、研究时间短和研究目的单一等局限性，使得上市药品的安全性信息和适应症可能并不完善。而随着药品的上市、临床经验的增加以及临床试验的验证，药品的适应症和主要功能都会发生变化。理论上讲，药品说明书应当随着临床经验的增加及适用证的扩大而随时进行修改，以给临床使用提供参考依据，但上市的药品如更改说明书，则需要制药公司为药品新的用法提供大量的安全性和有效性数据，有些生产厂商因时间或成本因素，不愿主动更改说明书。另外企业在药品专利保护已经或即将到期的情况下，面临着与仿制药品的激烈竞争，绝大多数都不会投入资金进行药物扩展用途的试验，这样使得药物有价值的用途无法得到审批，致使说明书往往滞后于现有科学知识和文献，超说明书用药变得不可避免。

3. 执业行为不规范

首先，临床医生存在对某些药品的适应症、用法用量、药物的理化性质等知识掌握不够的现象。其次，医师的用药决策在一定程度上受到药品商业宣传的影响。据报道，有22.86%的宣传资料与药品说明书内容不符，主要表现为扩大适应症和用法用量不一致。有的医师过于相信企业的宣传推广，盲目地超药品说明书用药，造成医师执业风险加大，使医疗机构和临床医师可能会涉及更多的法律纠纷。再次，众多药师也难以做到对药物的临床应用把关，仍停留在单纯拿药方发药的阶段，当发现不合理用药或者用药错误时，没有拒绝调剂或及时告知处方医师，导致了超处方用药行为的发生。

由此可以看出，超药品说明书用药现象的存在具有其必然性。那么，我们究竟应当如何看待药品说明书在现行法规体系中的地位呢？

目前的临床医疗实践中，国内医疗机构往往把药品说明书视为"法"，多数临床医师按照药品说明书来行使处方权。由于药品说明书是经过国家食品药品监督管理局审批、核准后才予以发布的，相对于严格地对各类规范的效力等级进行区分，医疗机构更愿意采取服从说明书约束用药的态度，笼统地将药品说明书一律视为是具有法律约束力的"法"。对此问题的探讨应从其形式意义和实质意义两个角度出发。

就其形式意义而言，从法学界的一般观点来看，只有属于法律渊源的规范才能够创设权利义务，约束人的行为，而其他不属于法律渊源的规范性文件则不具有法律规范性。显然，药品说明书这一类对医师用药进行指导的医学类参考资料，通常被排除在法律规范渊源之外。那么，药品说明书是否具有与诊疗规范相当的法律地位呢？诊疗规范作为医生行医的基本规范，必须由具备医学专业资质的人员建立，再由资深医师按照特定步骤反复讨论论证，才能最终形成。药品说明书并非出自医师论证，而是以医药厂家为主导，以药学专业的视角制作而成的，且现实中往往也没有充分征求执业医师的意见，由此可见，药品说明书的法律地位也绝非诊疗规范，只能视为一项重要的参考文献。

就其实质意义而言，药品说明书所调整的对象，从形式上看是药品的使用问题，但实际上却直接或间接地涉及临床医师的权利义务。药品说明书所提供的包含药理学、毒理学、药效学等关于药品安全性、有效性的重要科学数据和结论，以及对临床处方的适应症、剂量、使用途径的规定，一方面对临床医师安全、合理、有效使用药品具有重大指导意义，另一方面也构成了针对医师更为直接的规制。根据我国法律法规的相关规定，对于超药品说明书用药造成损害后果的医疗行为，情节轻微，医事行政机关可以对当事人按《关于国家行政机关工作人员的奖惩暂行规定》予以警告、记过、降级、降职等处分，情节严重，触犯《药品管理法》、《执业医师法》等法律的，则可吊销其执业许可证。由此可以看出，尽管药品说明书本身不具备法律规范的外形，也没有通过法律条文对医疗行政机构与临床医师的行为模式和法律后果加以规制，但是它通过设定发生具体的损害后果的处罚标准，即医疗行政机关可以依照法定程序判断、认定、归结和执行法律责任的活动对医疗行为人归责，间接地为行为人规定了权利义务，使得药品说明书在一定程度上产生了外部法律效果。

近些年来，医疗实践中的医疗纠纷日渐增多，使很多医师在选择用药时变得更加谨慎。超药品说明书用药由于没有经过国家有关部门的审核批准，其法律风险远高于药品说明书之内的使用，如果发生医疗纠纷，即使医院采取了合理的治疗措施，但治疗方案中有超药品说明书用药，医师也可能受到质疑。

这一问题的严重性来自于医疗习惯和法律规则的认识差异和固有冲突。在医疗界，药品说明书之外用药的现象普遍存在并且被认为有其合理性，大部分医生更按其经验或约定俗成的"习惯用法"用药，未能过多关注药品说明书所载有的具体内容；在法律界，由于药品说明书简单明了能够被法官直接看懂，而作为衡量医生用药行为正确性的重要参考依据。从法律风险的层面上讲，一方面，若患者用药后发生损害，如果没有充分证据证明医师超药品说明书外用药的适应症、用法用量的合理性和安全性，医师的这种诊疗行为将不受法律保护；另一方面，若一切超说明书用药行为均被禁止，则某些患者因为无法用药造成重大损失甚至死亡，则医院同样难辞其咎。

因此，当前对超药品说明书用药问题的探讨，便因为侵权责任法的实施和医疗赔偿标准的提升而变得更加刻不容缓。针对超药品说明书问题，笔者提出以下三点参考意见。

第一，对超说明书用药进行科学管理。临床实践中超越说明书范畴用药的情形，分为不合理用药和有证据支持的依患者病情需要的治疗两种情况。前一种是医生不负责任的表现，而后一种则是医生为了患者健康需要而采取的治疗措施。值得注意的是，超说明书用药可以为患者病情的缓解起到治疗作用，也有可能带来严重的不良反应从而导致医疗纠纷。这就意味着医生和患者要面临额外的风险。

第二，制定尽可能清晰明确的规则。而这种技术性规则应由此行业组织发挥重要作用，我国医疗界有"医院协会"、"医生协会"、"医学会"、"药学会"等行业组织，通过这些组织发动医生、药师、医院管理者和医疗法律专家的作用，尽快在超药品说明书用药问题上形成行业共识，并以此共识规范医疗行为，进而说服法律界承认被规范的超说明书用药的法律地位，这是解决超药品说明书用药问题的最有效途径。

第三，应对合理范围内超药品说明书用法的依据、超药品说明书用药应满足的条件、不得作为超药品说明书用药的情形加以具体的说明和限制。

结 语

药品对于人类疾病的治疗不可或缺，随着医学不断进步，各种各样的药品不断被发明，不同药品的化学结构、适应症、药理、毒理、不良反应等逐步被明确，安全有效的用药方法也被逐渐归纳，这些内容被集中写入药品说明书中，成为临床医务人员使用药品治疗疾病时的重要依据，也是出现不良反应造成患者损害时得以免责的前提。

与此同时，由于疾病的复杂、临床实践中大量的超前经验总结等原因，超药品说明书使用药品治疗疾病的情况也越来越常见，而且往往可以取得更好、甚至意外的疗效，但超说明书用药存在着很多复杂的情况，我国对此行为尚未开放，且医疗界与法律界对该行为的认定至今未形成统一的认识，超药品说明书用药的风险，要远高于药品说明书之内的使用，这种行为由于尚缺乏法律法规乃至诊疗规范的支持，也无相应的明确规制，因而由此引发了诸多法律风险和隐患。

本文仅以一案例为视点，就当今现状、产生原因加以分析，并针对其法律风险，提出了法律规制的构想，以期帮助医务工作者摆脱超药品说明书用药的困境，减少因此而产生的医疗纠纷，避免承担不必要的法律责任，更好的保护医患双方的合法权益。本文尚存在许多不尽如人意之处，谨希望对超药品说明书用药之问题的法律规制探讨略尽绵薄之力，以保证患者的用药安全和身体健康，推动我国进一步完善用药合法程序的建立。

基因隐私权的民法保护

刘美玲

一、案例简介

（一）事实经过

2009 年 4 月，小周、小谢、小唐参加了佛山市公务员考试，一路顺利通过笔试、面试最后进入体检环节。在体检中，红细胞平均体积（Mean Corpuscular Volume，MCV）异常，被决定进行基因检测。最后检测出他们是地中海贫血基因携带者。佛山市人力资源和社会保障局（以下简称"人社局"）以三人体检不合格为由不予录用。周某等将佛山人社局告上法庭。三人的代理律师指出，考生参加的"平均红细胞体积"检测和"地中海贫血基因分析"超出了《公务员录用体检通用标准（试行）》中规定的血常规检测项目，且从未对其必要性做出任何说明，这种做法违反了相关法律规定，侵犯了考生的"身体隐私"。佛山人社局的代理律师回应，在公务员录用的过程中，委托医疗机构进行体检是依法行政。对于公务员体检过程中的检验方法，按照项目规定，由主检医生根据需要决定。作为公务员录用的主管部门，不录用上述三位人员符合法律规定。

（二）法院观点

佛山市禅城区人民法院认为在公务员录用的过程中，委托医疗机构进行体检是依法行政。对于公务员体检过程中的检验方法，按照项目规定，由主检医生根据需要决定。作为公务员录用的主管部门，不录用上述三位人员符合法律规定。因此法院一审宣判驳回了三名考生的全部诉讼请求。考生败诉后，向佛山市中级人民法院提出上诉请求。佛山中院认为，根据公务员录用的相关法律、法规规定，人社局作为设区的市级以上公务员主管部门，依法享有组织本区域公务员职务的报考者进行体检，并根据体检结果决定是否予以考察录用的行政职责。三名考生在指定体检机构进行体验并被告知体检结果后，经医院进行复检，结果仍和指定体检机构的体检结果一致。人社局根据体检机构作出的体检不合格的体检结果，决定对三名考生不予考察录用，符合相关规定和法定程序。2010 年 9 月，佛山中院对该起"中国基因歧视第一案"作出终审判决，驳回上诉，维持原判。

二、案例分析

在本案中，公务员招考体检中对考生基因检测是否具有合法性，始终是双方辩论的焦点。一方面，佛山市公务员体检通知并未明文规定基因检测，强制进行基因检测是不合法的。另一方面，法院则判定人社局的做法是合法合规的，公务员体检手册虽未规定基因检测，但是却有"血液病不合格"的规定，而主检医院认为：携带地中海贫血基因即为血液病。因此判定携带地中海贫血基因即为体检不合格。而从血液病专家方面了解到：医学研究说明，地中海贫血基因的携带者仅仅具有转化成为地中海贫血症的可能性，而不是必然性，如果将这一可能性当成必然性来对待，其结果肯定有违背公正、平等的理念，一些人终其一生都可能只是携带者，却被残酷地剥夺了录用为公务员的资格。小周的代理律师刘建华认为，无论怎样，最终的判决结果将对类似案件产生示范效应。他说："一审判决带来一定社会影响，一些机关单位因为看到这次判决的结果，认为超项目检测基因是法律认可的，便也开始对其他考生进行基因检测，这种做法可能导致基因歧视案件还会继续出现。"

三、学理讨论

上述案例体现了基因歧视在就业方面的深刻影响，近年来，基因侵权现象屡屡发生，不仅表现在就业领域，在保险、医疗等方面也屡见不鲜。为此，对于基因隐私权保护问题就显得尤为重要。

（一）上述案例所体现的基因隐私权保护面临的问题

在就业领域，健康信息检测已成为一种普遍的现象，雇主为保证职场安全和提高工作效率而极力想获知雇员的健康状况。而基因检测对于一般的医学检测而言，不仅能揭示一个人的健康状况，还能解释一个人未来的健康情况，这对于雇主筛选雇员具有极大的便利性。如果放任雇主无节制的知晓个人的基因信息，将会产生严重的就业基因歧视，损害雇员利益。雇员可能因为在职场检测中被检测出携带某种基因，而丧失工作机会，或者在工作晋升与职务分配上受到不利待遇。在案例中，小周等三人就是因基因检测出是地中海贫血基因携带者而被拒绝录用。

同时，如果劳动者每换一个工作单位均得向雇主提供基因信息的话，会导致基因信息安全存在极大的风险，可能会被不法分子非法泄露和利用，严重侵犯雇员的基因隐私。

（二）国外基因隐私保护的立法概况

1. 美国的特别立法

在基因隐私权立法保护方面，美国走在了世界前列。早在1996年，新泽西州立法机关就颁布了禁止以基因信息为基础的基因歧视的法律，即《遗传隐私法案》，该法案明确规定个人的遗传信息因其私人属性，未经书面同意不能被收集、保存或公开。同年，在保险领域，美国国会通过了《保险转移和责任法》，该法在允许保险公司根据已存在的疾病状况评估风险的同时，规定"基因信息"不算已经存在的疾病状况，除非它已经表现为疾病。在雇佣领域，2000年2月，美国总统克林顿发布《禁止在联邦雇佣进行基因歧视》的行政命令，禁止政府利用基因资讯来决定是否雇请应征者或提拔员工，代表政府向全社会表明对基因歧视的态度。他在位时还曾明确表示："基因组草图永远不应当成为破坏、歧视和侵犯别人隐私的工具。"2003年，美国参议院全票通过《基因信息反歧视法2003》。[1]

2. 欧盟的统和立法

1997年，欧洲理事会通过的《欧洲理事会关于人权与生物医学的公约》第四章专门规定了对基因歧视的禁止和对基因检测的限制。其中第11

〔1〕 曾培芳："隐私权及民法保护探析"，载《南都学坛》2002年第2期，第88页。

款明确规定禁止基因歧视；第 12 款规定个人只能出于医疗或科研的目的对基因进行检测，并且要遵守基因信息检测的相关规则；第 13 款规定对人类基因组进行干预只能是出于开展医学诊断或者疾病治疗目的；第 14 款规定禁止在进行医疗辅助生育技术时使用基因信息来选择未来子女的性别，除非存在可能患有严重遗传性疾病的特殊情况。[1]

综上所述，以美国为代表的特别立法模式的优势在于，它充分考虑到了基因信息与一般数据信息或者医疗信息的不同之处，基于基因信息的复杂性和特殊性，有针对性地专门立法。不仅可以有效地防止基因商业化采集，还可以防止公权力对基因权益的侵害，有效的促进基因科技健康有效的发展。然而，基因隐私特别立法也有其缺陷性。首先，它往往需要新的立法来赶上新出现的技术，因此经常造成法律的相对滞后；其次，在这种模式下也没有一个统一的监督机构；最后，它可能因为对基因隐私的过严保护而限制基因技术的发展。同时，以欧盟及一些成员国为代表的基因隐私统合立法模式有利于形成对个人信息保护的同一性思维，对个人隐私的整体性也有较好的认知，对基因信息、医疗信息及其他个人信息能够在整体性下又兼顾特殊性和层次性，以避免不同类型的个人信息保护法产生相互重叠、彼此干预的状况。但这一模式往往将基因隐私等同于个人数据隐私或医疗信息隐私，由此忽略了基因隐私所具有的人类共同性、族群关联性、高度辨识性、易受侵害性等特性。此外，统合性模式立法技术要求甚高，立法难度较大。

（三）我国基因隐私保护的立法现状

在我国，对于隐私权的保护呈现一个尴尬的局面：一方面，在现实生活中侵犯隐私权的案件屡见不鲜；另一方面，在我国现行的立法中对隐私权保护存在着严重缺陷，对公民隐私权的保护经历了一个曲折的过程。我国 1986 年制定的《民法通则》在"人身权"一节中，仅仅规定生命健康权、姓名权、肖像权、名誉权、荣誉权，并没有规定隐私权。由此可见，《民法通则》并没有把隐私权作为一项独立的人格加以保护，仅在第 101 条规定"公民的人格尊严受法律保护"。1988 年，最高人民法院《关于贯

---

[1] 胡艳丽：《论基因隐私权的法律保护》，浙江师范大学 2011 年硕士学位论文。

彻执行〈中华人民共和国民法通则〉若干问题的意见（试行）》第 140 条第 1 款规定："以书面、口头等形式宣扬他人的隐私，或者捏造事实公然丑化他人人格，以及用侮辱、诽谤等方式损害他人名誉，造成一定影响的，应当认定为侵害公民名誉权行为。"该司法解释虽然弥补了《民法通则》未规定隐私权的重大缺陷，但对公民个人隐私采取的是间接保护的方式，将隐私权限定在名誉权范围内，成为名誉权的一部分。1993 年 8 月，最高人民法院公布的《关于审理名誉权案件若干问题的解答》第 7 条第 3 款中，这种观点再次得到肯定，"对未经他人同意、擅自公布他人隐私致他人名誉受到损害的，应认定为侵害他人名誉权"。1998 年最高人民法院《关于审理名誉权案件若干问题的解释》中第 8 条规定，"医疗卫生单位的工作人员擅自公开患者患有淋病、梅毒、麻风病、艾滋病等病情，致使患者名誉受到损害的，应当认定为侵害患者名誉权。"该解释实际上应该是隐私权而非名誉权，同样采取间接保护隐私权的方式。但隐私权与名誉权不同，最大的区别体现在前者是泄露真实信息而后者是捏造散布虚假信息，因此二者不能混同。2001 年《最高人民法院关于确定民事侵权精神损害赔偿责任若干问题的解释》中规定"违反社会公共利益、社会公德侵害他人隐私或者其他人格利益，受害人以侵权为由向人民法院起诉请求赔偿精神损害的，人民法院应当依法予以受理"。由此可以看出，该解释将公民的隐私权从名誉权中独立出来予以保护，但仍没有规定隐私权的概念。直到 2009 年我国《侵权责任法》的公布，隐私权才由一种受法律保护的利益上升为一种独立的民事权利。

（四）对我国基因隐私权保护的立法建议

以上分析我国现存的法律体系中，对于基因隐私权的保护可以说是严重不足，这种局面远远落后于我国基因技术发展的现状。与此同时，国外针对基因隐私的立法已经是十分广泛，因此，结合我国民法理论，对比国外立法概况，笔者将提出以下几点立法建议。

1. 确立基因隐私权民法保护框架

针对我国对隐私权的民法保护，考虑到基因隐私的特殊性，借鉴国外立法经验，确立基因隐私权的民法保护框架主要包括以下四点：

（1）确立基因隐私权民法保护的基本原则。首先要确立尊重遗传特征原则。[1] 由于个体基因存在差别可能带来基因歧视和不公正待遇，所以应倡导基因尊重观念，不论遗传特征如何，都应受到尊重，不得实行歧视。其次是确立关民共享利益原则。[2] 即利用某些个体基因隐私创造出新的医疗科技成果并用于商业目的时，应考虑相关人员的免费共享权问题。通过确认该原则，保证基因科学成果在商业运用中具有相应的公平性。

（2）明确基因隐私权人的权利与义务。基因隐私权人对本人的基因信息拥有知晓权、保密权、利用权、支配权以及维护权。即权利人不仅可以对自己的基因隐私进行消极地维护，还可以对自己的基因隐私进行积极地主张。而对于基因隐私权人的义务主要是指权利人不得随意滥用自己的基因信息，给国家、集体、其他人造成损害。

（3）侵害基因隐私权的认定。侵害基因隐私权作为一般侵权行为，其民事责任必须具备一般侵权民事责任的构成四要素，即侵害行为、加害人的过错、侵害行为与损害后果之间的因果关系、损害后果。

侵害基因隐私权的行为主要分为两大类：非法对他人实施基因检测的行为和非法揭示泄露他人基因隐私的行为。非法对他人实施基因检测，是指行为人未经过他人同意非法采集他人 DNA 样品进行基因分析的行为。非法揭示他人基因隐私的行为，是指行为人未经基因隐私权人许可，非法向第三人公开、传播基因隐私权人的基因信息的行为，具体行为方式包括：非法调查刺探、披露、公开、宣扬。在侵权案件中，无过错不构成侵权，加害人的主观过错分为故意和过失。故意是指加害人预见了非法侵害他人基因隐私权的后果并放任这种后果的发生，包括直接故意和间接故意。因此，在基因隐私侵权案件中，受害人一方需要举证证明加害人存在主观过错。而在通常的情况下，在这类案件中，加害人的过错是非常明显的，受害人一般不需要证明。过失侵权主要针对对他人的基因信息具有积极保护义务的特定主体。如基因检测机构或基因检测人员，获取他人的基因信息后，由于疏忽大意没有尽到妥善的保管和保密义务而使他人的基因信息被

---

〔1〕 滕丽、王刚："我国基因隐私权立法探索"，载《沈阳师范学院学报（社会科学版）》2002年第5期，第44页。
〔2〕 刘华："基因研究和运用的伦理准则"，载《政治与法律》2001年第1期，第4～7页。

第三人所获悉甚至公开，造成严重的后果。对于基因隐私侵权的损害后果主要是指隐私的内容被公开，即基因信息被刺探、被披露、被宣扬等，是一种事实上的状态。它既不以加害人对基因隐私的公开是否造成权利人现实生活受到损害为判断标准，也不以第三人是否知晓为前提。换言之，损害后果是否引起受害人的精神损失或财产损失并不影响其现实构成。而侵权责任中的因果关系是指侵害行为与损害后果之间的引起与被引起的关系，在基因隐私侵权案件中，加害人对基因隐私内容的公开直接导致权利人的严重的损害后果，即基因隐私侵权行为与损害后果之间有直接关联性。这种关联性一般较为明确，极易判断。

（4）侵害基因隐私权责任的承担。对于侵害基因隐私权责任的承担，同侵犯其他隐私权一样，可以采取财产责任和非财产责任相结合的方式。《侵权责任法》第 15 条规定，承担侵权责任的方式主要有：（一）停止侵害；（二）排除妨碍；（三）消除危险；（四）返还财产；（五）恢复原状；（六）赔偿损失；（七）赔礼道歉；（八）消除影响、恢复名誉。对于基因隐私侵权，财产的方式主要是物质赔偿即赔偿损失，根据侵权人的主观故意、侵权原因以及对权利人造成的损害后果等确定赔偿数额；非财产方式主要指停止侵害、排除妨碍、赔礼道歉、恢复名誉、消除影响等。

2. 基因隐私权与基因知情权冲突的解决

如前所述，基因隐私权与基因知情权是一对矛盾共同体。基因隐私权关注的是个体的利益；而基因知情权则更多的是代表公共的利益，体现在家庭生活、市场活动、公共领域等各种不同维度。从法律角度来看，确立个体基因隐私权的同时，势必会损害公共利益。而无论是基于隐私权的主张还是知情权的主张，在法律上都应受到同样的保护，当二者发生不可协调的矛盾冲突时，我们只能根据利益权衡原则，综合判断以做出最佳选择。

（1）最佳利益至上原则。当基因隐私权与知情权发生冲突时，考虑到两者的利益冲突，综合决定保护最佳利益。当基因隐私权保护的利益大于知情权保护的利益时，最佳利益原则倾向选择保护隐私权；当基因知情权保护的利益大于隐私权保护的利益时，倾向保护知情权。这种原则的最终目的是实现利益的最大化。

（2）利益协调原则。该原则是指通过一种利益的让步从而使另一种利益得到基本满足的方法。利益协调原则与最佳利益原则的不同之处在于，当多种利益发生矛盾冲突时，利益协调原则不一定绝对牺牲某种利益以保护另一种利益，它可以通过两种利益的相互妥协，以达到两者共存的可能性，兼顾多方面的权益。如在医疗领域，为了保护患者近亲属的生命健康权，一方面可以允许医师向患者近亲属披露患者的部分基因隐私，但是应该严格限制披露的对象范围，限定在与患者基因隐私的生命健康有密切关系的近亲属；另一方面，也应该要求获知患者基因隐私的近亲属严格履行保密义务，以最大限度的保护患者的基因隐私权。

（3）惩罚与预防相结合的原则。由于人的基因隐私一旦被泄露，与基因缺陷有关的一切羞辱、歧视等将会伴随公民的一生，甚至影响家族成员。对此造成的精神损失可适用精神损害赔偿的相关规定，对侵犯公民基因隐私的个体适用惩罚性赔偿的相关规定。例如在就业领域，除了要保护雇员的基因隐私权不受非法侵犯外，还必须对雇主非法进行基因检测和基因歧视的行为予以严厉的惩罚。

（4）人格尊严优先保护的原则。该原则是解决基因隐私权与基因知情权矛盾冲突的最基本的原则，即任何利益的保护都不能以侵犯公民的人格尊严为代价，这也是伦理道德的底线。公民的基因隐私权是一种精神上的人格利益，当其与保险公司、用人单位的知情权发生冲突时，应优先保护公民的人格尊严。在现代社会，当人格利益与财产利益发生冲突时，法律应该优先保护公民的人格利益。

3. 制定基因隐私利用权有偿转让格式合同

20 世纪末，发生在我国的徐希平事件和百岁老人采血风波，表明了在我国贫苦山区的农民为了一点薄利献出了自己的基因，导致了我国基因资源的大量流失。显然，对基因隐私权进行有偿转让，对于贫苦的人民来讲，有利于获得一定的经济收入；对于国家来说，也可以限制基因资源的流失。自然人对于自己的基因隐私具有支配利用的权利，对于自己基因信息利用权的转让行为，类似于肖像使用权的转让行为、姓名使用权的转让行为。因此，对基因隐私利用权的转让应限定为以合同为主，口头、书面不限，超出合同范围而使用者，为侵害基因隐私权的行为。

孕产妇及新生儿的隐私权保护

仰俊洁

一、案例简介[1]

(一) 事实经过

2008 年 6 月,深圳全市的孕产妇信息库发生泄露,并且每月"滚动更新",累计每年泄露的孕产妇个人信息达 10 万余例! 而令人更加咋舌的是,不法分子还将预产期在 2008 年 3～8 月、共计 4 万多条信息制成"泄密光盘"销售,每条信息 0.3 元,一张光盘 1.2 万元一口价销售! 记者在暗访"泄密光盘"时看到,孕产妇个人信息以 Excel 表格形式记录。

信息泄露的直接结果是,深圳 70 余家大小医院的产科,多数孕产妇时常受到广告推销电话或短信骚扰,骚扰内容涉及月子保姆、婴儿奶粉、百日摄影、胎毛毛笔、产妇健身等。而在特区外居住的关女士、肖女士等则透露,连广州的商家也来过电话推销。

被调查的孕产妇还反映,骚扰商家手里准确掌握其预产期等情况,实施"阶段性"推销,比如怀孕 3 个月后孕妇学校会来联系,接着是家政服务商,等生产没几天,一些做胎儿毛笔、手足印的又会"骚扰上门",而宝宝快到百日时,儿童摄影推销电话又纷至沓来。

记者通过暗访获悉,福田区一儿童摄影店长期购买孕产妇信息库资料

---

[1] 本案例来自于新浪新闻,http://news.sina.com.cn/s/2008-06-10/020715710408.shtml.

进行客户招揽，生意红火。于是记者扮成欲开家政月嫂门店者，与该摄影店 H 老板见了面，希望 H 老板能以优惠价格提供"二手复制销售"的孕产妇资料。"诚意交谈"后，H 老板承认每月有固定渠道卖给其约 1 万条产妇信息。记者问资料信息是否准确，H 老板说他们"合作"有半年多了，对方也是讲诚信的，提供的资料没问题："不真、不新、不全，我们也不会和他们合作"，H 老板说。

被电话推销骚扰过的孕产妇多数认为，个人资料被泄露和她们入院建卡时被要求"必填"的《深圳市母子保健手册》有关，该手册几乎囊括了所有的孕产信息，并且手册资料被医院录入电脑后要进入深圳全市孕产妇信息库内共享。为什么要建立深圳全市孕产妇信息库，并将之共享呢？带着这些问题，记者以"受骚扰孕妇家人"身份，向深圳市妇幼保健院信访接待室有关负责人 Z 先生进行了"投诉"。深圳市妇幼保健院信访接待室有关负责人 Z 先生说，全市孕产妇信息库在医疗系统电脑网络共享，主要目的是为方便孕产妇——如孕产妇遇到紧急情况，凭《深圳市母子保健手册》及卡号，到就近任何"共享医院"都可"延续就诊"，而不用"新诊"。

深圳市卫生局有关负责人证实，深圳妇幼系统确实建立了全市孕产妇信息库。自 2006 年开始，市、区各妇幼保健院开始将每月滚动的孕产妇信息，提供给各对应级别的计生部门，以配合其计生工作。由此，对于深圳全市孕产妇信息被批量滚动泄露，市卫生局认为，除非医疗系统监守自盗，否则最大嫌疑泄露渠道就是计生部门了。而计生部门称，如果群众发现计生部门泄密的确凿证据，欢迎举报。

（二）问题思考

1. 孕妇、产妇以及新生儿的隐私权应当如何届定？

2. 如何正确认识孕妇、产妇以及新生儿隐私权泄漏的特殊性？

3. 孕产妇以及新生儿隐私权泄漏的原因？

4. 如何加强孕产妇以及新生儿隐私权的保护？

二、案例分析

随着信息时代的到来，个人隐私的保密显得越来越重要，孕产妇以及新生儿作为弱势群体，他们的隐私权泄漏将给他们的生活带来极大的困扰，但是从上面案例中我们可以看出，他们的隐私权保护仍旧存在种种问题。

（一）个人信息泄漏泛滥

孕产妇以及新生儿个人信息的泄漏已经不仅仅局限于部分人的问题，而是已经成为大部分孕产妇、新生儿及其家属都将面临的问题，一旦他们的个人信息被泄漏，他们的家庭将受到广告推销电话或短信骚扰，甚至在生产之后的产科病床前，也遭遇到推销人员的"上门推销"。月子保姆、婴儿奶粉、百日摄影、胎毛毛笔、产妇健身等商家受经济利益驱使，通过非法途径获取孕产妇以及新生儿的个人信息，这些商家的行为严重影响了孕产妇以及新生儿的生活安宁。

（二）信息保管不够严密

案例中的孕产妇信息泄漏事件发生后，虽然各部门都否认自己会出现信息泄漏的问题，但是孕产妇的个人信息库泄漏已经是既成事实，因此，孕产妇以及新生儿的信息保管一定存在不够严密的地方，存在一定的漏洞。这些漏洞可能是某个环节中产生的，也可能是多个环节中都存在的问题。

（三）取证困难，难以确定侵权人

孕产妇及其家属在隐私权受到侵犯时，由于双方信息的不对称，往往难以取证，难以确定是谁侵害了自己的隐私权，使得隐私权被侵害的孕产妇及其家属的隐私权难以得到很好的维护。案例中，当孕妇的隐私权遭受侵害时，她们只能知道隐私权被侵害的这一事实，但是由于信息提供给医疗机构后资料不是由自己掌握，即使知道自己的信息被泄漏了也不知道具体是由谁泄漏的，难以确定具体的侵权者。

三、孕产妇以及新生儿隐私权的界定

我国关于隐私权目前没有统一的界定。张新宝将隐私权解释为保护私人生活安宁的权利和保护私人信息秘密的权利。[1] 王利明教授认为隐私权

---

[1] 张新宝：《隐私权的法律保护》，群众出版社1997年版，第22页。

是指自然人享有的对其个人的与公共利益无关的个人信息、私人活动和私有领域进行支配的一种人格权。[1] 还有的学者认为隐私权是一种"自我决定权"，即公民对于私人领域事务的自我决定的资格和能力。[2] 由于本文研究的孕产妇以及新生儿的隐私权属于患者的隐私权，笔者认为采用王教授的观点能够更加直观地体现患者在医疗机构享有的权利范围，同时对侵权行为能够从行为性质上进行更好的分类。由此，我们可以把患者隐私权定义为：患者的隐私权就是指患者所享有的对其个人的、与公共利益无关的个人信息、私人活动和私有领域进行支配的一种人格权。[3] 它的范围包括：患者的隐私信息（如姓名、电话、住址等）、患者的私人空间、患者的个人活动三个方面。因此，对于孕产妇以及新生儿的隐私权侵犯主要也可以分为三个方面，即对于孕产妇以及新生儿隐私信息的侵犯、对于孕产妇以及新生儿隐私空间的侵犯以及对孕产妇以及新生儿隐私活动的侵犯。

四、孕产妇以及新生儿的隐私权保护环节容易出现的问题

孕妇产妇和新生儿是女性从妊娠到分娩这一特殊阶段中非常重要的三种主体。与其他患者相比他们有特殊性，孕产妇到医院的主要目的不是治疗疾病而是为了保证分娩的正常进行，同时他们也需要得到更多的休养时间；同时与自身相比，在各个阶段他们的隐私被侵害的方式与内容也不尽相同。

（一）妊娠期间

在这一阶段中，她们往往需要多次前往医疗机构接受检查。然而检查过程中的化验单是这一阶段存在的最大的问题。在医院进行的各项检查化验都会有一份报告单，然而多数医院对于这份报告单没有进行很好的保存，甚至有些报告单直接放置于窗口任凭患者和家属自取。化验单等载明个人健康状况的载体也是属于患者隐私权的内容，如果随意放置导致其个人健康状况的泄漏，那就是对患者隐私权的侵害。

---

〔1〕 王利明：《人格权法新论》，吉林人民出版社1994年版，第480～482页。
〔2〕 张莉：《论隐私权的法律保护》，中国法制出版社2007年版，第25页。
〔3〕 王海燕："医院管理中患者隐私权的保护对策研究"，载《中国卫生事业管理》2011年第7期，第493～494页。

（二）产前入院

一般产前入院产妇都需要填写《母婴保健手册》，同时住院医生也会询问个人信息，建立病历档案。这些纸质材料上都会载有产妇的个人信息，如病史、联系方式等，这些信息属于个人隐私的范畴，医疗机构应当对这些隐私进行一些保密措施。然而许多医护人员没有注意这一点，在公开的场合询问这些信息；在入院后也没有对这些信息进行良好的管理，比如护士将其随意放于护士站台上，容易造成他人窥探。

（三）产前检查

由于医疗资源的限制，产科病房一般都为多人间，而产妇们会有家属陪同，普通人员较多，这就需要在病房内对产妇做一定的隔离措施。而有些医院没做好隔离措施，当对产妇的隐私权侵害时必导致多人受害。

（四）产 后

产后新生儿存放于一个公共空间，而这个空间没有进行很严格的管理，如果某位家长进入了这一空间，他就能够接触到所有的新生儿，也能看到其他新生儿的信息。

（五）产褥期

现在的有些商家总是会通过各种手段获取个人联系方式之后推销商品，这种行为各阶段都有，但是在产褥期这一阶段尤为突出，此时正是产妇和新生儿亟需休养的时间，然而持续不断的电话和短信破坏了他们的生活安宁。

五、导致孕产妇以及新生儿隐私权泄露的原因分析

（一）法律因素

我国法律对于患者的隐私权规定不足。我国《侵权责任法》规定了"医疗机构及其医务人员应当对患者的隐私保密"。同时我国《执业医师法》和《母婴保健法》也规定了医疗机构对患者隐私的保护义务，可见我国法律已经规定了对患者隐私权的保护以及侵权责任。然而我国患者隐私权的保护还没有形成一个完整的体系，在具体的医疗领域中对隐私权的界定与保护没有明确的标准。医院在实际操作中难以做到有法可依，同时孕产妇以及新生儿的隐私权也难以通过法律寻求具体的救济。

（二）医院因素

1. 受传统医患关系模式的影响[1]

在传统医患关系模式下，医务人员认为自己处于主导地位而病人处于被动地位，造成不少医务人员对患者隐私权的法律意识薄弱，虽然医疗行为的特点决定了医疗机构接触患者隐私的必然性，为了进行治疗，孕产妇以及新生儿要让渡一部分自己的隐私权和个人信息，但是他们的让渡并不意味着医务人员对他们的信息拥有处分权，而现实之中医务人员往往会忽视这一点，没有充分意识到泄漏他人隐私是一种违法行为，直接或者间接加剧了孕产妇以及新生儿隐私泄漏的状况。

2. 医院发展过程中缺乏对隐私权的考虑

由于人民健康需求不断提高，许多医疗机构迎来了飞速发展，但是在发展的过程中医疗机构过分侧重了硬件与技术的升级，而对于医院文化、医务人员的职业道德往往比较轻视甚至忽略。具体到实践中，容易造成管理者在制定规章制度时考虑不到隐私权保护，而医务人员操作时也自然而然地忽略这个问题，最终导致在医院具体的运行流程中有许多地方都侵犯了患者的隐私权，比如化验单自取窗口里化验单随意摆放；门诊就诊过程中多个患者同时处于诊室问询；住院建病历询问患者时没有回避他人；病案随意摆放在护士站没有注意病案的保密工作等。

3. 医院的医疗行为缺乏人性化的理念

这个不仅仅是医院的问题，有时候也是整个医学发展的问题。医学是一门人的科学，既要有科学精神，也要有人的关怀。但是随着科学的发展，一些人仅仅着眼于科学两个字而忽视了人的属性。尽管我们天天高喊着"以病人为中心"的口号，不遗余力地抓医疗行业的精神文明，但是我们却始终缺乏深层次对医学中人的价值的关注，缺乏根植于医学之中的人文精神。[2]

4. 公立医院的公益性问题

〔1〕 王庆祝、王莉、林恒大："传统医患关系模式分析及新型和谐模式的构建"，载《现代医院管理》2009 年第 28 期，第 19 ~ 79 页。
〔2〕 黄颖：《患者隐私权保护研究》，南京医科大学 2008 年硕士学位论文。

在改革开放早期，医院的营利性确实为我国的医疗水平的提高和医疗技术的进步起到很大作用。然而发展到了今天，单纯追求经济效益所带来的道德风险也浮现出来。在市场机制的冲击下，医疗机构和医务人员注重追求效益和收入，忽视了以人为本的理念，最后侵害了患者的利益。

（三）社会因素

1. 普遍存在的畸形的广告方式

随着信息技术的发展，电话、手机等通信工具得到普及，嗅觉敏感的商家们找到了一个非常不错的推销方式即电话销售，也许在初期电话销售确实是部分商家拓展渠道，与客户打好关系的良好手段。但是随着信息的泛滥，人们开始对电话推销烦不胜烦。商家们为了获取潜在顾客的电话号码，开始用各种手段去获取他人的隐私信息。正是因为孕产妇与新生儿是那些奶粉、摄影等各种商家的潜在客户，他们才想尽办法去获取孕产妇的隐私信息，甚至是不惜以违法的手段去获取。

2. 妇幼保健信息库的安全问题

为了建立妇幼卫生网络，提高妇幼保健管理的整体水平，现在各地都在建立妇幼保健信息管理系统。系统地建立能够方便孕产妇就医、方便妇幼保健与计生部门的管理。但是系统建立的同时也带来了安全问题。孕妇在入院时都得填写母婴保健手册，最终录入妇幼保健信息系统，因此一个地区的妇幼保健信息系统内会含有辖区内所有医院孕产妇的个人信息。当地卫生局以及计生部门都有权查看这一系统。一旦妇幼保健信息库里的信息发生泄漏，极易造成大范围隐私侵权事件。

3. 公民法制意识普遍不足

随着社会的发展，我国的法制不断健全，但是"徒法不足以自行"，仅仅有法律，而公民没有权利意识，那么我们国家的法制建设将仍然处于很低水平。受两千多年的没有隐私权的封建思想影响，我们公民的隐私权保护意识比较低。在隐私权受侵害时许多人竟然浑然不觉自己的权利受到了侵害，更何谈维护自己的隐私权。同时，没有隐私权的意识，在做出一些行为时也浑然不觉自己已经侵犯了他人的隐私。

六、完善孕产妇以及新生儿隐私权保护的建议

（一）完善隐私权相关的法律体系

1. 在其他部门法中加以保护

通过其他部门法如《患者权利法》制定患者隐私权保护的具体实行标准，使医院的医疗行为做到有法可依。英国、美国、法国等国家都通过《病人权利法案》明确患者权利，保障患者权利不被侵犯。我们可以借鉴他们的成功经验，通过《病人权利法案》确定患者隐私权的内涵、外延、原则、构成以及法律责任等问题。使得医院在医疗行为中能够有法可依，同时也使孕产妇在就诊过程中明确自己的权利。

2. 建立隐私侵权的有效救济机制

现今的医患纠纷大家都只着眼于解决医疗事故和医疗过失产生的侵权损害赔偿，而对其他方面人格权利受侵害时却没有很好的手段去解决。对于医患纠纷我们不能只局限于纠纷本身而应该着眼于解决医患之间的冲突与矛盾，所以笔者认为，对于医疗机构的隐私侵权我们也应该建立一套追偿机制，能够对被侵害的人进行救济以及对侵权人进行惩罚。在民事责任上，我们可以寻求侵权损害赔偿，而如果侵权后果比较严重、影响比较大的我们可以通过卫生行政部门和司法部门追究行政责任与刑事责任。为了突出保护这一弱势群体，在侵权损害的适用上，如果对孕产妇以及新生儿的精神造成严重影响的，可以考虑适用精神损害赔偿；同时对于欺诈推销行为产生的损害，可以考虑惩罚性赔偿的适用。

3. 建立个人信息权制度[1]

对于孕产妇以及新生儿的隐私进行多层次保护。个人信息权也是属于人格权的一种，它是与隐私权密切联系的一项权利，两者没有很明确的界限，在我国目前的司法实践中个人信息权是放到隐私权中去保护的。独立地保护个人信息权有助于全面完整地对隐私和个人信息的保护。

---

[1] 王利明："论个人信息权的法律保护——以个人信息权与隐私权的界分为中心"，载《现代法学》2013年第4期，第62~72页。

（二）加强孕产妇信息的监管

1. 完善医院管理体系

规范医务工作者的行为。医院进行医疗活动必须严格遵循《侵权责任法》、《执业医师法》、《医疗机构管理条例》等各项法律法规。医院的管理工作以及管理制度也应遵循各级法律法规。在具体操作中细化尊重孕产妇隐私权的规则，明确区分正常介入患者隐私和侵犯患者隐私的界限，侵犯患者隐私权的常见形式，注意事项（医务人员进入患者的病房时，应先敲门示意等）及惩罚措施等，确保医务工作者在工作中有章可循。

2. 完善医疗信息资料的保管制度

严格规范病历、档案等患者信息文件归档、保存、管理工作，实现病案管理的系统化、科技化和法制化，加强患者个人资料的管理。患者的许多隐私问题在病历资料等医疗文书中都有反映，因此，保管好患者个人资料对患者隐私权的保护具有重要意义。护理人员在护理工作中应注意妥善保管患者病历资料，不随意存放，以免被他人偷阅；不在学术交流、讲座、讲课等有关会议上公开患者的真实姓名，以免泄露患者隐私，侵犯患者的隐私保护权；床头卡、诊断卡的书写、记录应重视患者的隐私保护，防止有关涉及患者隐私的病情泄露；同时，应妥善保管好患者的各种化验报告、检查检验结果等，检验科实行患者凭单打印报告单，发放到住院部的化验单需整理后放入抽屉暂存，不要直接整叠放于台面，防止患者病情或隐私的泄露。[1]

3. 完善妇幼保健信息系统的管理，加强信息系统的保密性

便利的信息系统是一柄双刃剑，它在方便患者就诊和管理部门统计信息的同时也给我们的信息安全带来了风险，好在这个风险是人为可控的。对于经手妇幼保健信息系统的管理人员应当确保其工作的保密，同时可以强化信息系统的各个不安全因素，对于查阅、修改孕产妇以及新生儿信息的行为应当进行严格管理。

---

〔1〕 肖丽华："患者隐私保护需求调查与护理对策"，载《当代护士（学术版）》2008 年第 8 期，第 109～110 页。

4. 加强医院管理和监督，保证各项规章制度的贯彻实施

一方面，通过国家卫生行政部门对医院诊疗行为的管理和监督，加大患者隐私侵权行为的行政处罚力度。另一方面，医院应设置专门机构和人员加强对医院内部的管理和监督，保证医院尊重患者隐私的各项规章制度能够得到切实的贯彻实施。

5. 建立责任追究机制

建立责任追究机制，把控好孕产妇与新生儿隐私信息流通过程中的泄漏问题，每个环节确定其责任人，一旦某个环节出现泄漏问题则应当追究责任人的责任。同时，对于那些侵害孕产妇以及新生儿隐私的商家，也应当建立责任追究机制，一旦发现则把他们作为共同侵权人，根据具体情况移交司法机关或者是行政机关进行处理。

（三）加强道德和法制教育

1. 加强医务人员的道德和法律教育

医院作为医疗活动的一方主体，在患者隐私权保护体系中担负着举足轻重的责任和任务。为此，医院应通过讲座、培训等各种形式组织本单位职工进行保护患者隐私权的法律知识的学习，了解尊重患者隐私权对减少医患纠纷、构建和谐医患关系的重大意义，明确侵犯患者隐私权所应承担的法律责任。加强其尊重隐私的法制观念，促使其树立高尚的职业道德，使他们在工作中依法行医，自觉保护患者的隐私权。

2. 加强患者的法制宣传

很多时候医院与患者之间存在信息的不对称，在医疗服务中，医生始终处于主导地位，患者去医院就医，抱着一种"医生都是对的，什么都听医生"的心态，自我保护意识淡薄，即使医方的某种行为让自己觉得很难堪，也不会提出任何异议。[1] 而当医生做出某些侵权行为时，患者往往也不会认为自己权利被侵害了，即使知道，很多时候也没有合理合法的途径去维护自己的权利，所以这时法律教育显得尤为重要。

（四）规范商业广告与推销行为

"没有买卖就没有杀害"，其实在孕产妇以及新生儿侵权这一方面就是

---

〔1〕 黄颖：《患者隐私权保护研究》，南京医科大学 2008 年硕士学位论文。

这样的，正因为有那么多的商家虎视眈眈地盯着孕产妇和新生儿的隐私信息这一块蛋糕，高额的利益才让那么多的人走上违法的道路，所以我们应该从源头上减少孕产妇以及新生儿的隐私泄漏。

建立专门的行政制度监管这种轰炸式的推销行为，一旦发现则可以根据电话号码寻找相应责任人，并给予相应的警告和处分。

建立举报制度，孕产妇及其家属在生活安宁受侵害时可以向前文提出的监管部门进行举报，由监管部门进行核实，一经核实可对其进行处罚。为鼓励举报，还可对积极举报的人员进行奖励。

做好针对商家的宣传工作，让商家们知道侵犯隐私权行为的违法性及其后果，让他们主动放弃使用侵权方式获得孕产妇和新生儿的隐私信息的行为，进而从根源上预防侵权行为的发生。

结　语

近年来，随着社会的发展，人们的法律意识逐步提高，公民的隐私权意识迅速提升。但是由于医疗领域的特殊性，在我们接受医疗服务的过程中往往忽略了隐私权的问题，隐私信息被泄露的现象屡屡发生，其中孕产妇及新生儿由于其需求的特殊性，他们的隐私权泄漏在患者隐私权泄漏中显得比较突出。由于孕产妇及新生儿属于弱势群体，同时也由于其处于心理与生理的特殊阶段，他们的生活安宁对于自己、对于家庭都有特殊意义。因此我们有必要采取措施，对他们的隐私权加以保护，还他们一个安宁的环境。

第三编
监管规制篇

药品广告的规制基础及违法
情形认定

赵晓佩

一、案例简介

（一）"心宁片"药品广告案

2007 年 10 月 27 日，在《海南特区报》第 15 版上刊登的陕西君碧莎制药有限公司生产的处方药——心宁片药品广告，其广告批准文号：陕药广审（文）第 2007070438 号。该广告以患者自述的方式宣称，产品经 8 大医院权威验证，4 个疗程根治心脏病。服用一个疗程，不适症状得到改善；服用两个疗程心绞痛发作次数减少，血压、血脂逐渐平稳下降；服用三个疗程后心肌心血管得到前所未有的改善；服用四个疗程，症状全部消失，冠心病、心绞痛、心肌梗塞等全面好转，并且杜绝二次复发。[1]

（二）"百草康骨膏"药品广告案

2012 年 5 月，药品"百草康骨膏"在深圳市发布的广告词为"膝关节病，腰间盘突出，遇奇方当天见效，治一个笑一个"：北京中医大师陈宝渊六十年如一日专攻此类疾病，他研制的"百草康骨膏"针对关节软骨退变的根本原因，通过强效刺激人体经络激活骨细胞再生，促进软骨、滑膜、半月板等组织的更新换代，效果出奇的好，患者只需在每晚睡觉前在

---

〔1〕 心宁片药品广告案，http：//www. yaoshi. xjtu. edu. cn/kecheng/show. asp？ id＝169.

相关穴位贴敷一次，经络就能迅速打通，疼痛当晚就能缓解，一般一周炎症有望消除，一月左右有望软骨修复，滑膜组织恢复正常，关节爽利，上下楼，逛公园，做家务，像正常人一样生活。爱国路赵爷爷 5 年前膝关节疼痛、肿胀积水，不能打弯，长期靠打封闭吃中药缓解症状，做过小针刀，关节镜，都没有好转，听一位老战友介绍"百草康骨膏"，没想到买了 10 盒，用药次日就有好转，不到两个礼拜，就能走五六里地，康复至今未复发。准字号产品"百草康骨膏"特别适用于膝关节退行性变，滑膜炎，骨质增生，髌骨软化，半月板毁伤，风湿类风湿性关节炎，游离骨，股骨头坏死等。[1]

（三）问题思考

1. 我国现行立法对于药品广告有哪些重要的制度性规定？

2. 对于药品广告政府予以严格规制的原因是什么？

3. 依据我国现行药品广告相关法律，上述药品广告存在哪些违法情形？

二、案例分析

当前我国规范药品广告的法律法规主要有《广告法》、《药品管理法》、《药品广告审查办法》、《药品广告审查发布标准》、《反不正当竞争法》和相应立法的实施细则等。根据我国药品广告的相关规定，案例中的两则药品广告主要具有以下违法情节：

（一）含有不科学地表示功效的断言或者保证

心宁片广告提出产品经 8 大医院权威验证，4 个疗程根治心脏病。服用一个疗程，不适症状得到改善；服用两个疗程心绞痛发作次数减少，血压、血脂逐渐平稳下降；服用三个疗程后心肌心血管得到前所未有的改善；服用四个疗程，症状全部消失，冠心病、心绞痛、心肌梗塞等全面好转，并且杜绝二次复发；百草康骨膏广告指出使用本产品后疼痛当晚就能缓解，一般一周炎症有望消除，一月左右有望软骨修复，滑膜组织恢复正

---

[1] 严重违法广告案例分析——百草康骨膏，深圳市药品监督管理局违法行为曝光网，http://wfbg. szda. gov. cn/ggbg/wfggbx/201205/t20120530_1918054. htm，2012 年 5 月 30 日。

常，关节爽利，上下楼，逛公园，做家务，像正常人一样生活。两则药品广告的宣传都存在过度夸张药品疗效的违法情形，用词绝对化、缺乏科学性，如"4 个疗程根治心脏病"、"杜绝二次复发"、"一月左右有望软骨修复"等，严重违反了《药品广告审查发布标准》第 10 条药品广告不得出现"含有不科学地表示功效的断言或者保证"的规定。

（二）含有利用医药科研单位、学术机构、医疗机构或者专家、医生、患者的名义和形象作证明的内容

心宁片广告提出产品经 8 大医院权威验证；百草康骨膏广告宣称该药品为北京中医大师陈宝渊六十年如一日研制出，并举例爱国路赵爷爷用药次日就有好转，不到两个礼拜，就能走五六里地，康复至今未复发。这些宣称利用了医疗机构、专家和患者的名义，严重违反了《药品广告审查发布标准》第 13 条"药品广告不得含有利用医药科研单位、学术机构、医疗机构或者专家、医生、患者的名义和形象作证明的内容"。

（三）与其他药品的功效和安全性进行比较

百草康骨膏广告中称爱国路赵爷爷做过小针刀，关节镜，都没有好转，而用了"百草康骨膏"，用药次日就有好转，不到两个礼拜，就能走五六里地，康复至今未复发。这些描述将百草康复膏与小针刀、关节镜进行对比，并得出结论该药具有绝对超越上述两种治疗方式的功效，严重违反了《药品广告审查发布标准》第 10 条药品广告不得"与其他药品的功效和安全性进行比较"的规定。

（四）处方药在大众媒体发布

如前所述，我国药品广告实行分类管理制度，处方药可以在卫生部和国家食品药品监督管理局共同指定的医学、药学专业刊物上发布广告，但不得在大众传播媒介发布广告或者以其他方式进行以公众为对象的广告宣传。而心宁片作为处方药（陕西君碧莎制药有限公司生产的处方药——心宁片药品广告，其广告批准文号：陕药广审（文）第 2007070438 号），擅自在《海南特区报》第 15 版上刊登，严重违反了《药品广告审查发布标准》第 4 条"处方药不得在大众传播媒介发布广告或者以其他方式进行以公众为对象的广告宣传"的规定。

三、学理探讨

药品是特殊商品，关系到公众的身体健康和生命安全。药品广告是消费者获取药品信息的主要途径之一。有学者认为，"有关药品的信息与药品质量本身一样重要"。对药品广告予以监管的重要性不言而喻。鉴于此，世界上除了没有药品广告的少数国家外，大多数国家和地区都将药品广告纳入政府监管的范畴。

我国药品行业的竞争日趋激烈，当前药品广告无论在数量上还是在形式上都出现了迅速发展的趋势，这促进了药品行业的快速发展，但同时，其现状却不容乐观——主要是违法药品广告造成了极为严重的恶果：轻则浪费患者钱财，重则危害公众身体健康乃至生命。因此，加强药品广告的政府监管，遏制违法药品广告的泛滥，已成为我国当前医药卫生领域亟待解决的重要问题。

（一）药品广告政府监管的理论基础

1. 表达自由理论

药品广告本质上属于言论，应当享有宪法规定的表达自由权（或称言论自由权）。表达自由（freedom of expression）不仅仅是个人的一项基本人权，而且被认为是人权中"最根本的权利"或"第一权利"。[1] 表达自由是其他自由权利的源泉和条件，"没有其存在便不会取得其他自由的自由"。[2] 中国现行《宪法》第 35 条也规定了公民享有言论自由的基本权利。

正是由于表达自由所具有的重要意义，不少国家对限制行使该权利规定了极为严格的标准，即虽然基于公共利益的需要，可以对表达自由予以限制，但是该限制并非针对所有言论。米克尔约翰认为，"政治性言论"（political speech）是绝对的，不可受到限制的，因为言论自由实质上所保障的是人们参与自治的权利，而自治的权利是绝对不可以被在自治的过程

---

〔1〕 张文显：《二十世纪西方法哲学思潮研究》，法律出版社 1996 年版，第 555 页。

〔2〕 万鄂湘：《欧洲人权法律判例评注》，湖北人民出版社 1999 年版，第 585 页。

中推举出的政治代理人限制的。[1]

在美国，言论受到的保护程度与其本质相关，"分类不仅被用来否定对所有言论施以共同保护，而且为指出特定种类的言论得到多大程度的保护"[2]。法院藉由累积许多言论自由的案例，发展出一套规则，称之为双阶理论，区分出所谓的高价值言论及低价值言论，前者应受到国家最严密的保障，国家也不应立法限制之；后者的保障程度则较低。[3]高价值言论主要指政治性言论。政治性言论指表达说话者观点的言论。政治性言论获得最高程度的宪法保护，侵犯表达政治性言论自由的行为通常被认为违反宪法第一修正案。低价值言论包括商业言论和不受保护的言论。商业言论主要指广告，受到低程度的宪法保护。不被保护的言论包括淫秽、诽谤言论、挑衅言论、引起非法行为的言论和呈现明确和现存危险的言论（例如在拥挤的电影院中大喊"着火了"）。[4]

在性质上而言，药品广告是企业为推销药品而发布的语言、文字或图像等内容，具有赢利目的，属于商业言论的范畴。因其不属于政治言论，不应享有绝对的表达自由权，因此公权力为公共利益可以对药品广告予以监管。

2. 公共利益理论

从规范意义上讲，"公共利益"的"公共"不是抽象的存在，而是由一个个实实在在的个体构成的。"公共利益"其实也就是不特定的个人利益的组合，并最终体现于个人利益。"不存在不能落实为个人利益的国家利益或社会的集体利益。"[5]故而，其实从立法层面上讲，限制个人权利或自由的唯一理由既可以说是为了保护公共利益，也可以说是为了保护他人权利或利益；而在法律的执行和适用层面上讲，保护公共利益或保护他人免受侵害就会具体体现为两种不同的情形，即《公民权利与政治权利国际公约》第19条第3款规定的两种情形："（1）尊重他人权利或者是名誉；

---

[1] 侯健："言论自由及其限度"，载《北大法律评论》2000年第3卷（第2辑），第93页。

[2] Madeleine Schachter, *Law of Internet Speech*, Carolina Academic Press (Second Edition), p. 432.

[3] http://zh.wikipedia.org/wiki/%E8%A8%80%E8%AB%96%E8%87%AA%E7%94%B1.

[4] Janine S. Hiller, Ronnie Cohen, *Internet Law & Policy*, Prentice Hall, 2002 (1st edition), p. 50.

[5] [美] 约翰·罗尔斯：《正义论》，何怀宏等译，中国社会科学出版社1998年版，第257页。

（2）保障国家安全或者是公共秩序，或公共卫生或道德。"

药品广告具有使消费者了解药品信息的作用，是处于信息劣势的消费者了解药品疗效、价格等信息的重要途径，事关患者健康甚至生命，具有重大公共利益。政府对药品广告加强监管才能充分保障民众的知情权，保障患者的权利不受侵害，进而实现整体社会的稳定。

（二）我国药品广告现行主要制度性规定

1. 分类管理制度

根据药品对患者可能产生的侵害程度，现行法律将药品广告分为处方药广告和非处方药广告。处方药可以在卫生部和国家食品药品监督管理局共同指定的医学、药学专业刊物上发布广告，但不得在大众传播媒介发布广告或者以其他方式进行以公众为对象的广告宣传。不得以赠送医学、药学专业刊物等形式向公众发布处方药广告。此外，麻醉类、精神类、医疗用毒性、放射性药品禁止做广告。非处方药广告的发布媒体不受限制，其在符合法律规定的情形下可以在现有任何媒体包括网络新媒体进行药品宣传。

2. 事前许可制度

我国对药品广告实行严格的事前许可制度，这主要体现在药品广告批准文号制度。任何药品广告在媒体发布前都必须经企业所在地的省级以上药监部门进行内容审查，通过审查的，药监部门发给企业药品广告批准文号；未取得批准文号的，药品广告不得发布。

药品广告内容涉及药品适应症或者功能主治、药理作用等内容的宣传，应当以国务院食品药品监督管理部门批准的说明书为准，不得进行扩大或者恶意隐瞒的宣传，不得含有说明书以外的理论、观点等内容。具体而言，药品广告中有关药品功能疗效的宣传应当科学准确，不得出现下列情形：含有不科学地表示功效的断言或者保证的；说明治愈率或者有效率的；与其他药品的功效和安全性进行比较的；违反科学规律，明示或者暗示包治百病、适应所有症状的；含有"安全无毒副作用"、"毒副作用小"等内容的；含有明示或者暗示中成药为"天然"药品，因而安全性有保证等内容的；含有明示或者暗示该药品为正常生活和治疗病症所必需等内容的；含有明示或暗示服用该药能应付现代紧张生活和升学、考试等需要，能够帮助提高成绩、使精力旺盛、增强竞争力、增高、益智等内容的；其他不科学的用语或者表示，如"最新技术"、"最高科学"、"最先进制法"等。药品广告应当宣传和引导合理用药，不得直接或者间接怂恿任意、过量地购买和使用药品，不得含有以下内容：含有不科学的表述或者使用不恰当的表现形式，引起公众对所处健康状况和所患疾病产生不必要的担忧和恐惧，或者使公众误解不使用该药品会患某种疾病或加重病情的；含有免费治疗、免费赠送、有奖销售、以药品作为礼品或者奖品等促销药品内容的；含有"家庭必备"或者类似内容的；含有"无效退款"、"保险公司保险"等保证内容的；含有评比、排序、推荐、指定、选用、获奖等综合性评价内容的。

此外，药品广告不得含有利用医药科研单位、学术机构、医疗机构或者专家、医生、患者的名义和形象作证明的内容。药品广告不得使用国家机关和国家机关工作人员的名义。药品广告不得含有军队单位或者军队人员的名义、形象。不得利用军队装备、设施从事药品广告宣传。药品广告不得含有医疗机构的名称、地址、联系办法、诊疗项目、诊疗方法以及有关义诊、医疗（热线）咨询、开设特约门诊等医疗服务的内容。

3. 事前许可权与事后处罚权分离制度

我国现行药品广告的监管权分属不同部门：省级药监部门享有药品广告发布许可权，决定批准文号的发放；县级以上药监部门对经批准的药品广告享有检查权——但其对于违法药品广告无处罚权，发现违法广告只能向工商行政部门通报并提出处理建议，由工商行政部门行使处罚权；县级以上工商行政部门是广告监督管理机关，享有对违法药品广告予以查处的权力。

（三）我国违法药品广告产生的原因

据国家食品药品监督管理局官网[1]公布的数据，2010 年各省（区、市）食品药品监督管理部门以发布违法广告公告等方式通报并移送工商行政管理部门查处的违法药品广告 62 456 次，共撤销或收回了因严重篡改审批内容进行违法宣传的药品广告批准文号 180 个。2011 年各省、自治区、

---

[1] http://www.sda.gov.cn/WS01/CL0085/.

直辖市食品药品监督管理部门通报并移送同级工商行政管理部门查处的违法药品广告 70 611 次，共撤销或收回了因严重篡改审批内容进行违法宣传的药品广告批准文号 24 个。因此当前实践中，我国还存在违法药品广告盛行之势。笔者认为，我国违法药品广告产生的原因主要有以下三方面：

1. 药品广告存在多头监管，体制不顺的问题

我国现行事前许可权与事后处罚权分离的监管体制在执法实践中存在明显弊端：首先，导致药品广告监督权衔接困难，药监部门发现不符合说明书内容的违法药品广告时不能实施有针对性的处罚措施，而必须将违法事实通报给工商部门，由工商部门进行处罚，不同部门监管容易出现衔接难题，若两部门衔接不及时，将会造成监管漏洞。其次，多部门监管容易增加监管成本。药监部门是药品广告说明书的许可机关，对相关内容熟悉，容易发现与经批准的说明书不符的违法药品广告，而工商部门在对违法药品广告进行处罚前还需花费时间精力熟悉相关内容，容易造成资源浪费。最后，药品广告尤其是处方药广告的专业技术性特点导致工商行政部门监管面临难题。工商行政部门作为药品广告的监管机构，在专业方面不具有优势，难以对药品广告实施充分监管；而享有药品广告发布事前许可权的监管部门具有更强的专业优势。

2. 法律规定用语模糊、不明确

法治要求良法之治，而良法之治的一个条件就是"相应的法律规范必须对违法行为进行尽量充分的描述"[1]。法律规定应当明确、具体，具有很强的可操作性，法律规定用语含混、不明确将极大地危害法治秩序。

而审视我国现行有关药品广告的相关立法，用语不明确之处屡屡出现。如《广告法》、《药品管理法》和《药品广告审查发布标准》等立法中均强调药品广告中不得出现"不科学的表示功效的断言或者保证"，到底何谓"不科学的"，其判断标准为何，相关规定均没有详细阐明。如《药品广告审查发布标准》第 11 条规定，非处方药广告不得"使用公众难以理解和容易引起混淆的医学、药学用语"，"难以理解"和"容易引起混淆"本身难以界定，均为不确定的概念。

---

[1] 翁岳生主编：《行政法》(2000)，中国法制出版社 2002 年版，第 821～822 页。

使用不确定的概念对违法广告予以界定,一方面难以有效规范药品广告监管部门的自由裁量权,因不同执法者对相关规定理解差异较大而使执法行为过度地受到执法者个人因素的影响;另一方面为一些药品广告规避法律漏洞带来了契机,使其处于缺乏监管的真空地带,最终只能危害患者的利益。

3. 违法主体法律责任的规定有待完善

我国关于发布违法药品广告的法律责任,主要依据《广告法》和《不正当竞争法》实施。《广告法》规定发布违法药品广告的,相关责任人承担停止发布,被没收广告费用,或并处广告费用 1~5 倍的罚款,甚至情节严重时被处以停止广告业务的行政法律责任。《不正当竞争法》规定,经营者发布虚假广告的,根据情节处以 1 万元以上 20 万元以下的罚款,或没收违法所得并处罚款。首先,两部法律关于违法药品广告处罚的计算方式不统一。这将导致行政机关在执法实践中,面临同一非法行为根据不同法律规定罚款不同的状况,而具体根据何法律规定给予当事人罚款成为执法者自由裁量的范畴。其次,现行法律中有关违法广告责任人的法律责任的规定缺乏可操作性。《广告法》规定,根据"广告费用"给予相对人处罚,而"广告费用"范畴界定不明,药监部门在执法实践中难以认定。《反不正当竞争法》规定,根据情节处以罚款,但是具体情节法律并未做出明确的判断标准,相应规定缺乏可操作性。最后,现行法律关于违法主体法律责任的规定难以起到有效的威慑作用。处罚措施相对于违法者(尤其是广告主)获得的暴利而言过于轻缓,无法起到真正的威慑作用。[1]英国学者哈耶克也曾指出,"撇开所有技术细节不论,法治的意思是指政府在一切行动中都受到事前规定并宣布的规则的约束——这种规则使得一个人有可能十分肯定地预见到当局在某一情况中会怎样行使它的强制力,和根据对此的了解计划他自己的个人事务。"[2]这句话揭示了法治要求对公权力予以明确约束,但从另一角度而言,如果规则没有使违法者付出足够代价,

---

〔1〕 曾勇:"试论对虚假药品广告的监管",载《中国药事》2010 年第 24 卷第 2 期,第 111 页。
〔2〕 〔英〕弗雷德里希·奥古斯特·哈耶克:《通往奴役之路》,王明毅、冯兴元等译,中国社会科学出版社 1997 年版,第 73 页。

不能产生足够制止违法行为的威慑力，由此导致守法的成本可能会更高，那很可能将导致私人以身试法以获得更高的经济利益。

结　语

针对我国药品广告监管制度存在的上述问题，笔者认为应进一步完善我国相关制度，使违法药品广告无处藏身，为公众健康和生命保驾护航：首先，改革药品广告监管体制，通过修订法律赋予药监部门为药品广告至少为处方药广告的监督管理部门，既负责事前审批，又全面实施事后监管的权力，理顺药品广告监管体制，发挥药监部门的专业优势。其次，明确相关法律规定，增强法律的可操作性。再次，完善并严格相关组织和人员的法律责任，提高对违法主体的惩罚力度。同时构建企业信用制度，把药品广告作为企业信用等级的重要指标，企业信用等级向公众公布。最后，通过行业自律组织监管药品广告市场。一般而言，由于行业协会监管具有更强的灵活性，并能够给予企业更大程度的自主性等原因，企业更能接受行业监管模式；通过行业监管，政府可以降低执法成本，节省政府开支。而且，行业监管具有更高的效率，比起行政机关监管需要遵循严格的程序而言，行业监管没有繁琐的执行程序，效率较高。[1]

---

〔1〕　赵晓佩："浅析我国药品广告政府监管制度"，载《医学与社会》2013 年第 12 期。

医疗机构的安全保障义务

——杨昌成诉厦门市第二医院公共场所管理人责任案[1]

刘　扬

一、案例简介

（一）案件基本信息

1. 裁判书字号：福建省厦门市集美区人民法院（2011）集民初字第2821号民事判决书

2. 案由：公共场所管理人责任纠纷

3. 当事人：原告：杨昌成、杨婷惠、简忠七、梅玉支；

被告：厦门市第二医院

（二）事实经过

2011年6月20日，死者简玉英在丈夫杨昌成的陪同下到被告厦门市第二医院就诊，挂号后到四楼皮肤科候诊。在候诊过程中，简玉英独自从四楼皮肤科候诊区走出，随后从五楼坠楼身亡。事发后，被告厦门市第二医院向集美区侨英派出所报案，经法医和技术人员勘察，确认死者简玉英系从五楼跳楼致颅脑损伤身亡，排除他杀可能性。

原告诉请：①被告向原告支付丧葬费、死亡赔偿金共计605 472元；

---

[1]　案件来源：国家法官学院案例开发研究中心编：《中国法院2013年度案例·侵权赔偿纠纷》，中国法制出版社2013年版，第32页。

②判令被告承担本案诉讼费用。

被告辩称：患者简玉英虽到医院候诊，但与被告并未建立事实上的医疗服务合同关系，患者跳楼的地点也不是诊疗区域；事件发生后医院及时报警，警方已经介入调查并有现场勘查和询问笔录，尽到了公共场所管理人的安全保障义务。患者坠楼而亡的后果是其自己在意识清晰的状况下故意实施所导致的，与医院的诊疗行为没有因果关系。

（三）案件焦点

医院是否尽到了其安全保障义务？

二、案例分析

在本案中，事发当日死者简玉英在其丈夫即原告杨昌成的陪同下前往厦门市第二医院就诊，挂号后二人前往四楼皮肤科，简玉英独自从四楼皮肤科候诊区走出随后从五楼坠楼死亡。对于被告厦门市第二医院而言，虽然并未对死者简玉英进行诊疗行为，但作为公共场所的管理者在简玉英及其丈夫杨昌成进入医疗机构所控制场所之后就已经对其负有安全保障义务了，因此在本案中判断被告是否构成侵权就需要从以下几个方面考量。首先，被告是否违反了安全保障义务。对于公共场所管理者的责任和义务的判断要从法律规定、合同约定以及诚实信用原则进行综合考虑，也就是说要从法律法规、行业规定以及诚信善意一般人的角度综合判断其是否负有某项注意义务以及注意的程度，并综合考虑可能性大小，从而判断其是否违反了安全保障义务。其次，患者死亡与被告行为是否有因果关系。在本案中需要考量被告是否对死者进行了实际的医疗行为，如果存在医疗行为，死者坠楼死亡这一结果与被告的医疗行为之间是否存在因果关系。最后，被告是否有过错。即需要判断被告是否尽到了合理的注意义务。

三、学理探讨

（一）安全保障义务

安全保障义务是指公共场所的管理者或者集体活动的组织者在合理限度范围内对于进入其场所或参加集体活动的人的人身和财产安全所承担的

保护义务。[1] 我国对于安全保障义务的法律规定最早出现于 2003 年最高人民法院《关于审理人身损害赔偿案件适用法律若干问题的解释》,该解释第 6 条规定:"从事住宿、餐饮、娱乐等经营活动或者其他社会活动的自然人、法人、其他组织,未尽合理限度范围内的安全保障义务致使他人遭受人身损害,赔偿权利人请求其承担相应赔偿责任的,人民法院应予以支持。因第三人侵权导致损害结果发生的,由实施侵权行为的第三人承担赔偿责任。安全保障义务人有过错的,应当在其能够防止或者制止损害的范围内承担相应的补充赔偿责任。安全保障义务人承担责任后,可以向第三人追偿。赔偿权利人起诉安全保障义务人的,应当将第三人作为共同被告,但第三人不能确定的除外。"我国《侵权责任法》第 37 条规定:"宾馆、商场、银行、车站、娱乐场所等公共场所的管理人或者群众性活动的组织者,未尽到安全保障义务,造成他人损害的,应当承担侵权责任。因第三人的行为造成他人损害的,由第三人承担侵权责任;管理人或者组织者未尽到安全保障义务的,承担相应的补充责任。"

对于安全保障义务的理论基础学界有不同说法,主要有以下四种观点:①获利报偿理论。认为谁享有利益谁就应当承担风险,那些从危险源处获得利益的人便负有防止危险发生的义务。②公司社会责任理论。公司作为"社会人"的重要组成部分,其发展不可能离开社会而孤立存在。公司的目标应是营利性与承担社会责任并重,在追求利润最大化的同时应该兼顾社会效益。出于强化公司社会责任的目的,应当规定经营者对其服务场所负有安全保障义务。③节省社会总成本理论。从法经济学的角度出发,应当将损害发生的防止义务分配给那些能够以最低成本避免损害风险的人。让预防成本最低的社会成员承担预防义务对整个社会是最有效率的,能够降低社会总成本的支出。④危险控制理论。行为人从事了具有一定的潜在危险性的社会活动,可以推断他对活动危险的了解要超过社会一般人,同时,他离危险源也更近,更容易控制危险的发生,故科以行为人

〔1〕 孟强:《医疗损害责任:争点与案例》,法律出版社 2010 年版,第 276 页。

安全保障义务。[1]

对于安全保障义务的性质学界也有不同的观点，其中比较有代表性的主要有"附随义务说"、"法定义务说"、"注意义务说"、"性质多元说"四种。其中，"附随义务说"认为该义务的最终来源是伴随着诚实信用原则而来的附随义务；"法定义务说"认为该义务是源于法律、法规的直接规定，当事人不能通过约定进行改变；"注意义务说"主张该义务是对于特定当事人的一种专门的注意义务要求，是一种积极的作为；"性质多元说"主张该义务来源多元化，既可以产生于法律、法规的直接规定，也可以来源于当事人的约定或基于诚实信用原则而产生。[2]

对于安全保障义务的来源笔者比较认同杨立新教授的观点，认为主要有三个方面：其一，法律直接规定。例如《消费者权益保护法》第7条规定："消费者在购买、使用商品和接受服务时享有人身、财产安全不受损害的权利。消费者有权要求经营者提供的商品和服务，符合保障人身、财产安全的要求。"第18条规定："经营者应当保证其提供的商品或者服务符合保障人身、财产安全的要求。对可能危及人身、财产安全的商品和服务，应当向消费者做出真实的说明和明确的警示，并说明和标明正确使用商品或者接受服务的方法以及防止危害发生的方法。"其二，合同约定的主义务，如果双方当事人在合同中约定一方当事人对另一方当事人承担安全保障义务，则该当事人即负有此种义务。其三，法定或者约定的附随义务。按照诚实信用原则，一方当事人应该对另一方当事人提供安全保障义务，该方当事人也应该负有安全保障义务。例如，餐饮业、旅馆业向顾客提供服务，按照诚信原则的解释，对接受服务的客人的人身安全负有保障义务。[3] 而违反安全保障义务的侵权行为是指依照法律规定或者约定对他人负有安全保障义务的人，违反该义务，因而直接或者间接造成他人人身

[1] 龙为："论侵权责任法上的安全保障义务——以《侵权责任法》第37条为中心"，载《中南财经政法研究生学报》2010年第2期，第125页。
[2] 王小利："试述我国侵权责任法上的安全保障义务"，载《企业导报》2013年第3期，第146页。
[3] 杨立新："论违反安全保障义务侵权行为及其责任"，载《河南省政法管理干部学院学报》2006年第1期，第29、27页。

或者财产权益损害，应当承担损害赔偿责任的侵权行为。[1]

1. 安全保障义务的主体的确定

义务主体的确定。根据我国《侵权责任法》的规定，安全保障义务的主体主要包括两类，第一类是宾馆、商场、银行、车站、娱乐场所等公共场所的管理人。所谓公共场所是以不特定人作为对象而进行商业性质经营或者提供服务的场所。第二类是群众性活动的组织者。所谓群众性活动是指有数量较多的社会公众进行的活动，此种活动涉及数量较大的参与者，因此该种活动的组织者应承担安全保障责任。

权利主体的确定。我国法律并未对安全保障义务的权利主体范围进行明确的规定，将其规定为"他人"，从一般推论的角度而言，安全保障义务的权利主体应当是与安全保障义务的义务主体相对而言的，也就是公共场所管理者或者群众活动组织者从事管理活动或者组织活动的相对方。

2. 违反安全保障义务侵权行为的归责原则

根据我国《侵权责任法》规定，违反安全保障义务的侵权行为采用过错责任原则，也就是说要使安全保障义务的义务主体承担侵权责任必须确定以下四个要件：其一，行为人实施了违反安全保障义务的行为。这是承担侵权责任的行为要件，在实践中违反安全保障义务的行为主要是不作为，是一种消极行为，也就是说行为人未尽到应尽的注意义务，没有进行应当进行的行为。比如对于安全通道中堆放的杂物没有进行清理，造成安全通道不通畅。其二，安全保障义务的权利主体受到损害。也就是说负有安全保障义务的义务主体的相对人遭受了损害，损害事实包括人身权利的损害也包括财产权利的损害。其三，所受损害与违反安全保障义务的行为之间存在因果关系。所受损害必须是由违反安全保障义务的行为造成的，如果不存在因果关系则不承担侵权责任。其四，实施违反安全保障义务行为的行为人具有过错。过错包括故意和过失，然而在违反安全保障义务侵权中行为人的过错应当是过失而不应当是故意，如果故意违反安全保障义务而造成相对人损失的不属于违反安全保障义务侵权的范畴。所以就违反

---

[1] 杨立新："论违反安全保障义务侵权行为及其责任"，载《河南省政法管理干部学院学报》2006年第1期，第29、27页。

安全保障义务侵权而言，行为人的主观方面应当是一种过失的心理状态，没有达到法律、法规、规章等要求其应当达到的注意义务。所以在判断行为人是否违反安全保障义务时就应当判断其是否达到了法律法规、经营活动、社会规范以及诚实信用原则等要求其达到的注意义务。以上四种要件必须同时符合才能证明行为人应当承担侵权责任。

（二）医疗机构对患者的安全保障义务

基于以上分析我们可以看出，医疗机构对于患者负有安全保障义务，其原因在于：其一，医疗机构是一种针对不特定第三人开放的营业场所，任何人都可以来医疗机构进行就医行为，同时其他不特定主体也可以来医疗机构进行活动，如患者家属的探视活动，因此医疗机构属于公共场所管理人，负有安全保障义务。其二，医疗机构与患者之间是一种基于双方缔结的医疗服务合同而形成的合同关系，在这种合同关系中除了提供医疗服务这一主义务以外，医疗机构还对患者负有一系列的附随义务，其中之一便是保障患者的人身和财产安全义务。因此医疗机构对于患者以及其他人是负有安全保障义务的。

医疗机构所附有的安全保障义务主要包括以下方面：其一，保障医疗机构场所、设施以及设备安全的义务。比如，医疗机构的门诊、病房等建筑物必须符合《建筑法》、《建筑工程质量管理条例》、《消防法》等法律的规定，对电梯、消防设施等建筑物附属设备依法进行维护和管理，保证其处于良好的运行状态，对医疗设备定期进行维护等。其二，警告义务，对于存在安全隐患的设施，此医疗机构应当做出真实的说明和明确的警示，并说明正确的使用方法和防止危险的方法。其三，保护与制止的义务。配置适当的保安力量，保证维持医疗机构正常诊疗所必需的治安秩序。在医疗机构内发生治安事件和意外事件时，医疗机构应当予以制止，并对医疗机构内的社会公众予以保护，对已造成伤害的，及时提供有效的救助，尽量减少损失的扩大。其四，救济的义务。意外发生后，医疗机构应当对受害人采取一定的救济，如医疗机构内发生踩踏等意外事件时，应对事件中受伤的人，及时给予必要的救治，避免因救治不力致损失的扩大[1]。

医疗机构违反安全保障义务侵权行为的构成要件：

第一，医疗机构违反了安全保障义务。也就是说医疗机构承担违反安全保障义务的侵权责任首先需要判定医疗机构违反了其负有的上述安全保障义务。然而需要注意的是医疗机构所负有的安全保障义务不能一概而论，要根据具体情况进行判定。判定某项义务是否属于某一医疗机构所负有的安全保障义务，需要从以下几方面进行考量：①医疗机构所提供服务的性质，如精神病专科医院与普通医院相比前者的保障义务应当高于后者；②医疗机构所针对的服务对象主体的区别，如老年医院与普通医院相比就应当在地面清洁后的示警等方面承担更高的注意义务；③医疗机构承诺，若某些医疗机构在广告活动中对其服务标准和质量做出了更高的承诺，其所负有的相关安全保障义务就应当更高。[2]

第二，相对人受到了损害。根据《侵权责任法》的规定，这里的相对人不仅仅包括患者，也应当包括进入医疗机构所控制的场所内的其他人，如探视患者的家属等。而损害应当包括身体损害，如死亡、伤残等，以及财产损害，这种损害必须实际发生。

第三，损害与医疗机构违反安全保障义务的行为之间存在因果关系。在认定是否具有因果关系时不能够仅仅因为某行为在现实中造成某结果发生而作为因果关系的判断标准，而是应当以社会一般人的角度进行如下两个方面的判断：①该行为造成了一定的风险；②从社会一般人能够预料的角度判断该行为会造成该风险的发生。只有符合这两个方面才能够判定具有因果关系。

第四，医疗机构具有过错。如前文所述，在违反安全保障义务侵权的行为中行为人在主观上需要是过失的心理状态，也就是说医疗机构应当预见损害的发生而因为疏忽大意没有发现或者已经预料到损害结果可能发生

---

[1] 朱姿英、尹跟旭、周文宝等："浅析医疗机构的安全保障义务及相关法律责任"，载《西南国防医药》2010 年第 8 期，第 146 页。

[2] 周玉文、盛玉霞："医疗机构安全保障义务浅论"，载《中国医学伦理学》2007 年第 6 期，第 81 页。

但轻信能够避免，结果发生损害。

必须在医疗机构完全具备以上四个要件时才能够使其承担违反安全保障义务的侵权责任。

而在本案中判断被告是否构成侵权就需要判断以下几个问题。首先，被告是否违反了安全保障义务。就本案而言，死者是一个完全行为能力人，在候诊过程中独自从候诊区走出并且坠楼死亡，从一般社会人的角度考量是无法预见其有可能实施上述行为的，所以已经超出了正常的安全保障义务的合理限度，同时根据原告提出的证据无法证明被告违反了安全保障义务，被告在其病区所设立的安全设施以及警示符合国家法律法规以及行业标准的要求，而且在事发后第一时间向公安机关报案，并没有违反安全保障义务。反而是原告作为患者陪护家属没有尽到应尽的注意义务，死者简玉英独自从候诊区前往五楼并坠楼身亡而原告作为陪护家属并不知情，未尽到应尽的注意义务。其次，患者死亡与被告行为是否有因果关系。对因果关系进行判断，首先需要被告进行了一定行为，该行为制造一定风险并且该风险以一般人能够预料到的方式实现。然而在本案中，患者简玉英死亡之前只是在被告皮肤科候诊区域候诊，并未接受实际的诊疗行为，因此其死亡与被告的诊疗行为无关。同时，死者坠楼行为属于其个人行为，其死亡结果与被告的医疗行为不存在任何因果关系。最后，被告是否有过错。对于违反安全保障义务的侵权，行为人主观上主要是一种过失的心理状态，即医疗机构应当预见其行为会造成一定的风险，但因疏忽大意没有预见，或者预见到可能发生风险，但轻信风险能够避免而实际上未能避免。而在本案中被告对其医疗场所、设施以及设备进行了符合法律规定的管理和维护。同时，对于存在安全隐患的设施，此医疗机构应当做出真实的说明和明确的警示，并说明正确的使用方法和防止危险的方法。配置适当的保安力量，保证维持医疗机构正常诊疗所必需的治安秩序。并且在意外发生后及时报警并配合警方调查。据此，该医疗机构已经尽到了合理的注意义务，并未违反安全保障义务，因此不存在过错。

综上而言，本案中被告不承担违反安全保障义务的侵权责任。

临床安全应用抗菌药物法律规制

——以抗生素使用为切入点

苗京楠

一、案例回顾[1]

湘潭市中心医院于 2011 年 4 月 22 日对刘岳峰进行血管造瘘的清洁手术，4 月 20 日即手术前两天用第三代半合成头孢菌素类抗生素头孢匹胺进行预防感染，直至手术后第二天即 4 月 25 日连续使用 5 天；4 月 23 日两次进行细菌检验均无细菌及真菌生长，在无应用抗菌药物指征且 4 月 24 日怀疑刘岳峰有病毒感染并使用阿昔洛韦抗病毒的情况下，4 月 26 日又改用新一代广谱抗生素哌拉西林钠他唑巴坦钠。头孢匹胺、哌拉西林钠他唑巴坦钠与氨曲南都属于都卫生部规定"特殊使用"级抗菌药物的范围。湘潭市中心医院医师王旭不具有高级专业技术职务任职资格，未经相关专业专家会诊同意，在不具有临床应用抗菌药物指征的情况下，更不用说严格掌握临床使用"特殊使用"抗菌药物适应症，随意长期大剂量使用"特殊使用"级抗菌药物，严重违反医疗卫生法规。

2011 年 5 月 8 日上午，刘岳峰觉得身上有点痒，向值班医师反映过，被告知等王旭医师上班来看。5 月 9 日上午，有三位医师查房，刘岳峰把上身的衣服揭开让她们看，胸、背部都有红斑点，双手手指第一指节处

---

〔1〕 案例来源：http：//www.66law.cn/domainblog/32918.aspx，访问日期：2012 年 6 月 23 日。

红、痛、痒，特别是食指处红斑很痒。5月9日晚上，刘岳峰痒得不能入睡，夜里2点钟护士查房其向护士反映了相关情况，护士赶紧找了值班医师，立即送来了两粒扑尔敏，叫其马上吃下，后来慢慢不痒了才睡了一觉。5月12日下午，刘岳峰用瘘做血液透析时，左手瘘周边开始出现了小水泡，晚上刘岳峰找到值班医师说明了情况，为防止外出时身上瘙痒，请值班医师开了八粒扑尔敏带去凤凰。

二、法律分析

本案属临床安全用药问题，医院的诊疗行为严重违反了医疗法规与操作规程。首先，《抗菌药物临床应用指导原则》规定，根据患者的症状、体征及血、尿常规等实验室检查结果，初步诊断为细菌性感染者以及经病原检查确诊为细菌性感染者方有指征应用抗菌药物；由真菌、结核分枝杆菌、非结核分枝杆菌、支原体、衣原体、螺旋体、立克次体及部分原虫等病原微生物所致的感染亦有指征应用抗菌药物。缺乏细菌及上述病原微生物感染的证据，诊断不能成立者，以及病毒性感染者，均无指征应用抗菌药物。外科手术预防用药基本原则为根据手术野有否污染或污染可能，决定是否预防用抗菌药物。手术野为人体无菌部位，局部无炎症、无损伤，也不涉及呼吸道、消化道、泌尿生殖道等人体与外界相通的器官。手术野无污染，通常不需预防用抗菌药物，仅在手术范围大、时间长、污染机会增加，手术涉及重要脏器，一旦发生感染将造成严重后果者，如头颅手术、心脏手术、眼内手术等，异物植入手术，如人工心瓣膜植入、永久性心脏起搏器放置、人工关节置换等高龄或免疫缺陷者等高危人群的情况时才考虑预防用药。外科预防用抗菌药物的选择及给药方法：抗菌药物的选择视预防目的而定。选用的抗菌药物必须是疗效肯定、安全、使用方便及价格相对较低的品种。卫生部办公厅《关于进一步加强抗菌药物临床应用管理的通知》规定，医疗机构要严格按照《抗菌药物临床应用指导原则》中围手术期抗菌药物预防性应用的有关规定，加强围手术期抗菌药物预防性应用的管理，改变过度依赖抗菌药物预防手术感染的状况。对具有预防使用抗菌药物指征的，参照《常见手术预防用抗菌药物表》（见附件）选用抗菌药物。也可以根据临床实际需要，合理使用其他抗菌药物。要重点加强 I 类切口手术预防使用抗菌药物的管理和控制。I 类切口手术一般不预防使用抗菌药物,确需使用时,要严格掌握适应症、药物选择、用药起始与持续时间。给药方法要按照《抗菌药物临床应用指导原则》有关规定,术前 0.5~2 小时内,或麻醉开始时首次给药;手术时间超过 3 小时或失血量大于 1500ml,术中可给予第二剂;总预防用药时间一般不超过 24 小时,个别情况可延长至 48 小时。《常见手术预防用抗菌药物表》规定,周围血管外科手术只能选用第一、二代头孢菌素。《2011 年全国抗菌药物临床应用专项整治活动方案》也规定,I 类切口手术患者预防使用抗菌药物比例不超过 30%;住院患者外科手术预防使用抗菌药物时间控制在术前 30 分钟至 2 小时,I 类切口手术患者预防使用抗菌药物时间不超过 24 小时。

其次,卫生部办公厅《关于进一步加强抗菌药物临床应用管理的通知》明文规定,医疗机构要按照《抗菌药物临床应用指导原则》中"非限制使用"、"限制使用"和"特殊使用"的分级管理原则,建立健全抗菌药物分级管理制度,明确各级医师使用抗菌药物的处方权限。"特殊使用"抗菌药物须经由医疗机构药事管理委员会认定、具有抗感染临床经验的感染或相关专业专家会诊同意,由具有高级专业技术职务任职资格的医师开具处方后方可使用。医师在临床使用"特殊使用"抗菌药物时要严格掌握适应症,药师要严格审核处方。紧急情况下未经会诊同意或需越级使用的,处方量不得超过 1 日用量,并做好相关病历记录。头孢匹胺、哌拉西林钠他唑巴坦钠与氨曲南都属于都卫生部规定"特殊使用"级抗菌药物的范围,

再次,《抗菌药物临床应用指导原则》明文规定,肾功能减退患者抗菌药物应用的基本原则为尽量避免使用肾毒性抗菌药物,确有应用指征时,必须调整给药方案;根据感染的严重程度、病原菌种类及药敏试验结果等选用无肾毒性或肾毒性低的抗菌药物;根据患者肾功能减退程度以及抗菌药物在人体内排出途径调整给药剂量及方法;肾毒性抗菌药物避免用于肾功能减退者,如确有指征使用该类药物时,需进行血药浓度监测,据以调整给药方案,达到个体化给药;也可按照肾功能减退程度(以内生肌酐清除率为准)减量给药,疗程中需严密监测患者肾功能;药物经肝、肾

两途径清除，肝功能减退者药物清除减少，血药浓度升高，同时有肾功能减退的患者血药浓度升高尤为明显，但药物本身的毒性不大。严重肝病患者，尤其肝、肾功能同时减退的患者在使用此类药物时需减量应用，经肾、肝两途径排出的青霉素类、头孢菌素类均属此种情况。湘潭市中心医院明知刘岳峰是依靠血液透析的肾功能严重衰竭者，却依次大剂量连续使用头孢匹胺、哌拉西林钠他唑巴坦钠与氨曲南、阿奇霉素，严重违反了医疗卫生法规与操作规程。

最后，在刘岳峰皮肤出现水泡，湘潭市中心医院怀疑头孢菌素类药物过敏后，仅使用扑尔敏未使用地塞米松等，反而在 5 月 14 日以后仍使用头孢菌素类氨曲南且与阿奇霉素合用，明显处理措施不力，用药存在过错。

然而本案的发生确实凸显了相关法律法规的适用以及抗菌药物的监管存在的严重问题。

三、专家意见

（一）建立完整法律框架

首先，从完善已有法律入手。立法技术简单、粗放的法律条文将会大幅降低法律规范的可操作性，并在实践中衍生出过分依赖专项治理方案等突击式检查的消极现象。在现有《抗菌药物临床应用管理办法》基础上，完善部门规章对抗生素研制、生产、销售、使用等管理所做出的一系列严格约束性条款。药品必须经过研发、生产、流通、使用四个环节，才是一个完整的生命周期。用药安全问题应树立全程监管意识而不要把每个阶段割裂开。《药品管理法》是药品监管的核心法律，笔者建议可在《药品管理法》中设专章规范抗生素，对抗生素的研制、生产、销售、使用等环节做到全程监管有法可依，而不是将矛头单单指向临床用药这一矛盾聚集地，也绝对不能为了达到管理上的指标即为了立法而立法，而要充分了解医学科学的特殊性并在逐步掌握管理抗生素的实践经验基础上，适时对药品监管领域的法律、行政法规和规章进行修改和完善，以提高其法律效力层级，加大责任主体的法律风险意识。另外，在《药品管理法》的规定中，应设置约束力强、威慑力大的法律责任，如通报、责令改正、警告之类，并且需要进一步细化改正的次数和标准及通报的范围，不能只对违法行为进行定性判断，缺少了相应的处罚。

其次，要填补法律空白，出台《药师法》。在国外很早就普遍地施行了执业药师方面的法律，并在资历、考试、继续教育、权利、义务等方面进行了详尽地法律规定。医师、护士、药师在临床用药安全中有着各自的职责定位，我国已有《执业医师法》、《护士条例》，却唯独没有给予药师一个法治的执业环境，无法较好地保障其职业地位。如前文所述，《抗菌药物临床应用管理办法》不但没有强调药师审方权，反而有弱化之趋势，这与药师肩负着保证用药安全的职责背道而驰。因此，笔者认为应尽快出台保障药师职业地位的法律，改变重医轻药，药师只负责拿药的尴尬境地，并在职责设定方面细化赋予其"制约权"。可要求药师加强药对物上市后的监测，及时发现存在的不良反应。同时强调处方审核权，在调配的同时要善于发现医师处方中的滥用抗菌药物等不合理用药现象，并提出改进意见。药师有着更加专业的药学知识储备，可以帮助医师更好地理解药效，提供更加专业和全面合理的用药方案，其有着独立而不可替代的重要作用，因此也同样应向其提供依法执业的法治环境。

（二）形成多元监管主体

首先，药品安全监管不能仅靠单一行政执法。自新中国成立以来，政府承担了几乎所有的监管工作，在计划经济向市场经济转轨的过程中，专业分工越来越细，在一些医疗单位想办法钻法律空子逃避监管的情况下，行政机关进行监督执法越来越困难。如前文所述，我国多为公立医院，政府承担了过多的角色将难以保障其中立性。其次，临床安全用药与否很大程度上取决于药师的行为。国外对药师的监管更多地依靠药师协会。如美国药剂师的管理机构是全国药事管理委员会，有考试注册、发放执照、继续培训的职能，并可对违法行为者进行财务处罚；在德国，由医师和护士工会与医院协会谈判决定医师和护士的工资。可见，两国均赋予了协会一定的重要职权，使其在规范医师、药师行为时有较好的威慑力，这样可以保障其自身有较长远的发展空间，也无形中承担起了政府监管的一部分工作。因此，本文倡导建立一种多元监管模式，特别是鼓励行业协会等社会力量参与"共治"，以改变目前单一化的行政执法模式。笔者在中国医师协会实习的3个月内看到了其强大的资源储备，医师协会是由执业医师及单位会员自愿组成的全国性、非营利性的独立的法人社团。其拥有二级分会 100 余家，包括 40 家地方医师协会、39 家专科医师分会、12 家专业委员会、45 家单位会员。此外，其维权自律的宗旨、专家库的人才储备、对二级机构的管理水平等，都让人相信其拥有作为微观管理人的实力。如前文所述，医师临床用药行为的灰色地带往往由其个人道德进行自律，而行业协会是通过行业成员间彼此以共同利益为前提进行相互约束，且市场分工越来越细，政府管理不能事无巨细，相反一级、二级协会甚至专业分会的划分会随之越来越细，这种"内行人管理内行人"的模式可以在一定程度上弥补外部监管徘徊无错的窘境。

但是，行业协会在我国发展较晚，许多问题还有待进一步解决。《执业医师法》第 7 条规定："医师可以依法组织和参加医师协会。"没有对医师协会的性质、组织形式、权利义务等作出明确具体的规定。事实上，由于医师可以自由加入和退出协会，不会与其资格和个人利益挂钩，使中国医师协会不能像国外协会那样有较强的威慑力，也就难以充分发挥其维权和行业自律的作用。笔者建议，政府可以适当下放一些职权给行业协会，如前文所述的美国药剂师协会可以负责考试、发照、培训。这样，行政行为的对象就会由千千万万个医务工作者个人转变为一定规模的行业自律组织。由协会对医生的行为进行评价和约束的第三方专业化的管理能较好体现其公正性和中立地位，为协会组织的健康发展打开了空间。政府也可逐渐摆脱多重角色，将事前、直接的监管转变为事后、间接监管，以实现"小政府，大社会"的社会共治局面。此外，为更好地实现立法目的应严格按照法律规则评判违法行为。在执法过程中加大惩处力度，改变以往以教育管理为主，较少施以惩处的行政管理模式，加强行为模式与法律后果的关联性。在医药分家、管办分开试点工作大量开展的情形下，突出裁判员的中立地位，更好地改善抗生素滥用等临床安全用药问题。

（三）制定临床应用指南

我国 80% 的抗生素由医疗单位使用，故加强医疗单位应用抗生素的监督执法是减少安全隐患的重中之重，国际上早在 20 世纪 80 年代就提出抗菌药物管理的概念，大多数国家已采取以技术干预为主的抗菌药物管理措施，这些管理方法被称为抗菌药物导向计划（antibiotic stewardship program，ASP)，不包括行政管理或强制性法规内容，不涉及"administrative"或者"management"，ASP 已经在欧美、澳大利亚、部分亚洲国家以及我国台湾和香港地区得到推广，效果良好。ASP 的主要内容在于以指南为依据，是多年用药经验的汇总，符合医学科学规律，可以为临床选用药物提供有价值的借鉴和参考。

笔者认为，根据国外的经验制定权威的临床治疗指南，是有效弥补《抗菌药物临床应用管理办法》限制不足、用药习惯难改变的现状的有力措施，它有助于以临床治疗指南为参考针对不同患者、不同情况实施最安全的治疗方案。《抗菌药物临床应用管理办法》通过限定医师对抗菌药物的权限，减少重要抗菌药物的使用；通过处方点评发现抗菌药物使用中存在的问题，针对性地向处方者反馈，改进处方习惯，这些均需要建立在医学权威专业指南的基础上，尤其是特殊人群用药安全性标准不一的情况会在实践中困扰医务工作者，应引起有关部门的足够重视，否则极易造成全凭医师用药经验缺乏客观指南标准的滥用行为。有学者认为，《抗菌药物临床应用管理办法》中的内容是指导合理用药的原则，它不是具体用药的指南，也不是诊疗常规。可见，还应在《抗菌药物临床应用管理办法》的基础上进行细化和完善。上海市《抗菌药物临床应用指导原则》实施细则明确规定，医生开处方使用抗生素时，必须初步诊断为细菌性感染者才能应用抗菌药物。而缺乏细菌及病原微生物感染的证据，以及病毒性感染者，都不能应用抗菌药物。如果是病毒性疾病的发热的患者，将不能使用抗菌药物进行治疗。《通过细则》的制度还可以依据一些大的数据库进行一个区域内大样本的汇总，在不违背原则的基础上体现各地的用药习惯。在重视细则的科学制定和执行的基础上，再制定相应的行政法规才能对医生的处方行为具有一定的约束性、可操作性。

医疗废物的法律属性及其规制

叶小琴

一、案例简介[1]

2010 年 11 月 11 日，原告夏银梅与家人在滨江公园长江岸边人行道游览时被新桥中学组织的秋游活动中的两名中学生骑双人休闲车从背后撞倒，致受害人耳鼻大出血，不省人事。随即原告被送往被告南通瑞慈医院有限公司（以下简称瑞慈医院）进行抢救，根据值班医生诊断结论必须立即动手术，切开颅骨，放淤血保命。在辗转南通、上海多家医院治疗后，原告生命体征已日趋好转。原告现向瑞慈医院索回两块颅骨用以医补头颅，却被医院告知颅骨已作为医疗废器官被处理。遂与医院发生争议。后原告诉至法院，要求判令：①被告应承担受害人颅骨两块、6 公分见方，当做医疗器官，擅自处理的过失责任和承担原告两块天然颅骨的赔偿费用150 000 元；②被告赔偿原告精神抚慰金 60 000 元；③本案诉讼费用由被告承担。

被告瑞慈医院辩称：①根据《医疗废物管理条例》、《医疗废物分类目录》的规定，原告因手术需要而摘除的颅骨是手术过程中产生的废弃人体组织，属于应当由医疗机构处理的医疗废物，被告不存在任何过错，现原

---

[1] 参见夏银梅诉南通瑞慈医院有限公司医疗损害赔偿纠纷案民事判决书，（2013）开民初字第 0126 号，（http：//www. court. gov. cn/zgcpwsw/jiangsu/jssntszjrmfy/ntjjjskfqrmfy/ms/201401/t20 140127_ 294746. htm），访问日期：2014 年 3 月 28 日。

告要求被告返还已经作为医疗废物处置的颅骨没有法律依据；②法律对精神抚慰金的规定是基于侵权人的侵权行为致使受害人死亡或者身体受伤致残的情况，对受害人及其近亲属因此所遭受的精神损害由侵权人承担的赔偿责任；现被告没有对原告实施侵权行为，也没有致原告身体遭受任何伤害，原告请求被告赔偿精神抚慰金 60 000 元无事实和法律依据。综上，请求法院驳回原告的诉讼请求。

法院经审理查明，2010 年 11 月 11 日，原告因发生事故被送往被告处就诊，入院时患者处于深度昏迷状态，呼之不应。急诊头颅 + 胸部 CT 片示：两侧额颞顶广泛硬膜下血肿，以左侧为著，小脑挫裂伤，蛛网膜下腔出血，右枕骨骨折，颅底骨折，右枕部头皮下血肿；脑肿胀，脑疝形成。右下肺挫伤。入院后给予急诊全麻下行"双侧额顶颞开颅、颅内血肿清除术，去骨瓣减压术"，手术后，被告将医疗手术中取出的颅骨等作为医疗废弃物进行了处理，后原告转重症监护病房治疗。2010 年 11 月 19 日行以气管切开手术。2010 年 11 月 27 日，原告在家属提出转院治疗申请后出院，出院诊断为：多发伤：①特重型颅脑损伤：脑疝，两侧额颞顶广泛硬膜下血肿，小脑挫裂伤，蛛网膜下腔出血，颅底骨折，右枕骨骨折，右枕部头皮下血肿，双侧颅内血肿清除术后；②右下肺挫伤；③2 型糖尿病；④经皮气管切开术后。

事故发生后，原告夏银梅的丈夫李斌向上海市浦东新区人民法院申请宣告夏银梅为无民事行为能力人。2011 年 11 月 10 日，上海市浦东新区人民法院判决：①宣告夏银梅为无民事行为能力人；②指定李斌为夏银梅的监护人。

上述事实，有原告提交的出院记录、鉴定意见书以及上海市浦东新区人民法院民事判决书等书证以及双方当事人的陈述在卷佐证。

二、专家点评

原告方认为：颅骨是从患者头颅上摘取的，所有权应该归属于患者，且患者对该颅骨有复位的期待。而医院未经患者同意私自处分了两块颅骨，侵害了患者的所有权，因此向法院请求赔偿。

被告方认为：根据《医疗废物管理条例》、《医疗废物分类目录》的规定，原告因手术需要而摘除的颅骨是手术过程中产生的废弃人体组织，属于应当由医疗机构处理的医疗废物，被告不存在任何过错，故不应当承担赔偿责任。

本案中双方之所以产生以上争论，是因为对头颅骨的定性不同，根据《医疗废物管理条例》第 2 条：本条例所称医疗废物，是指医疗机构在医疗、预防、保健以及其他相关活动中产生的具有直接或者间接感染性、毒性以及其他危害性的废物。根据《医疗废物分类目录》的规定，医疗废物有感染性废物、病理性废物、损伤性废物、药物性废物以及化学性废物。感染性废物是指携带病原微生物具有引发感染性疾病传播危险的医疗废物；病理性废物是指诊疗过程中产生的人体废弃物和医学实验动物尸体等；损伤性废物是指能够刺伤或者割伤人体的废弃的医用锐器；药物性废物是指过期、淘汰、变质或者被污染的废弃的药品；化学性废物是指具有毒性、腐蚀性、易燃易爆性的废弃的化学物品。病理性医疗废物包括：①手术及其他诊疗过程中产生的废弃的人体组织、器官等；②医学实验动物的组织、尸体；③病理切片后废弃的人体组织、病理蜡块等。所以从原告头上取下的两块头颅自然就归到了病理性医疗废物一类。被告医院就有权对该医疗废弃物进行处置。

法院经审理认为，手术及其他诊疗过程中产生的废弃的人体组织、器官属于病理性医疗废物。根据我国大陆地区现行医疗规范，如果开颅后的血肿清除，局部脑组织压力不高，局部颅骨在复位后不影响功能的话，则可以在手术中立马将手术的颅骨复位，否则在伤情达到稳定后再行颅骨修补手术的，由于去除的自体颅骨骨瓣保存困难以及自体颅骨修补后易导致感染、吸收、坏死等因素，自体颅骨修补目前已经基本被摈弃，颅骨将作为医疗废物进行处理。本案中，被告在患者入院后给予急诊全麻下行"双侧额顶颞开颅、颅内血肿清除术，去骨瓣减压术"，原告对于被告瑞慈医院的治疗行为本身亦未提出异议，故被告瑞慈医院抗辩将开颅手术后的局部颅骨作为病理性医疗废物于法有据，本院予以确认。而现行的医疗规范并无将医疗废物返还给患者的要求。本案中，被告瑞慈医院将开颅手术后的局部颅骨作为医疗废物进行集中处理的行为，符合目前国内一般医疗规范，并不存在过错，亦不负有向原告返还颅骨的义务，故不应承担颅骨修复费用的赔偿责任和精神损害抚慰金。据此，按照《侵权责任法》第6条第1款、第54条，《医疗废物管理条例》第2条之规定，判决：①驳回原告夏银梅的诉讼请求；②案件受理费1450元，由原告夏银梅承担。

故笔者认为，法院在审理过程中并未提到是否在手术知情同意书上有关于授权医师对操作切除的病变器官、组织或标本进行处置，包括病理学检查、细胞学检查和医疗废物处理等的内容。若有此内容，则法院的判决符合法律的宗旨和基本原理，确认颅骨属于医疗废物，医院做的处理符合法律规定的判决是公平、公正的。若并没有上述内容，即没有告知患者或者其近亲属对切除的病变器官、组织等的处置，没有得到患者或者其亲属的授权，医院不应该擅自处置患者的组织或者器官。而医院在未经授权的情况下处置了该颅骨，侵害了患者对颅骨的所有权，应该承担侵权责任。如此一来，法院的判决就有失公允。

三、理论分析

（一）医疗废物及人体医疗废物的概述

在我国，医疗废物是根据《医疗废物处理条例》中给出的定义，医疗废物，是指医疗机构在医疗、预防、保健以及其他相关活动中产生的具有直接或者间接感染性、毒性以及其他危害性的废物。根据卫生部、国家环保总局关于下发《医疗废物分类目录》的通知，医疗废物分为五类。一是感染性废物：是指携带病原微生物具有引发感染性疾病传播危险的医疗废物；二是病理性废物：是指诊疗过程中产生的人体废弃物和医学实验动物尸体等；三是损伤性废物：是指能够刺伤或者割伤人体的废弃的医用锐器；四是药物性废物：是指过期、淘汰、变质或者被污染的废弃的药品；五是化学性废物：是指具有毒性、腐蚀性、易燃易爆性的废弃的化学物品。其中病理性医疗废物包括：手术及其他诊疗过程中产生的废弃的人体组织、器官等；医学实验动物的组织、尸体；病理切片后废弃的人体组织、病理蜡块等。从来源看，医疗废物包含两大类：第一类是来源于人体的组织、器官等；第二类则并非来源于人体本身，而是医疗活动的相关产物，例如锋利物、药物性废物、化学性废物、含重金属的废物、放射性废物等。[1]

人体医疗废物是指由于医疗活动而脱离人体的无生命价值或者生理活性的器官、组织以及人体孳生物。人体医疗废物包括三部分:一是由于医疗活动而脱离人体的无生命价值或者生理活性的器官,如胎盘等;二是由于医疗活动而脱离人体的无生命价值或者生理活性的组织,如体液、血液等;三是由于医疗活动而脱离人体的无生命价值或者生理活性的孳生物,如肿块、肉瘤、结石、葡萄胎等。[2]

(二) 人体医疗废物的法律属性

民法认为,人体具有特殊的属性,是人格的载体,不能将其视为物,它是民法世界中与物相对立的物质形式,是民事主体的物质形式。因而,人体器官、组织或者是其他的人身孳生物在没有与人体发生分离之前,是与人的人格相联系的,是民事主体的物质性人格的构成要素。当人体器官、组织或者其他孳生物脱离了人体,不再具有生理活性和生理利用价值后,它们就不再属于人的范畴,而是属于物的范畴,从权利主体的范畴转变为权利客体的范畴。因此,人体医疗废物的法律属性,属于权利的客体,属于物。

(三) 人体医疗废物的法律特征

第一,人体医疗废物原本是人体的组成部分。无论是表现为器官、组织形态的医疗废物,还是表现为人体孳生物形态的医疗废物,其原本的形态都属于人体的组成部分,是自然人人格载体的组成部分。

第二,人体医疗废物是从人体上产生的脱落物、脱离物。任何人体器官、组织,甚至是毫无用处以至于成为人体病变的孳生物,在没有脱离人体之前,都是人体的组成部分,不能称之为“物”,更不是医疗废物。只有它们脱离了人体,离开了自然人的人格依托,才能够成为物、成为医疗废物。

第三,人体医疗废物是由于人体发生病变或其他医疗需要,因医疗活

〔1〕 王晓东、王启辉、曹炎:“民法视野下的人体医疗废物初探”,载《南京医科大学学报(社会科学)》2010年第1期,第18~20页。
〔2〕 杨立新、曹艳春:“人体医疗废物的权利归属及其支配规则”,载《政治与法律》2006年第1期,第65~72页。

动而产生的人体脱落物、脱离物。人体器官或者组织可能会因为别的原因而脱离人体，例如基于捐献的高尚目的而为之。作为医疗废物必须是为了救治病变、进行医疗的需要，因医疗活动而使人体组织、器官以及孳生物脱离人体，成为独立物。

第四，人体医疗废物应当是无生命价值或者生理活性，不具有生理的和再生的利用价值的人体脱落物、脱离物。作为人体医疗废物，必须是丧失了生命价值，或者丧失了生理活性，因而成为"废物"。但是，这种"废物"并非毫无价值，而仅仅是丧失生理的或者再生的价值，对于其他价值，有些是存在的，有的甚至是具有很高的价值。[1]

综上，人体医疗废物的法律属性是物，那么其所有权应当归属于患者本人。患者依法对其享有占有、使用、收益和处分的权利，即应该由患者来处置该人体医疗废物。而我国医疗机构长期以来的通行做法，是将人体医疗废物作为病理性废物，按照《医疗卫生机构医疗废物管理办法》的规定集中处置。[2]并且以往医疗机构处理人体医疗废物时往往是口头告知，更多的认为医疗废物处理是医院的事情，不需告知。医务人员着重于病情、诊断、治疗方面的告知，忽视人体医疗废物的特殊性，因此缺乏能够成为有效法律证据的告知文书。院方未履行书面告知义务，擅自将人体医疗废物当医疗垃圾处理，就是侵犯了公民的处分权。

（四）人体医疗废物的支配规则

制定《医疗废物处理条例》的目的是：规范医疗废物的存储、运输及无害化处置；防止疾病传播；保护环境；保障群体健康。并非是确认医疗机构对人体医疗废物有处分权。但是人体医疗废物既关系患者权益，又涉及社会公共利益。因此，医疗机构应该有相应的权利和义务来保障患者的利益和社会公共利益。人体医疗废物并不是统一体，在对其进行处置的时候，不能将其一视同仁，而应区别对待，应当在不违背公共秩序和善良风俗、能够保护健康、防止人体医疗废物造成社会危害和人的健康危险的情

---

〔1〕 杨立新、曹艳春："人体医疗废物的权利归属及其支配规则"，载《政治与法律》2006 年第 1 期，第 65 ~ 72 页。

〔2〕 张香云："人体医疗废物处理的法律属性"，载《浙江预防医学》2008 年第 2 期，第 71 ~ 72 页。

况下，充分尊重权利人的意见。

1. 保障患者行使权利的自主意志。患者是人体医疗废物的所有权人，享有对人体医疗废物的支配权。因此，医疗机构和研究机构必须尊重患者的自主意志，由其自主决定对人体医疗废物的处置并自立行使自己的权利，不得干涉和非法强制。即使是对不能交给患者及其近亲属自行处置的人体医疗废物，也必须告知患者或者其近亲属，告诉他们必须按照国家法律的强制性规定处理人体医疗废物，以保障公共安全和公共健康。任何未经患者及其近亲属同意，甚至采取欺诈方式骗取患者作出违背其意志的决定的行为，都是对患者权利的侵害行为，构成侵权行为，应当承担侵权责任。

2. 保证患者的知情权。患者知情权，是指与医院建立了医患法律关系的就医患者对于自身的疾病、该疾病的治疗方法、治疗效果、不良反应等相关事宜所享有的知悉真实情况的权利。同样，对于人体医疗废物的具体情况，患者也享有知情权。该知情权是患者及家属行使人体医疗废物所有权、支配人体医疗废物的同意权、选择权的前提和基础。人体医疗废物在没有与人体分离之前，受身体权的保护，权利属于自然人本人。人体医疗废物脱离人身后，成为人体医疗废物，受物权法保护。权利人作为人体医疗废物的所有权人，对于脱离自己身体的医疗废物的价值、无价值或者危害性、危险性有权知悉。但是，权利人即患者并不是专业人员，并不知道人体医疗废物的具体情况，因此，医疗机构或者研究机构必须对患者善尽告知义务，以满足权利人的知情权，使权利人能够基于医疗专业知识，作出自己行使权利的决定。医疗机构和研究机构在分离人体医疗废物的过程中，或者分离后，应将形成的人体医疗废物的种类、质量、数量、性质、价值以及应当遵守的处置方法，告知患者或者其近亲属。违反这样的告知义务，就是侵害了患者的知情权，应当承担相应的法律责任。

3. 维护公共卫生安全，防免危害发生。患者处置人体医疗废物必须符合维护公共卫生安全的要求。对于含有有毒、有害或传染性病菌的没有任何利用价值的人体医疗废物，必须进行统一处理，禁止交给患者自行处置。在巴塞尔国际公约中，医疗废物被划入有害废物类。这些医疗废物作为一种危险废物，对人体存在直接和间接的危害，包括致癌、生殖系统损害、呼吸系统损害、中枢神经系统损害及其他许多传染疾病的损害。不正确的医疗废物处置方法已逐步发展成为威胁环境和人体健康的隐患。如果不加以限制而允许患者及其近亲属自行处理，就会造成传播疾病、污染环境、危及人体健康的严重后果。因此，对有毒有害的人体医疗废物必须进行严格管理，在让患者知情的情况下，禁止患者自我处置，由医院统一消毒焚毁，以保障社会公共卫生安全，保障公众身体健康，防止危害发生。

　　综上，由于人体医疗废物是一种特殊的物，有些具有社会危害性，有些又有较高的利用价值。而医患关系又是当前非常敏感的社会关系，医患关系不协调所引发的医疗纠纷已成为社会关注的热点，医务人员要增强法律意识，从法律角度规避人体医疗废物处理过程中的风险。

非法行医范围及主体的认定

王安其

一、案件简介

2006年1月23日，北京大学医学教授熊卓为因"腰腿痛10天，加重8天"入住北京大学第一医院。入院后第二天行腰椎管减压、椎弓根钉固定、植骨融合术。术后第六天出现了头晕、恶心呕吐以及呼吸困难、烦躁，血压测不出，行抢救治疗，并开胸及开腹探查，终因抢救治疗无效，于2006年1月31日死亡。事后熊卓为的丈夫王建国将北京大学第一医院告上法庭。本案的争议焦点之一就是被告实施这一手术的人员是北大三名在校学生，其中段鸿洲和肖建涛，既没有取得医师资格证书，也没有取得执业证书，于峥嵘虽取得医师资格证书，但没有取得执业证书。法院并未在判决书中认定北大医院三名实习医师"非法行医"，并表示"治疗医师资质问题对于法院确认医院是否应当承担民事赔偿责任并无直接关联"。

二、案件评析

近些年，非法行医的现象大量存在，严重扰乱了医疗服务市场秩序和社会安定，危害了人民群众的身体和生命健康。对于非法行医中违法与犯罪的界限、如何正确看待医学生"非法行医"的现象以及如何完善相关法律法规等问题，无论是在司法理论界还是在实务界，都没有统一的定论。对于上述问题，有必要进行深入的研究。

三、学理分析

(一)"非法行医"的相关概念

行政法中非法行医是这样定义的:广义的非法行医是指不符合法律法规的规定、没有获得医疗卫生主管部门许可而开展的医疗活动行为。[1] 行政法中对非法行医的立法,主要体现在《医疗事故管理条例》、《执业医师法》等卫生法律法规中。其中,根据《医疗机构管理条例》的规定,非法行医主要应包括以下六个方面:①未取得《医疗机构执业许可证》擅自执业的;②逾期不校验《医疗机构执业许可证》仍从事诊疗活动的,或者拒不校验的;③出卖、转让、出借《医疗机构执业许可证》的;④诊疗活动超出登记范围的;⑤使用非卫生技术人员从事医疗卫生技术工作的;⑥出具虚假证明文件的。在《执业医师法》中非法行医包括下列两个方面:①未经批准擅自开办医疗机构行医;①未经批准擅自非法行医。

狭义的非法行医即无证行医,是指医疗机构和卫技人员未经有关的卫生许可,没有取得必需的许可证照、证件就从事医疗活动。本文所指的是狭义的非法行医。

刑法中对"非法行医罪"是这样定义的:非法行医罪,是指未取得医生执业资格的人擅自从事医疗活动,情节严重的行为。[2]

(二)非法行医行政违法与非法行医罪的界限——未取得医生执业资格的理解

"医生执业资格"这一术语最早出现在刑法中,卫生行政法规在后来才采用了"执业医师资格"这一术语。[3] 由于刑法中的"医生执业资格"和卫生行政法中的"执业医师资格"并不一致,无论在司法理论界还是在实务界,对刑法中出现的"医生执业资格"应当如何界定,都没有统一的说法,从而难以区分非法行医的行政责任和刑事责任。[4]

---

[1] http://www.gdwsjd.gov.cn/jctg/zhanjiang/t20100802_12451.htm,访问日期:2013年11月12日。

[2] 《刑法》第336条。

[3] 李宝珍:"论非法行医罪的主体和客观方面",载《法律与医学杂志》2001年第3期。

[4] 周佑勇、刘艳红:"论行政处罚与刑罚处罚的适用衔接",载《法律科学》1997年第2期。

为了解决实践中对"医生执业资格"的认定问题，最高人民法院2008年的《关于审理非法行医刑事案件具体应用法律若干问题的解释》（以下简称《解释》）规定了五种"未取得医生执业资格的人"的情形，但是，《解释》的规定，并不能涵盖所有的非法行医案件。对于刑法中非法行医罪的主体的界定，仍有以下几点需要注意。

我国实行的是资格考试和医师执业注册相分离的制度，从事医师执业工作，必须具备两个条件：一是取得医师资格；二是经过在卫生行政部门注册，领取医师执业证书，按照注册的地点、类别、范围从事医疗执业活动。《执业医师法》第13条和第14条规定："国家实行医师执业注册制度。未经医师注册取得执业证书，不得从事医师执业活动。"对于刑法中规定的"未取得医生执业资格"是指未通过国家执业医师资格考试。但如果通过了国家执业医师资格考试，但未按照规定在卫生行政部门注册领取医师执业证书，能否成为非法行医罪的主体，存在比较大的争议。

英国哲学家边沁有一句名言，称"温和的法律能使一个民族的生活方式具有人性；政府的精神会在公民中间得到尊重"。这句话可谓刑法"谦抑性"原则的法哲学依据。刑法中的谦抑性原则，又称必要性原则，是指立法机关只有在该规范确属必不可少——没有可以代替刑罚的其他适当方法存在的条件下，才能将某种违反法秩序的行为设定成犯罪行为。如果某项刑法规范的禁止性内容，可以用民事、商事、经济或其他行政处分手段来有效控制和防范，就不必对此施加刑罚。故而，那种将群众的违法行为动辄规定为犯罪的立法是不可取的。由于刑法和行政法调整的范围和对象不同，而刑罚具有严厉性、保障性的特点，是权利救济的最终途径，故一般不轻易使用，如果可以通过其他治理渠道解决问题，那么，立法者应当力求少用甚至不用刑罚。

基于上述原理，对于已经通过了国家执业医师资格考试，但没有注册取得相应证书的人，不宜作为非法行医罪的主体。因为虽然没有取得执业证书，但是行为人已经具备相关的医学专业知识，只是从行政管理的角度看，存在不妥，没有纳入卫生行政部门的统筹管理中。这些人与未通过执业资格考试的人来说，社会危害性相对较小，给予相应的行政处罚即可达到警示的目的，但如果造成的后果特别严重，定医疗事故罪更为适宜。只有将行政处罚与刑罚有机地结合起来，从非法行医罪的本质出发，考虑行为人所做行为的社会危害性，才能形成从行政处罚到刑事处罚的完整体系，更有利于保护患者的合法权益。

对于已经取得了相应执业证书的医师，超出了执业地点、执业类别、执业范围行医，应当如何定性？如果按照《执业医师法》的规定，医师在卫生行政部门的注册应当包括执业地点、执业类别、执业范围，医师应当按此规定执业。但是，笔者认为，对于上述情况，在实践中，应当区别对待。

对于超出执业地点从事医疗行为的，由于医师本身已经具备了相关的医学知识，其医疗水平并不会因为其执业地点的改变而降低，且现实生活中该类医师多为医疗水平、职称都比较高的医师，对于患者来说，不见得是坏事，如若造成损害，只需给予相应的行政处罚即可。但是，如果医师超过了执业类别、执业范围执业，就应另当别论。医学是一门分工极为细致的学科，仅外科学门下，就有各式各样分类的小学科，没有通晓各个专业的神医。国家之所以打击非法行医，其初衷就是为了打击那些没有医学知识而对患者盲目治疗的江湖游医。如果医师从事了不是其擅长的本职专业的医疗行为，那就和江湖游医在缺乏相应医疗知识的情况下仍不负责任地给病人诊治疾病没有什么区别，不仅侵害了医疗卫生管理秩序，而且严重威胁了人民群众的健康安全，应当作为非法行医罪的主体。

（三）对于医学院校毕业实习生"非法行医"特殊性的理解

回归到熊卓为案件中，对于原告王建国提出的北大第一医院三位实习医生"非法行医"的争议焦点，折射出的正是目前中国医师制度的窘境，值得深思。

《执业医师法》中明确规定，医学生毕业后必须参加执业医师资格考试，取得医师资格并经注册后才能从事医师执业活动。具体而言，以五年制医学生为例，毕业后，按照《执业医师法》的要求，要在医院试用1年，才能参加执业医师资格考试。通过考试并注册后，可成为住院医师。接受5年的住院医师培训，轮转各科室后，才有资格升为主治医师。

众所周知，一个医学生要变为医生，需要经历多道关口。但是，如果严格按照《执业医师法》的规定，而不给予毕业实习生参与临床锻炼和一线操刀的机会，他们永远也无法成为具有临床经验的医生，这也将会严重阻碍我国医学事业的发展。

因此，卫生部从保护和促进医学事业发展的角度出发，对此问题曾进行多次批复：

1. 卫生部《关于正规医学专业学历毕业生试用期间的医疗活动是否属于非法行医的批复》中规定："取得省级以上教育行政部门认可的医学院校医学专业学历的毕业生在医疗机构内试用，可以在上级医师的指导下从事相应的医疗活动，不属于非法行医。"

2. 卫生部《关于取得医师资格但未经执业注册的人员开展医师执业活动有关问题的批复》中规定："对于取得医师资格但未经医师注册取得执业证书而从事医师执业活动的人员，按照《执业医师法》第39条规定处理。在教学医院中实习的本科生、研究生、博士生以及毕业第一年的医学生可以在执业医师的指导下进行临床工作，但不能单独从事医师执业活动。"

3. 卫生部《关于医学生毕业后暂未取得医师资格从事诊疗活动有关问题的批复》中规定："医学专业毕业生在毕业第一年后未取得医师资格的，可以在执业医师指导下进行临床实习，但不得独立从事临床活动，包括不得出具任何形式的医学证明文件和医学文书。医疗机构违反规定安排未取得医师资格的医学专业毕业生独立从事临床工作的，按照《医疗机构管理条例》第48条的规定处理，造成患者人身损害的，按照《医疗事故处理条例》处理。未取得医师资格的医学专业毕业生违反规定擅自在医疗机构中独立从事临床工作的，按照《执业医师法》第39条的规定处理；造成患者人身损害的，按照《医疗事故处理条例》第61条的规定处理。"

从上述批复中不难看出，卫生部对于医学院校毕业生从毕业到注册并取得医师执业证书这一时期做出了划分，第一部分从毕业到通过医师资格考试，第二部分从通过医师资格考试到注册并取得医师执业证书。

但是，卫生部的批复明显与《执业医师法》的规定之间存在矛盾，因此，两者在适用上出现了混乱的局面，也使得相关人员在判断医学院校毕业实习生的医疗行为是否属于"非法行医"的问题上存在困惑。本案中被指控非法行医的于峥嵘，早在2005年底，就拿到了《医师资格证书》，但其执业医生注册日期是在 2006 年 5 月 25 日。也就是说，在治疗熊卓为期间，于峥嵘正好处于有医师资格、但并未完成注册的"特殊时期"。另外两位当事人肖建涛和段鸿洲获得执业资格的日期，也在熊卓为死亡之后。三位当事人在诉讼中的尴尬处境正是与上述规定有关。本案庭审过程中，原告患方家属拿出病历、入院记录和术前讨论，称多处医嘱和病程记录都只有于峥嵘、段鸿洲签字，没有上级医生签字确认，而术前讨论只有段鸿洲签名，领导签名的地方空白。原告认为，在于峥嵘签字的前面，应该有正规医生签字，所以，于峥嵘属于非法行医，至于段鸿洲和肖建涛，甚至连医师资格也没有。被告方表示，这属于签名记录瑕疵，于峥嵘等人都是在医生指导下行医的。[1]

对此，根据卫生部的有关批复，于峥嵘等人均不得单独从事医师执业活动，但可以在执业医师的指导下进行临床工作。但为了保证上级医师确实指导着实习医生的临床工作，《医疗文书书写规范》要求实习医生在诊疗活动过程中书写的医疗文书需要上级医生签字认可才能生效，如果是进行其他诊疗操作则需要上级医生在场指导，并在医疗文书中如实记录情况，并签名确认。因为只有上级医生认可了实习医生所进行的诊疗行为，并在各种记录单（如手术记录单、医嘱单等）上面签名确认，才可说明上级医生当时是在场的，并且确实对实习医生的诊疗行为进行了指导并最终保证实习医生所进行的诊疗行为是依照上级医生的要求和意愿进行的。

此外，为解决"非法行医罪"的主体在适用上存在的争议，最高院的《解释》中第 1 条对于非法行医罪的主体范围在刑法第 336 条的基础上做了进一步的解释："具有下列情形之一的，应认定为刑法第三百三十六条第 1 款规定的'未取得医生执业资格的人非法行医'：（一）未取得或者以非法手段取得医师资格从事医疗活动的；（二）个人未取得《医疗机构执业许可证》开办医疗机构的；（三）被依法吊销医师执业证书期间从事医疗活动的；（四）未取得乡村医生执业证书，从事乡村医疗活动的；（五）家庭接生员实施家庭接生以外的医疗行为的。"

---

[1] 彭兆彤、梁栋："无证个体行医的行政处罚法律适用"，载《预防医学论坛》2010 年第 9 期。

综上，于峥嵘等人，在执业时均通过了医生执业资格的考试，只是未取得相关的证书，但这并不能说明其执业时不具备相应的医学知识，社会危害性也比较小，而且，对于该行为不能笼统地说其属于《解释》中第1条第1款规定的"未取得医师资格"的情形，只是从行政管理的角度看，存在不妥。因此，兼顾刑法谦抑性的原则，笔者认为，对于于峥嵘等人的行为，并不构成刑法上非法行医罪的主体，对于三人行为的定性，在理论上构成行政法上所说非法行医行为。

（四）建 议

针对上述法律法规、司法解释针对"非法行医"行为在适用上存在的混乱与缺陷，笔者提出以下四点建议。

1. 完善相关立法，规范医师的准入制度

只有完善了上位法，才能真正在行政法领域对非法行医行为做到有法可依，才能正确区分非法行医罪与非罪的界限。现行的《执业医师法》、《医疗机构管理条例》是90年代初颁布的，对于非法行医的规定与卫生部的批复之间存在矛盾，也导致了现实生活中对于非法行医行为的界定出现了混乱，因此，我们应当推进《执业医师法》的修订工作，参考卫生部的批复，统一医师执业规则、考核办法、注册办法，明确规定医师在取得执业资格到注册登记这一"过渡时期"从业行为的性质，从而消除现有法律法规的冲突。[1]

2. 卫生行政部门根据非法行医的不同情形区别适用法律法规

《执业医师法》制定的目的是为了提高医师的职业道德和素质，保障医师的合法权益，保护人民健康。其调整的对象是依法取得执业医师资格或者执业助理医师资格，经注册在医疗、预防、保健机构中执业的专业医务人员。《医疗事故管理条例》制定的目的是为了加强对医疗机构的管理，是针对一个单位而言的，其调整的对象是任何单位或者个人。同时，对于以下情况，应区别对待：

（1）对江湖游医等没有固定场所的人员以及未取得医师资格的医学专业毕业生从事诊疗行为，应当适用《执业医师法》的规定。

---

〔1〕 崔虔畅："非法行医中几个问题的探讨"，载《河北医学》2007年第11期。

（2）对法人未取得《医疗机构执业许可证》擅自开展诊疗活动的行为，应当适用《医疗机构管理条例》的规定。

（3）对违法主体不是单位法人而为公民个人的，未经批准擅自开办医疗机构行医，可以适用《执业医师法》或者《医疗机构管理条例》。

3. 对于《刑法》第 336 条第 1 款的修改建议

为了避免非法行医罪犯罪主体范围被无限扩大的趋势，并能解决在具体案件分析时难以把握的种种司法困惑。笔者建议，对于《刑法》第 336 条第 1 款，应规定为："未取得执业医师资格的人非法行医，处三年以下有期徒刑、拘役或者管制，并处或者单处罚金；严重损害就诊人身体健康的，处三年以上十年以下有期徒刑，并处罚金；造成就诊人死亡的，处十年以上有期徒刑，并处罚金。"

4. 通过立法来确认医学院校毕业生在医疗行为中的法律地位

从有利于医学教育事业与医学人才培养的发展要求出发，应由法律作出规定或者由立法机构授权卫生部制定规定，对医学院校毕业生在未取得医师资格的情况下参与医疗活动的行为进行规范。当下医疗机构存在医务人员人手紧张的困难，对于通过医师资格考试但没有进行注册的医学院校毕业生，可以赋予他们法律上的地位，又或者立法者可以明确规定，医师执业资格才是界定非法行医的标准，执业注册只是为了行政管理需要而设立的，从而消除毕业生在法律上的尴尬处境。

民营医院的法律待遇与规范化
市场运作

张博源

一、案例简介[1]

作为深圳证券交易所创业板第一批上市的医疗服务机构的爱尔眼科医院集团股份有限公司,其前身系 2003 年 1 月 24 日成立的长沙爱尔眼科医院有限公司。2007 年 12 月 5 日,经湖南省工商行政管理局登记注册,该公司整体变更设立为股份有限公司,注册资本为 10 000 万元,法定代表人为陈邦先生。

(一) 主营业务和行业地位

随着屈光不正和年龄相关性眼病患病率的不断攀升,以及人们眼保健意识和就医观念的逐步增强,我国眼科医疗服务行业得到迅速发展。据原卫生部医政司统计,2007 年全国眼科门急诊总量约 4700 万人次,眼科入院人次约 140 万人次,比 2003 年分别增长 38.24% 和 47.37%,并且眼科医疗的门诊增长率高于全国医疗服务行业的整体门诊增长率。随着眼病种类的增多、潜在需求的释放、非基本医疗需求的增加,我国未来的眼科医疗市场发展潜力很大,完全能够在目前 200 亿元/年的规模上达成数倍的

---

[1] 除非特别注明,本案例数据均以 2009 年《爱尔眼科医院集团股份有限公司首次公开发行股票并在创业板上市招股说明书》为准。

增长（比如我国每年每百万人口的白内障手术数若达到印度目前的水平，则我国白内障诊疗市场的规模将提高 8 倍）。因此，我国眼科医疗行业是名副其实的"朝阳行业"。爱尔眼科所属行业为医疗行业中的眼科医疗服务细分行业，主营业务为向患者提供各种眼科疾病的诊断、治疗及医学验光配镜等眼科医疗服务。公司采取"三级连锁"的商业模式，通过下属各连锁眼科医院向眼病患者提供眼科医疗服务。公司在业内具有重要地位：

首先，公司是我国规模最大的眼科医疗机构之一。公司目前已在全国 12 个省（直辖市）设立了 20 家连锁眼科医院，2008 年的门诊量累计达 63.11 万人次，手术量为 6.64 万例，门诊量、手术量均处于全国同行业首位。其次，公司是国内发展速度最快的眼科医疗机构之一。公司通过"三级连锁"的商业模式得到快速有效地发展，整体规模和经营业绩均保持快速扩大和提升。2006～2008 年，公司的营业收入复合年增长率为 51.55%，营业利润复合年增长率为 101.31%，门诊量复合年增长率为 29.68%，手术量复合年增长率为 42.38%。2006 年 11 月，公司顺利通过了 IFC 的综合评估，获得其提供的长期融资，标志着公司的综合实力和发展前景获得了国际著名金融机构的认可。公司在 2008 年及 2009 年中国最具投资价值企业评选中，从全国近千家提名企业中脱颖而出，连续两年入选"清科——中国最具投资价值企业 50 强"。再次，公司是少数具有全国影响力的眼科医疗机构之一。公司依托人才、技术和管理等方面的优势，通过可靠的诊疗质量、良好的医疗服务和深入的市场推广，使得"爱尔"品牌的市场影响力和渗透力得到迅速提升，成为具有全国影响力的眼科品牌。2006 年 4 月，本公司被《人民日报·健康时报》评选为"全国最具实力特色眼科医院"。最后，公司是国内医师数量最多的眼科医疗机构之一。公司目前有医师 400 余名，其中高级职称医师 120 多名，包括一批博士生导师、硕士生导师、博士、博士后、欧美访问学者以及临床经验丰富的核心专家。实力雄厚、梯队合理的眼科医师团队为公司做强做大提供了可靠的保障。

（二）公司上市前的改制状况

2007 年 11 月 16 日，经 2007 年第十次股东会决议，爱尔眼科医院集团整体变更为股份有限公司，陈邦先生、李力先生、万伟先生、郭宏伟先生、林芳宇女士、深圳达晨财信和湖南爱尔投资签署了《发起人协议》，同意以各自在爱尔眼科医院集团所拥有的全部权益投入股份公司。根据武汉众环会计师事务所出具的众环审字（2007）735 号审计报告，截至 2007 年 9 月 30 日，爱尔眼科医院集团经审计的母公司净资产为 127 000 659.38 元人民币，按 1.27 000 659 38：1 的折股比例折成 10 000 万股，每股 1.00 元，余额 27 000 659.38 元计入资本公积。

本次整体变更后，公司名称变更为爱尔眼科医院集团股份有限公司，各发起人在股份公司中的持股比例不变。武汉众环会计师事务所出具众环验字（2007）100 号验资报告对股份公司整体变更的净资产折股进行了验证。

上述整体变更已经履行了相关的法律手续，并办理了相关的工商变更手续。2007 年 12 月 5 日，经国家工商行政管理总局授权，湖南省工商行政管理局向整体变更后的公司核发了注册号为 430 000 000 001 637 的《企业法人营业执照》，注册资本为 10 000 万元。改制后至成功上市前，爱尔眼科医院集团股份有限公司旗下拥有 1 家分公司和 20 家控股子公司（股东持股状况和母子公司关系详见下图所示）。

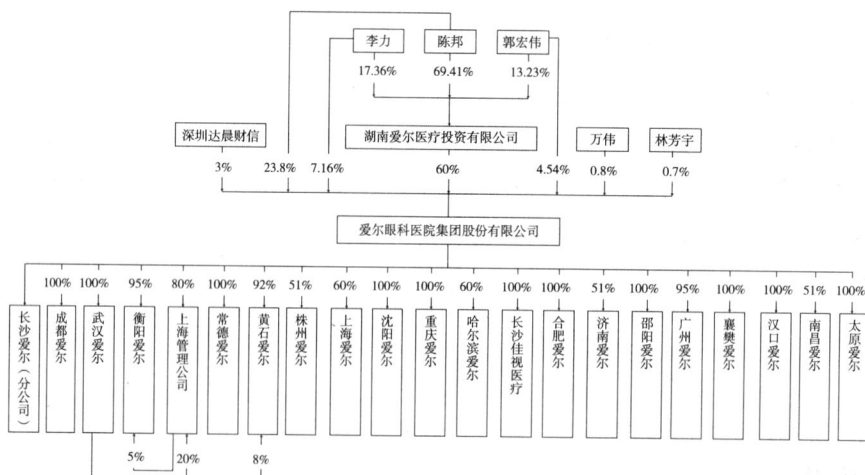

李力 17.36%　陈邦 69.41%　郭宏伟 13.23%

深圳达晨财信　湖南爱尔医疗投资有限公司　万伟　林芳宇

3%　23.8%　7.16%　60%　4.54%　0.8%　0.7%

爱尔眼科医院集团股份有限公司

100% 长沙爱尔（分公司）　100% 成都爱尔　95% 武汉爱尔　80% 衡阳爱尔　100% 上海管理公司　92% 常德爱尔　51% 黄石爱尔　60% 株州爱尔　100% 上海爱尔　60% 沈阳爱尔　100% 重庆爱尔　60% 哈尔滨爱尔　100% 长沙佳视医疗　51% 合肥爱尔　100% 济南爱尔　95% 邵阳爱尔　100% 广州爱尔　100% 襄樊爱尔　51% 汉口爱尔　100% 南昌爱尔　太原爱尔

5%　20%　8%

（三）公司主要竞争对手分析

1. 公立眼科医疗机构

公司的竞争对手主要为各连锁医院所在地具有一定影响力的公立眼科医疗机构，主要包括：复旦大学附属眼耳鼻喉医院、中山大学中山眼科中心、中南大学湘雅二院眼科、华中科技大学附属同济医院眼科、四川大学华西医院眼科、第三军医大学西南医院眼科和沈阳市第四医院眼科。根据发行人竞争对手的官方网站及管理层所掌握的行业信息，各竞争对手的基本情况如下：

（1）复旦大学附属眼耳鼻喉科医院。复旦大学附属眼耳鼻喉科医院成立于 1952 年 7 月 1 日，是一所集医疗、教学、科研为一体的上海市三级甲等专科医院，是上海市红十字医院，隶属于国家卫生部。眼科是国家教育部重点学科，并建有上海市眼科临床质量控制中心；是国家临床药物研究机构，也是上海市红十字会眼库常设机构，医院设有卫生部近视眼重点实验室。全院现有职工 742 名，其中医生 179 名、护士 242 名、医技人员 171 人。复旦大学附属眼耳鼻喉科医院眼科年门急诊量约 50 万，年住院病人约 2 万人次，年手术量超过 3.1 万。

（2）广州中山大学中山眼科中心。广州中山大学中山眼科中心是中山大学附属单位之一，占地面积 8900 多平方米，现有床位 317 张，在编人员 359 人。中山眼科中心眼科专业齐全，有 12 个专业科室和 12 个辅助科室；眼科研究所拥有 11 个专业实验室，开设黄斑病、小儿遗传眼病、葡萄膜炎病、隐形眼镜等临床专科；眼科视光学系设有 5 个实验室；该中心属下还设有防盲治盲办公室。中山眼科中心角膜移植、准分子激光角膜屈光矫正手术、角膜形态学、白内障的手术治疗、葡萄膜视网膜炎发病机制系列研究、青光眼和视网膜玻璃体疾病的诊治居国内领先地位，部分领域达国际先进水平。该中心是国内复杂疑难眼病的会诊和治疗中心之一。广州中山大学中山眼科中心 2008 年门诊量约 50 万人次；住院病人数为 23 177 人次；手术量突破 3 万例。

（3）中南大学湘雅二院眼科。中南大学湘雅二院眼科现有在职医生 34 人，护士 30 人，技术人员 7 人，有 99 张床位，设有青光眼、视网膜病、眼外伤、角膜病与眼表疾病、屈光与眼肌、色素层炎、白内障、眼病理等

8 个专业组，并分别开设了各专科疾病门诊。湘雅二医院眼科在临床医疗、教学、科研等方面均有较高水平，在中南地区有较大影响。每年门诊病人 9.5 万余人次，收治住院病人 5000 余人次，手术 5000 余台次，其中视网膜玻璃体年手术病人 2800 余人次。

（4）华中科技大学附属同济医院眼科。华中科技大学附属同济医院眼科开展多项临床工作，以白内障超声乳化术、视网膜玻璃体手术、青光眼及斜视弱视矫正治疗为主要特色，同时也开展眼部美容整形、泪道手术等一系列项目。该眼科目前主要的研究方向包括眼前段和眼后段。目前在职眼科医师 21 人，其中正副高级职称技术人员 8 人，中级职称技术人员 8 人。同济医院眼科 2008 年门诊量 8 万多人次。

（5）四川大学华西医院眼科。四川大学华西医院眼科是西南地区规模最大，集临床、教学、科研为一体的眼科中心，在国内眼科临床与科研领域处于先进水平，国内外享有较高的知名度。华西眼科目前有 128 张床位，20 个诊断室，60 多名在职职工，10 多名退休返聘教授，2008 年眼科门诊量约 14 万人次，住院病人 4000 多人次，手术 5000 多台。华西医院眼科具有深厚的学科建设历史和经验积累，医疗技术先进，可以施行当今国际上通行的各种眼科手术，包括白内障人工晶体植入、玻璃体视网膜手术、角膜屈光性手术、角膜移植、青光眼、眼肌、矫形、眼眶及视神经手术，并与国际同步，手术效果良好；在国内首先开展了光动力疗法治疗眼底病。

（6）重庆第三军医大学西南医院眼科。重庆第三军医大学西南医院眼科始建于 1929 年，1986 年被批准为眼科学硕士学位授予点，1998 年建立了西南地区第一个眼库，1999 年成立了重庆市眼底病研究所，2000 年获国家眼科学博士学位授权点。西南医院眼科现有博士生导师 2 名，硕士生导师 4 名，博士和硕士研究生 70 余名。西南医院眼科 2008 年门诊量约 7 万人次。

（7）沈阳市第四医院眼科。沈阳市第四医院眼科设有白内障、青光眼、眼外伤、玻璃体视网膜疾病、角膜病、视光学、准分子激光治疗等 7 个专业。该眼科每年收治住院病人 6000 余人次，开展各类手术 6400 余台次，每年开展诊疗新技术几十项，其中超声乳化小切口白内障摘除联合人工晶体植入术、剥切治疗复杂视网膜疾病、复杂性眼外伤、眼底病等已形成特色，非穿透性小梁切除联合透明质酸钠治疗顽固性青光眼等技术达到或接近国际水平。沈阳市第四医院眼科 2008 年门诊量约 20 万人次。

2. 中外合资合作眼科医疗机构和民营眼科医疗机构

发行人的主要竞争对手为上述公立眼科医疗机构。但各连锁医院所在地也存在少数民营或中外外资、合作眼科医疗机构。国内较有影响的中外合资合作眼科医疗机构是麦格集团国际公司和博爱医疗集团。而国内民营眼科医疗机构中具有一定规模者有普瑞医疗投资集团和艾格眼科集团。

（1）麦格集团国际公司。麦格集团国际公司自 1994 年成立至今，已经在成都、重庆、南充、天津、石家庄等地设立了 6 家眼科医疗机构（包括眼科中心、门诊部或诊所）。该集团在国内引进白内障超声乳化技术方面起步较早。

（2）博爱医疗集团。博爱医疗集团自 1995 年以来在北京、江西、河南和山东设有 4 家中外合作眼科中心（医院），主营业务为白内障超声乳化和准分子激光近视矫正项目。

（3）普瑞医疗投资集团。该集团创建于 2003 年，目前在兰州、成都、合肥、郑州、乌鲁木齐等城市开办了 6 家眼科医院，主营业务为白内障超声乳化和准分子激光近视矫正。

（4）艾格眼科集团。该集团现有两家眼科医疗机构，分别为 2003 年 8 月开业的武汉艾格眼科医院和 2007 年 8 月开业的郑州艾格眼科医院。与上述中外合资合作眼科医疗机构和民营眼科医疗机构相比，该公司在品牌影响力、业务规模、医师数量等方面具有优势。

（四）经营模式

公司采取了"三级连锁"商业模式（如下图所示），它是在传统商业连锁模式"统一形象、统一管理、统一采购、统一配送"的基础上，将公司控股的各连锁医院按照区位、技术、战略和资源整合能力的不同划分为三个不同的层级，其中公司把临床及科研能力最强的上海爱尔作为一级医院，定位为爱尔眼科的技术中心和疑难眼病患者的会诊中心，并对二级医院进行技术支持；把具有一定规模和较强临床能力、位于省会城市的连锁医院作为二级医院，定位为开展全眼科服务、代表省级水平的疑难眼病会诊中心，并对三级医院提供技术支持；把建立在地市级城市的医院作为三级医院，侧重于眼视光及常见眼科疾病的诊疗服务，疑难眼病患者可输送到上级医院就诊。这种模式，旨在以患者需求为中心，以整合资源为手段，以讲究公司整体运营能力为宗旨的商业模式与其他医疗机构和连锁业态相比，更利于资源配置的优化、品牌形象的提升和成本控制能力的增强。

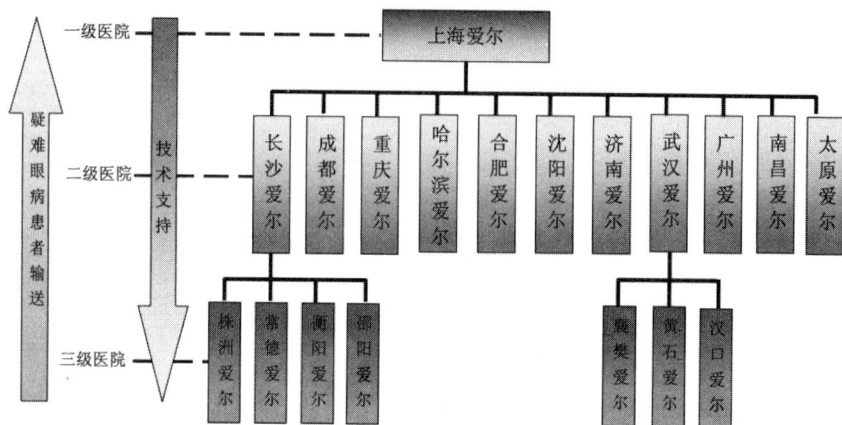

一级医院 —— 上海爱尔

二级医院 —— 技术支持 —— 长沙爱尔　成都爱尔　重庆爱尔　哈尔滨爱尔　合肥爱尔　沈阳爱尔　济南爱尔　武汉爱尔　广州爱尔　南昌爱尔　太原爱尔

三级医院 —— 株洲爱尔　常德爱尔　衡阳爱尔　邵阳爱尔　　襄樊爱尔　黄石爱尔　汉口爱尔

（疑难眼病患者输送）

（五）首发上市融资状况

2009 年，根据《中国证券监督管理委员会关于核准爱尔眼科医院集团股份有限公司首次公开发行股票并在创业板上市的批复》（证监许可〔2009〕1008 号），证监会批复了《爱尔眼科医院集团股份有限公司关于拟首次公开发行股票并在创业板上市的申请报告》（爱集〔2009〕018 号）及相关文件收悉。根据《公司法》、《证券法》和《首次公开发行股票并在创业板上市管理暂行办法》（证监会令第 61 号）等有关规定，核准爱尔眼科医院集团股份有限公司以每股 28.00 元的价格向社会公开发行 3350 万股新股，发行募集资金总额 93 800 万元，扣除各项发行费用 5602.35 万元后，募集资金净额为 88 197.65 万元。2009 年 10 月 30 日，爱尔眼科在深圳证券交易所正式挂牌上市（证券代码：300015），成为我国第一家 IPO 上市的医疗机构，也是深圳创业板第一批上市公司之一，又是国内首家荣获"驰名商标"的民营医院。

（六）问题思考

1. 公立医院与民营医院在医疗服务市场中是否存在公平的竞争环境？

2. 我国医疗机构分类管理制度主要存在哪些弊端？

3. 爱尔眼科在深圳创业板上市应当符合哪些法定条件？

4. 爱尔眼科的内部治理机构有什么特色？

5. 爱尔眼科经营中的医疗风险有哪些？

6. 如何评价爱尔眼科防范医疗风险的制度绩效？

二、案例分析

民营医院的发展既是我国医改的基本议题之一，又是关乎国家社会民生建设的一项重要工程。近年来，我国民营医院的发展出现了一些令人担忧的不确定性因素。在狭义上，我国民营医院是按照所有制划分的，是指相对于公立医院，经济类型为国有和集体以外的医院，包括独资私营、公私联营、股份制、股份合作制、港澳台投资和外国投资等以实施住院诊疗为主的医院，不包括个体诊所、门诊部、健康体检中心等医疗机构。我国民营医院起步于 20 世纪 80 年代，先后经历了起步成长、规模扩展、转型发展三个阶段。2000 年 2 月 16 日，国务院体改办等部门联合发布《关于城镇医药卫生体制改革的指导意见》，并陆续出台了 13 个配套文件，其中包括《关于城镇医疗机构分类管理的实施意见》、《关于医疗卫生机构有关税收政策的通知》、《关于改革医疗服务价格管理的意见》等，开启了我国医疗机构分类管理的制度先河。2001 年我国正式加入 WTO 之后，中外合资合作医院兴起。2003 年 CEPA（《内地与香港关于建立更紧密经贸关系安排》，Closer Economic Partnership Arrangement，简称 CEPA）以及 2010 年 ECFA（《海峡两岸经济合作框架协议》，Economic Cooperation Framework Agreement，简称 ECFA）的签订和实施，为港澳台投资者在大陆兴办的中外合资合作、独资医院进一步拓展了市场空间。尽管如此，民营医院与公立医院相比在行业待遇、税收待遇和竞争环境等方面仍存在着诸多差距。[1]2005 年以来，随着公立医院的公益性回归，清理经营性质的"院中院"迫使一些民营医院走自我发展道路，一些民营医院在转型过程中形成了独特的经营模式，在战略转型过程中由创业初期的"机会型成长模式"向"战略导向型成长模式"转变。本案中的爱尔眼科医院是中国第一家 IPO 上市的医疗机构，它是通过制度创新、技术创新和管理创新，获得融资成功并发展壮大的典型代表，其良好的内部治理结构、科学的医疗风险防范制度体系、灵活且富有弹性的薪酬激励机制设计等，为我们了解我国当代民营医院的运营、管理、融资等方面的法律问题提供了一个良好范本，更值得成长中的民营医院以及步入改制"深水区"的公立医院学习和借鉴。

三、学理探讨

（一）民营医院的法律地位

2000 年 2 月，国务院体改办、卫生部等 8 部门联合制定《关于城镇医药卫生体制改革的指导意见》，明确提出"建立新的医疗机构分类管理制度，将医疗机构分为非营利性和营利性两类进行管理"。2000 年 7 月，卫生部等 4 部门发布《关于城镇医疗机构分类管理的实施意见》，确定了非营利性医疗机构和营利性医疗机构的界定依据，以及医疗机构分类的核定程序，规定医疗机构按《医疗机构管理条例》进行设置审批、登记注册和校验，并明确指出，营利性医疗机构根据市场需求自主确定医疗服务项目。2001 年 9 月，卫生部等 4 部门发布了《关于城镇医疗机构分类管理若干问题的意见》，明确要求各地要创造公平有序的竞争环境，发挥民办非营利性医疗机构和营利性医疗机构在满足多层次医疗保健需求、调整医疗服务结构和体制创新方面的作用。实行卫生全行业管理，在机构和人员执业标准、医疗机构评审、人员职称评定和晋升、医疗保险定点机构资格、科研课题招标等方面，应同等对待非营利性医疗机构和营利性医疗机构。

---

[1] 例如，非营利性医院没有坚守非营利性底线，大处方、不合理检查、不合理用药、乱收费等违规现象时有发生，进而出现了"非营利性医院赢利，营利性医院不赢利"的现象。参见陈绍福、王培舟主编：《中国民营医院发展报告（1984~2012）》，社会科学文献出版社 2012 年版，第 16 页。

2005 年 2 月，《国务院关于鼓励支持和引导个体私营等非公有制经济发展的若干意见》第 1 条的规定："允许非公有资本进入社会事业领域。支持、引导和规范非公有资本投资教育、科研、卫生、文化、体育等社会事业的非营利性和营利性领域。"《湖南省人民政府关于鼓励支持和引导个体私营等非公有制经济发展的实施意见》[湘政发〔2005〕12 号]第 5 条："鼓励非公有资本投资医疗卫生领域。允许非公有资本采用多种形式参与基本医疗服务主体框架外的公立医疗机构的改制。鼓励非公有资本投资兴办各类医疗卫生机构。"

2007 年 10 月，党的十七大报告明确提出"实行政事分开、管办分开、医药分开、营利性和非营利性分开，强化政府责任和投入，完善国民健康政策，鼓励社会参与，建设覆盖城乡居民的公共卫生服务体系、医疗服务体系、医疗保障体系、药品供应保障体系"。

2009 年 4 月，中共中央颁布《中共中央国务院关于深化医药卫生体制改革的意见》，成为新医改的纲领性文件，提出建立符合我国国情的医药卫生体制，逐步实现人人享有基本医疗卫生服务的目标。根据中共中央文件精神，国务院随即发布了《医药卫生体制改革近期重点实施方案（2009~2011 年)》，明确 2009~2011 年重点抓的五项改革：加快推进基本医疗保障制度建设、初步建立国家基本药物制度、健全基层医疗卫生服务体系、促进基本公共卫生服务逐步均等化、推进公立医院改革试点。在新一轮医疗体制改革中，国家将进一步推动医疗卫生事业的发展，并加快形成多元办医格局。新医改方案再次明确指出："民营医院在医保定点、科研立项、职称评定和继续教育等方面，与公立医院享受同等待遇；对其在服务准入、监督管理等方面一视同仁。"

（二）营利性医院的公益性问题

吴敬琏先生认为，公益性主要包含两个方面的内涵：一是"非营利性"；二是"以促进公众福利为宗旨"。[1]"医疗事业的公益性"，就是指基本医疗服务的普遍可负担性和普遍可及性。"基本医疗服务"，就是在一定经济发展水平的条件下公立医疗保险（或基本医疗保障体系）所能保障

---

[1]　吴敬琏："公立医院公益性问题研究"，载《经济社会体制比较》2012 年第 4 期。

的医疗服务；"普遍可负担性"，就是指城乡居民不会因为家庭经济困难而无法接受基本医疗服务，也就是要解决"看病贵"的问题；"普遍可及性"，就是指城乡居民基本上能就近寻求基本医疗服务，也就是要缓解"看病难"的问题。[1]医疗卫生事业的发展必须强调公益性原则。但在探讨医疗服务公益性时，人们往往习惯于将公益性与特定的组织机构联系在一起，如公立医院、非营利医疗机构的公益性，而忽略了医疗服务本身的公益性，因此，在探讨如何解决这类问题时自然就会沿着如何使公立医疗机构体现公益性这一思路进行，甚至把公立医疗机构作为唯一能够为公民提供公益性医疗服务的机构，就造成了政府的财政资金只能投入到公立医疗机构的错误结论。公益性医疗服务的提供并不取决于医疗机构所有制的性质，而是取决于政府实行的公益性医疗服务的提供模式，即政府财政对医疗服务的补助形式和购买方式。从一些国家的经验看，为百姓购买医疗服务的结果导向投入模式要好于补助公立医疗机构的产出导向投入模式。在我国，政府对医疗服务机构性质的界定主要是看其所有制形式，而非国际通用的机构利润流向。这种界定方式使得公立医疗服务机构容易成为形式上的公益性医疗服务机构，而非必然提供公益性医疗服务的机构，也非实际意义上的非营利性医疗机构，目前国内公立性医疗机构的牟利动机问题已成为社会和政府关注的焦点问题之一。

从公共管理的角度来看，社会的产品大致可以分为公共品与私人品两类。其中公共品必须体现其公益性，包括：公共健康与福利项目、教育、道路、国家安全和国内安全、清洁环境等。通常，社会公共品的提供是政府的职责，私人品按照市场规则提供。就医疗服务行业而言，我国的政策导向是：坚持非营利性医疗机构为主体、营利性医疗机构为补充，公立医疗机构为主导、非公立医疗机构共同发展。我国医疗服务行业的社会公益性与赢利的关系主要表现在以下方面：

1. 医疗行业的公益性体现在基本医疗层面

在医疗服务中，基本医疗卫生服务是基础，在此之上衍生出非基本医

---

[1] 顾昕："如何实现医疗事业的公益性：五大具体目标和五大政策组合"，载《中国卫生资源》2011 年第 5 期。

疗服务。其中基本医疗服务属于公共品范畴，需要体现公益性，而非基本医疗服务则属于私人品范畴。因此，并非所有的医疗行为都具备公益性。在基本医疗卫生服务层面，医疗机构不同于其他企业，不能把经济效益最大化作为唯一的经营目标，应该通过按照国家指导价格合理收费、承担国家疾病救治任务等方式来体现其公益性。

2. "营利、非营利"与是否赢利没有必然联系

"营利、非营利"是就医疗机构的性质与目标而言的，是否赢利是就医疗机构的经营结果而言的。从经济学角度来看，营利性与非营利性的区别在于经营所获利润的用途不同：营利性机构可将利润用于分红，而非营利性机构必须将利润用于本机构的再投入。从经营结果来看，非营利性医疗机构只要注重经营管理和提高效率，同样能带来盈余（或利润）。因此，非营利性机构并不代表它没有利润、不赚钱；营利性机构也不代表它有利润、一定赚钱。

3. 公益与赢利的关系

任何行业都有它的公益前提（诚信、正直、环保等），虽然这些公益性的前提会增加企业的经营成本，但这些并不妨碍企业赢利。事实证明，只有注重公益的企业才可以持续发展。

从某种意义来说，公益既是医疗机构的责任，也是一种自身发展的优化手段。医疗机构通过公益性行为得到社会认可，品牌形象与综合竞争力都将得到提升，也就更容易获得回报。因此，医疗的公益性并不妨碍医疗机构赢利，相反它是推动医疗机构长远发展的动力、是医疗机构可持续发展的必要因素。作为医疗机构，应该在基本医疗方面体现其公益性，通过规范经营、合理收费来解决老百姓"看病贵"的问题，积极承担国家的医疗救治任务，并通过提高效率、降低成本来取得利润空间；同时在非基本医疗服务方面体现市场化，根据患者需求设定服务项目与收费标准，通过差异化服务来获取利润。

（三）营利性医院的财税待遇问题

根据税法及财政部、国家税务总局《关于医疗卫生机构有关税收政策的通知》，对非营利性医疗机构按照国家规定的价格取得的医疗服务收入免征营业税和企业所得税。营利性医疗机构照章纳税，其主要税种包括营

业税和企业所得税。①财政部、国家税务总局《关于医疗卫生机构有关税收政策的通知》规定，营利性医疗机构取得的医疗收入，若直接用于改善医疗卫生条件的，自其取得执业登记之日起 3 年内免征营业税，3 年免税期满后恢复征税。2009 年 5 月，财政部、国家税务总局发布了《关于公布若干废止和失效的营业税规范性文件的通知》（财税〔2009〕61 号）文，该文第 2 条第 9 款废止了财政部、国家税务总局《关于医疗卫生机构有关税收政策的通知》有关营业税的规定；②根据 2008 年 1 月 1 日开始施行的《中华人民共和国企业所得税法》的规定，企业所得税税率由原来的 33% 降为 25%，并扩大了税前扣除标准，如取消了计税工资制度，对企业真实合理工资支出实行据实扣除，同时还提高了广告费的税前扣除比例（从以前的营业收入的 2% 提高到目前的 15%）等。因此报告期[1]内，营利性医疗机构的税负水平一般呈下降趋势。然而，与公立医院相比，爱尔眼科仍然难以实现与其公平竞争（财税管理差别待遇详见下表）。

内容	政府举办的非营利性医院	其他非营利性医院	营利性医院	法律依据
一般规定	享受税收优惠	享受税收优惠	照章纳税	《关于城镇医疗机构分类管理的实施意见》
医疗服务收入	按照国家定价取得的收入，免征各项税收。不按照国家定价取得的收入不得享受免税	按照国家定价取得的收入，免征各项税收。不按照国家定价取得的收入不得享受免税	应按规定征收各项税收，但直接用于改善医疗卫生服务条件的部分，自取得执业登记 3 年内免征营业税。自 2009 年其部分地区对营利性医疗机构免征营业税	《关于医疗卫生机构有关税收政策的通知》、《营业税暂行条例》

---

[1] 本案例中的报告期，是指 2006 年至 2009 年 6 月。

内容	政府举办的非营利性医院	其他非营利性医院	营利性医院	法律依据
非医疗服务取得的收入	应按规定征收各项税收，但直接用于改善医疗卫生服务条件的部分，经税务部门审核批准可抵扣其应纳税所得额，就其余额征收企业所得税	应按规定征收各项税收，但直接用于改善医疗卫生服务条件的部分，经税务部门审核批准可抵扣其应纳税所得额，就其余额征收企业所得税	未规定	《关于医疗卫生机构有关税收政策的通知》
自产、自用的制剂	免征增值税	免征增值税	直接用于改善医疗卫生服务条件的部分，自取得执业登记3年内免征增值税	《关于医疗卫生机构有关税收政策的通知》
自用的房产、土地、车船	免征房产税、城镇土地使用税和车船使用税	免征房产税、城镇土地使用税和车船使用税	直接用于改善医疗卫生服务条件的部分，自取得执业登记3年内免征房产税、城镇土地使用税和车船使用税	《关于医疗卫生机构有关税收政策的通知》

（四）医疗风险及其制度应对

1. 主要医疗风险

在爱尔眼科披露的《招股说明书》中，公司认为在临床医学上，由于存在着医学认知局限、患者个体差异、疾病情况不同、医生素质差异、医院条件限制等诸多因素的影响，各类诊疗行为均不可避免地存在着程度不一的风险。作为医学的一个重要分支，眼科医疗服务同样存在着风险，医疗事故和差错无法完全杜绝。就眼科手术而言，尽管大多数手术操作是在显微镜下完成且手术切口极小，但由于眼球的结构精细，组织脆弱，并且眼科手术质量的好坏将受到医师素质、诊疗设备、质量控制水平等多种因素的影响，因此眼科医疗机构不可避免地存在一定的医疗风险。眼科医疗风险主要来自两方面：一方面是由于医疗机构及其医务人员在医疗活动中，违反医疗卫生管理法律、行政法规、部门规章和诊疗护理规范、常规导致医疗过失所致；另一方面并非诊疗行为本身存在过失，而是由于其他不可抗、不可预测原因（如药物过敏）所致，或在诊疗后患者出现目前行业技术条件下难以避免的并发症，其中以手术后并发症为主。常见的主要眼科手术后风险如下：

手术类别	可能出现的术后风险
准分子手术	角膜感染、欠矫或过矫、角膜瓣不规则、继发性圆锥角膜等
白内障手术	角膜水肿或失代偿、感染、人工晶体前移等
眼底病手术	术后出血、视网膜脱离、角膜内皮失代偿、眼压高等
青光眼	视力不提高或丧失、术后前房不能形成等

公司决策层认为，国家对于医疗服务行业设置了较为严格的市场准入制度，并对违法、违规设立医疗机构、违法经营医疗业务规定了较为严厉的法律制裁措施。国家对医疗服务行业实施严格监管，并对医疗服务质量有一系列的严格要求和具体标准，如《卫生部关于加强医疗质量管理的通知》、《医疗事故处理条例》、《医疗机构病历管理规定》、《病历书写基本规范（试行）》、《重大医疗过失行为和医疗事故报告制度的规定》、《处方管理办法》、《医院管理评价指南（2008 版）》等，进一步完善了医院管理评价指标体系，成为我国医疗质量保障与持续改进体系的重要组成部分。因此，作为整个医疗行业的一个重要组成部分，公司在设立眼科医疗机

构、从事眼科专业服务等方面，均严格遵守相关法律、法规的规定，并严格遵守国家就医疗服务质量监管所颁布的一系列规章、制度或标准，否则将面临相关的法律风险。对此，爱尔眼科的主要措施如下：

（1）严格执行国家和行业的诊疗指南、操作规范和护理规范。同时，不断完善医疗质量控制体系，通过公司医护管理部督促各项流程、标准和规范的严格执行。

（2）通过建立技术培训基地，完善业务培训体系，来加强医师队伍的业务技能培训，提高医护人员的诊疗和护理水准。

（3）严格执行查对制度和交接班制度，预防、杜绝差错事故的发生。

（4）加强医护人员的职业操守教育和服务沟通能力培训，不断提高医护人员的责任心，增进与患者的沟通与交流。

（5）严格规范病历书写与规范，认真履行告知义务和必要手续。

（6）配置各种尖端眼科诊疗设备以确保诊断的准确率和治疗的有效率。

由于采取了行之有效的防范措施，报告期内，公司的临床诊断符合率、入出院诊断符合率、手术前后诊断符合率、清洁手术切口甲级愈合率、清洁手术切口感染率、麻醉死亡率等各项临床质量指标，均符合国家卫生部颁发的《医院管理评价指南（2008 年版）》对三级综合医院的要求。报告期内，公司的医疗事故和差错发生率一直控制在行业内较低水平，且未发生过对公司产生较大不利影响的医疗事故。同时，为进一步降低医疗事故和纠纷对公司经营的影响，自 2007 年 2 月开始，公司所属医院均投保了医疗责任保险。2006 年、2007 年、2008 年、2009 年 1～6 月，扣除保险公司对公司的赔付款后，公司医疗事故和医疗纠纷的实际赔偿款支出分别为 238 660.00 元、116 532.00 元、92 070.40 元和 98 249.60 元，分别占当期营业收入的 0.12%、0.04%、0.02% 和 0.04%。报告期内，医疗风险对公司收入和利润的影响较小，未对公司的持续经营产生重大不利影响。

2. 与医疗风险治理有关的制度建构

公司把医疗质量管理视为生存发展的生命线，在经营过程中全面树立质量意识、严抓质量控制工作，从基础质量、环节质量到终末质量，都建立了完善的质量控制系统。

（1）医疗质量管理的组织结构。公司实行纵向、横向相结合的管理模式，有效地保证了医疗质量（详见下图所示）。纵向上，公司通过学术与行政两方面对质量实施控制与管理。一方面，设立学术委员会，并按病种设置各专业学组，负责制定本专业的质量标准和组织本专业的疑难病例的会诊与处置，从技术层面保障医疗质量。另一方面，公司总部在行政配置上安排专门负责医疗业务的副总经理（眼科专家），负责医疗业务质量的规划与管理；设置医护管理部，负责制定各项医疗管理制度，承担对各医院医疗质量的监督、检查和管理任务，并承办学术委员会的日常事务。横向上，各医院配置眼科专家担任业务院长，设置医务部、护理部，负责管理医院的业务工作。在业务管理上，实行按病种建科，推行精细化管理，通过院科二级管理体制的推行，构建医院"三级质量控制体系"（医院质量控制、科室质量控制、个人质量控制），保障医院的医疗质量得以有效控制。

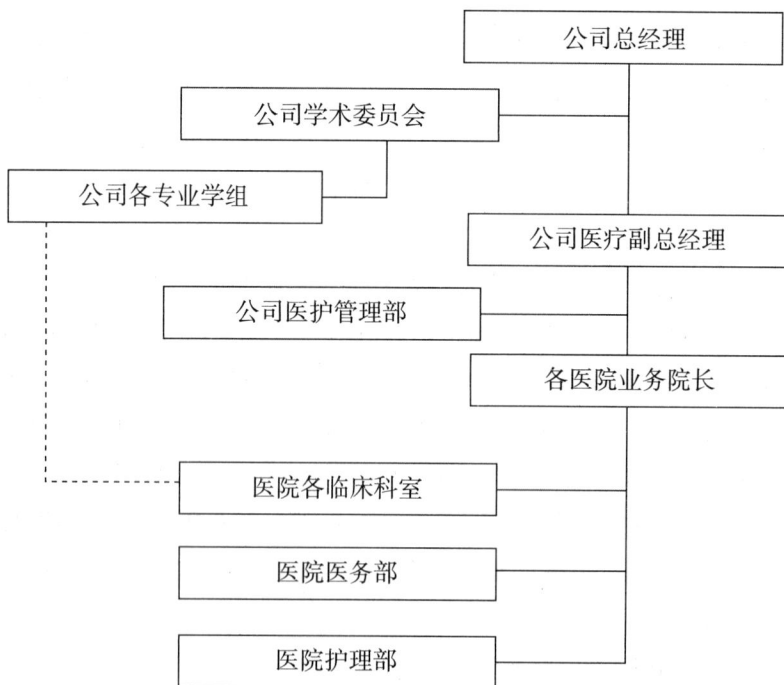

（2）医疗管理制度。公司根据卫生主管部门的要求，建立健全各项医疗质量的规章制度和技术规范，如《集团医疗质量控制办法》、《集团各级医师手术培训目标及手术权限规范》、《集团医疗争议事件报告制度》、《集团防范处置医疗事故办法（暂行）》等。同时，严格执行各种诊疗规范和护理常规，做到合理检查、合理用药、因病施治，使医务人员的临床诊断、治疗和护理行为做到科学化、规范化和标准化，并严格预防和控制医院感染，以确保医疗安全。同时，公司根据实际情况，有针对性地制定了一系列符合自身特点的业务管理规范，如《集团专业学组管理办法》、《集团医院间病员转诊办法（试行）》、《集团医师外出会诊管理办法》等，使各亚专科的业务规范以及各连锁医院在转诊、会诊方面的医疗质量得到有效的监控。

（3）质量控制措施。公司质量控制的主要措施包括三个方面：一是每家连锁医院均设置了医务部、护理部，并均配备了有一定专业理论基础和临床实践经验、熟悉医疗规范、责任心强的质量管理员，承担院级质量控制；二是全面推行"三级质量控制体系"，制定了质量控制与考核指标；三是公司总部在所有连锁医院全面推行质量认证体系，并进行经常性的医疗质量管理情况的检查。为了有效保障眼科手术质量的稳定性和同一性，发行人采取了针对性的措施：在既有的医疗质量控制体系的基础上，从总部和医院两个层面进行手术质量的控制：公司总部负责督促各医院严格执行国家卫生主管部门的各项规章制度以及公司的各项医疗管理制度，通过定期的医疗质量报表、手术质量抽查、组织疑难手术讨论等方式，对各连锁医院的手术质量进行有效监控；各连锁医院负责落实手术质量控制工作，严格执行国家卫生部门、行业学会制订的各项技术制度、规范和标准，有效落实公司总部制定的各项管理制度，并通过"三级质量控制体系"，制定本院各项质量控制与考核指标，落实到科室和个人，使医院的手术质量得到有效保障。

通过设定医师手术权限、促进疑难手术病例的会诊或转诊等办法，有效降低手术风险、提高手术质量，保障了眼科手术的稳定性。发行人严格执行《手术分级制度》，定期对医师的手术技能水平进行评估，根据手术医师的技能水平授予手术权限，杜绝越权手术；严格执行《术前讨论制度》，对于疑难手术，组织术前的院内讨论，或通过公司学术委员会专业学组来组织疑难病例的会诊。并通过《集团医院间病员转诊办法（试行)》，督促公司下级医院将疑难手术病例向上级医院转诊。这些举措，使疑难手术的质量得到了有效的保障。

采取统一手术操作标准、统一手术医师培训等办法，有效地保障了系统内眼科手术的标准与规范的统一，有效保障了眼科手术的同一性。公司各连锁医院统一严格执行国家卫生部委托中华医学会编纂的《临床技术操作规范：眼科学分册》和《临床诊疗指南：眼科学分册》，使各连锁医院手术医师的技术操作行为做到科学化、规范化和标准化；公司通过《集团专业学组管理办法》、《专业培训基地管理办法》等制度，充分发挥了公司学术委员会各专业学组的技术带头作用，设立了若干专业基地开展系统内部的手术医师培训，确保培训出来的医师在眼科手术操作方面的规范统一。

（4）医疗纠纷、事故的防范与处理。首先，医疗纠纷、事故的防范处理体系。发行人坚持全面质量管理，通过一系列的内控程序，有效地防范和减少医疗纠纷或事故的发生。①发行人建立了完善的医疗质量管理架构，明确了总部、医院和个人三个层面的职责范围，特别是在医院层面构建了完善的"三级质量控制体系"，形成了全方位医疗纠纷防范控制系统。②通过严格执行国家卫生主管部门的各项操作规范以及行业标准，使医务人员的临床操作规范化、标准化。③各连锁医院实施全流程风险控制，切实落实各项医疗管理制度。在切实执行卫生主管部门制度的基础上，针对医师手术权限、患者知情权落实、医师会诊、病员内部转诊、医院感染等容易出现医疗纠纷或事故的环节，制定专门的规章制度，并实行总部巡检和医院自检相结合的检查制度，消除潜在的风险隐患。④对已经发生的医疗纠纷或事故，医院本着"四不放过"的原则处理：原因未查清不放过；当事人没有受到教育不放过；责任人未受到处理不放过；没有制定切实可行的预防措施不放过。有效地防止了医疗纠纷或事故的再次发生。实践表明，发行人的内部控制程序有效地避免和减少了医疗纠纷或事故的发生，公司历年的医疗事故和差错发生率一直处于同行业较低的水平，各家医院的入出院诊断符合率、手术前后诊断符合率、处方合格率等指标均明显优于三级综合医院的评价指标参考值（卫生部《医院管理评价指南（2008版）》）。

其次，应对未来突发的、重大不确定性的医疗事故的措施。为应对未来突发的、重大不确定性的医疗事故和医疗纠纷对公司经营的影响，公司在严抓质量管理、加强公共关系建设等预防措施的基础上，自2007年2月起为所有下属各连锁医院投保了医疗责任保险。公司参照国际标准，设定的年度医疗责任保险累计赔偿限额高达400万元，将诉讼或协商解决的医疗纠纷赔偿全部纳入承保范围，并自动承保各家新建医院，起到了有效的保障作用。若一旦出现突发的、重大不确定性的医疗纠纷或事故，公司将紧急成立专项小组，牢牢把握住风险事件的出现、传播、化解、提升四个阶段，积极、妥善地进行处理：一是及时向卫生主管部门汇报，在主管部门及相关部门的指导下处理纠纷或事故；二是及时查清问题原因，积极与事件的相关者（患者、保险公司等）沟通，以最快的速度妥善解决或实施补救；三是做好与媒体的沟通工作，对不良信息实施监控并实行统一发言人制，避免错误信息的不当传播；四是积极整改、亡羊补牢。这些举措，将能够有效地避免将个体事件演化为整体事件，并将事件的不良影响降至最低限度。

（5）公司及下属医院在报告期内发生的医疗事故和医疗纠纷情况。

首先，报告期内已解决的医疗事故和医疗纠纷情况。

单位	2006年		2007年		2008年		2009年1~6月	
	医疗纠纷及事故次数	赔偿金额（元）	医疗纠纷及事故次数	赔偿金额（元）	医疗纠纷及事故次数	赔偿金额（元）	医疗纠纷及事故次数	赔偿金额（元）
长沙爱尔	3	158 000	2	13 400	2	15 100	3	11,153,60
武汉爱尔	4	51 100	4	130 493	3	44 500		
沈阳爱尔	0	—	1	25 000	2	8000	1	3540
成都爱尔	2	12 500	2	5673	1	6500	2	117 600
上海爱尔	0	—	0		3	55 744	0	—
合肥爱尔	0	—	0			2300	0	—

单位	2006 年		2007 年		2008 年		2009 年 1~6 月	
	医疗纠纷及事故次数	赔偿金额（元）	医疗纠纷及事故次数	赔偿金额（元）	医疗纠纷及事故次数	赔偿金额（元）	医疗纠纷及事故次数	赔偿金额（元）
常德爱尔	1	10 060	1	1266	1	20 500	0	—
衡阳爱尔	1	3000	1	1700	1	800	1	1,656
黄石爱尔	1	4000	1	4000	5	52 263.4	0	—
合计	12	238 660	12	181 532	19	205 707.4	7	133 949.60
保险公司赔付	—	—	—	65 000	—	112 800	—	35 700.00
公司实际支出	—	238 660	—	116 532	—	92 907.4	—	98 249.60
公司赔付额占当期收入的比重	—	0.12%	—	0.04%	—	0.02%	—	0.04%

其次，截至报告期末，发行人及其子（分）公司已发生未解决的医疗事故和医疗纠纷共 7 例。

最后，报告期内对发行人产生较大影响的医疗事故和医疗纠纷情况。由于发行人具备较为完善的医疗质量控制程序和风险防范措施，在报告期内发生的医疗事故或纠纷的赔付金额较小。上市保荐人和发行人律师经核查认为，报告期内，发行人不存在应披露未披露对其产生较大影响的医疗事故和医疗纠纷。发行人及其子（分）公司在报告期限内发生的医疗事故或纠纷的赔付金额较小，对发行人的生产经营影响较小。

3. 服务质量管理的监督与控制

对于医疗机构而言，医疗质量是根本，服务质量是关键。该公司在确保医疗质量的同时，注重服务质量的不断提高。为患者提供优质服务的能力已经成为公司的核心竞争力之一。

（1）服务质量管理体系。公司在医疗规范的基础上结合自身特点，制定了统一的患者服务流程和服务标准，对服务的岗位职责、服务设施、服务技能、接待程序、规范动作、保洁规范等做出了具体的管理要求。公司下属各连锁医院均成立了服务领导小组，负责医院整体服务质量的改进；医院市场部客户服务组负责医院服务流程、服务质量的检查监督和反馈指导工作。

（2）服务质量控制措施。①各医院推行了总值班制度，及时处理患者在医院遇到的各种问题；②将医院的服务承诺进行公示，并公布投诉电话；对顾客投诉设专人督办、24 小时内回复，使投诉解决率达 100%；③市场部客户服务组每周通报服务质量，不断地促进和改善服务质量；④定期进行院内患者的满意度调查；⑤各医院通过考试、演讲、竞赛、培训等活动，强化员工的医疗服务意识，提高实际操作水平和技能；⑥配置VIP 客户经理，主要针对不同需求的中高端客户提供满意的增值服务。根据市场部跟踪调查统计，公司下属各医院在服务方面均获得了较好的市场口碑，公司整体患者满意度达 95% 以上、年度患者投诉率低于 0.05%。

（3）创新服务方式。公司各连锁医院贯彻落实公司的总体服务要求，不断创新服务方式，为不同层次的眼病患者提供多层次的服务方式：如开设夜间门诊、VIP 医疗服务通道、生命阳光预约挂号系统、网上手术预约、网上求医、门诊一站式服务、对特殊病患上门服务、成立患者俱乐部等。此外，公司还注重术后患者回访、患者节假日亲情慰问回访等。

（五）团队策略与股权激励机制

爱尔眼科的人才策略很有冲击力，近年来很多国内一流的眼科专家纷纷加盟。爱尔眼科的核心技术人员为林丁、盛耀华、李绍伟（该三人的职称、成果、荣誉详见下表）、孙同、刘汉生、方学军，该 6 人均就职于下属各连锁医院，均与公司总部或公司下属各连锁医院签订了劳动合同，均为公司的全职员工，列入公司员工名册。目前在公司的高端人才中，仅有上海爱尔国际院长王明旭教授属于外聘性质，未列入公司员工名册。王明旭教授为前美国 FDA 组织眼科器械评审委员、国际知名眼科屈光专家，公司出于提高学术影响力、搭建国际平台的考虑，聘请其为上海爱尔的国际顾问，授予其上海爱尔国际院长的名誉称号。目前，公司对核心医疗人员的薪酬采用年薪制。除薪酬以外，公司通过建立相关的激励机制，促进和提高核心医疗人员在学术、科研与临床等方面的同步发展。

姓名	职称	重要科研成果	所获荣誉
林丁	主任医师	先后获得全国中青年优秀论文奖及北京市卫生局优秀论文奖,在杂志及学术会议上发表论文30余篇;参加著作编写4部,获湖南省科技进步二等奖、北京市科技进步三等奖及北京市卫生局二等奖等多种奖励。	曾担任首都医科大学附属北京同仁医院眼科行政副主任。入选为北京市科技新星,北京2-10-20人才工程及北京市跨世纪优秀人才基金。
盛耀华	主任医师	长期从事眼科学的医疗、教学、科研工作,已有30余年的临床实践。已完成2万余例白内障和各类青光眼手术,达到国内领先水平。对各类并发性白内障和先天性白内障的处理有丰富的经验。	现任中华眼科学会常委、上海市眼科学会主任委员、白内障屈光手术学组组长、美国眼科学会会员、美国白内障屈光手术学会会员。
李绍伟	主任医师	后发表论文70条篇,参编专著3部,承担国家省级部级等课题12次,并获省级奖励9项。多年来一直从事角膜病、白内障的临床和基础研究,完成各类角膜移植超过千例。	中华眼科学会第八届青年委员、全国白内障学组委员、山东省眼科学会委员、重庆市眼科学会眼表疾病组委员。

2011年4月26日,爱尔眼科公告称:拟向激励对象授予900万份股票期权,约占本激励计划签署时公司总股本的3.37%,行权价格为41.58元。本次股权激励对象为公司董事、高级管理人员、核心管理人员等193人,共计授予627.92万份期权。其中总裁李力为100万份,副总裁郭宏伟80万份,财务总监韩忠52.08万份。该激励计划的有效期自首次股票期权授权之日起计算,最长不超过7年。该计划授予的股票期权自本期激励计划授予日起满12个月后,激励对象应在未来72个月内分6期行权。股权激励行权的条件是,以2010年净利润为基数,2011~2016年相对于2010年的净利润增长率分别不低于20%、40%、65%、90%、110%、140%;

2011~2013 年和 2014~2016 年的净资产收益率分别不低于 9.6% 和 10%。该激励计划首次授予的股票期权的行权价格为 41.58 元。爱尔眼科股票期权有效期内发生资本公积转增股本、派发股票红利、股份拆细或缩股、配股、派息等事宜，行权价格将做相应的调整。爱尔眼科股票期权有效期内发生资本公积转增股本、派发股票红利、股份拆细或缩股、配股等事宜，股票期权数量及所涉及的标的股票总数将做相应的调整。[1]

一年之后，2012 年 10 月 17 日，爱尔眼科再次公布限制性股票激励计划草案，拟向激励对象授予限制性股票 625 万股，约占激励计划签署时公司股本总额 42 720 万股的 1.46%。其中，首次授予 562.5 万股，授予价 8.68 元/股，为近 20 日均价的 50%；预留 62.5 万股，在未来一年内授予新引进及晋升的中高级人才。这是爱尔眼科推出的第二期股权激励计划。

此次激励方案和前期方案相比有所差别。随着连锁医院的增加，本期激励对象范围有所扩大，激励计划共涉及 258 人，比首期激励的 198 人增加 60 人。同时，从计划授予股权的分配数量看，本期股票激励显著倾向于经营管理骨干人员及核心技术人员，占授予总量的比例从首期的 69.77% 提高到 93.73%（含预留股份）。同时，本期股权激励的业绩门槛比上期有较大提高。根据计划草案，授予股份的解锁条件是：对应 2012 年净利润基数，2013~2015 年利润增速下限为 20%、40% 和 65%，净资产收益率均不低于 10%。即使按照 2012 年净利润同比增长 10% 估算，在增加 2000 余万激励成本的情况下，公司 2013~2015 年净利润总额将达到 8.13 亿元，比首期激励同期净利润总额增加 20%。一位专业分析人士认为，虽然今年爱尔眼科的准分子业务受到一定影响，但恢复速度好于行业水平，同时其他业务增速较快。在人才优势不断加强的情况下，公司突破了连锁发展的一个主要瓶颈，设定的股票解锁条件虽然有一定挑战性，但估计达标的难度并不太大，这可能就是公司主动提高业绩门槛的底气所在。[2]

更值得一提的是，2014 年 4 月 8 日晚间，爱尔眼科发布公告，首创实

---

〔1〕 参见刘宝强："爱尔眼科拟股权激励授予 900 万份期权"，载《第一财经日报》2011 年 4 月 26 日。

〔2〕 参见赵碧君："爱尔眼科再推股权激励计划"，载《上海证券报》2012 年 10 月 18 日。

施医疗行业"合伙人计划"。所谓"合伙人计划"是指符合一定资格的核心技术人才与核心管理人才,作为合伙人股东与爱尔眼科共同投资设立新医院。在新医院达到一定盈利水平后,爱尔眼科将通过发行股份、支付现金或两者结合等方式,以公允价格收购合伙人持有的医院股权。鼓励核心人员参股新医院,一方面是在公司股权激励的基础上实现点对点的激励,更有利于缩短新医院培育期。同时,通过发行上市公司股份或支付现金的方式退出,使合伙人创造分享新医院和公司的成果,优化医生的执业生态环境。另一方面,通过与时俱进的制度创新,使核心人才成为股东合伙人、事业合伙人,践行共创共享的爱尔文化,最终有利于百姓就医、企业增长和员工发展,实现多方共赢。"合伙人计划"是以股权为纽带、以长期激励为导向,可以从根本上激发核心骨干团队的能动性,使大量新医院尽早盈利。可以预见,"合伙人计划"并与公司及爱尔并购基金联合实施,有利于公司更快完成地级市以及县的网点布局,使爱尔眼科医院深深扎根于基层。[1]

结 语

近年来,国家推出了一系列鼓励民营医院发展的政策和措施,引发业内人士的广泛关注。如何扶植、促进民营医院的健康发展,必须从政策、特别是法律制度上关注两者待遇的差异及其变迁。"市场竞争是残酷的,市场经济是不相信眼泪的,适者生存。"民营医院的发展实践表明,制度创新、技术创新、管理创新、服务创新必须以法制化的医疗市场制度、证券市场制度为基础框架。爱尔眼科医院的发展里程再次表明,从上市前的改制重组、上市后的激励机制设计、医疗风险的防范、内部控制的规范化以及外部并购扩张的实施等等,都需要接受证券市场法则的规制,强化信息披露,在企业不断扩张、获得核心竞争力的同时,进一步获得病人、同行及社会公众的认可,获得稳健的发展。虽然,我国政策导向的一般通说认为,坚持非营利性医疗机构为主体、营利性医疗机构为补充,公立医疗

---

〔1〕 参见李清理:"爱尔眼科首创医疗行业'合伙人计划'",载《中国证券报》2014 年 4 月 9 日。

机构为主导、非公立医疗机构共同发展。然而，相比公立医院而言，民营医院的体制性束缚比较少，更有着借助市场运作实施商业模式创新的先天优势，在制度创新等方面相对公立医院形成了明显的比较优势和制度先进性，从这个意义上讲，民营医院的蓬勃发展或许将产生倒逼公立医院改革的"鲶鱼效应"。

医疗保险中异地安置就医问题分析

孙文莺歌

医疗保险作为人们生病或受到伤害后，由国家或社会给予的一种物质帮助，即提供医疗服务或经济补偿的一种社会保障制度，是国家应该公平地为每一位公民提供的社会福利中的重要部分。但随着人口流动性的增强，参保人员异地就医情况越来越多，其所面临的就医难题也越来越突出，并逐渐成为社会关注的热点问题。异地安置就医作为异地就医行为中的一种情况，作为退休参保人员的一种跨统筹区域的就医行为，由于其混乱的现行规定，给异地安置人员就医行为带来了很大的不便，严重侵犯了公民的权利。因此如何完善异地安置就医医疗保险制度的工作任重而道远，具有紧迫性、艰巨性和长期性。

一、案例介绍

案例 1：某女，湘潭市退休后异地安置病人，因脑出血在某二甲医院住院，发生医疗费用 23 000 多元，长期在监护室应用各种心电监护及多种辅助治疗。出院结算时提供的清单上显示，医院收取了心电监护费同时收取了动态血压测定费，在行脑脊液置换同时收取腰穿费。后此事经电话与该院医保办联系，退还病人过度监护和乱收费 2000 多元。

案例 2：某男，因血吸虫性肝硬化在某血防所医院住院两月，共发生费用 20 000 余元。审核时发现床位费、各种治疗费皆明显超物价标准，药费清单上数量明显多于医嘱数量，且治疗方案两月几乎未更改等。经书面提出上述问题，医院承认错误并退回9000多元。

根据《社会保险法》第1条之规定，公民享有参加社会保险和享受社会保险待遇的合法权益，根据这一条公民被国家赋予了平等的医疗保险权利，同时医疗保险相关利益也受国家的保护。医疗保险权利的维护涉及范围广泛，医疗机构作为医疗服务的提供者受医疗保险相关部门的监督，参保人的整个医疗活动以及费用交纳和使用的情况同时受到监督，因此医疗保险监管领域涉及范围宽广，任务艰巨。由于监管困难外加监管水平和力度的限制，在异地就医病人采用现金支付，缺少医保的监管的情况下，医疗机构出于经济利益，过度医疗行为较为普遍，违规收费屡见不鲜。对一些经济条件好的转外就医病人，往往提出一些较高的消费需求，而在缺少医保监管的情况下，医务人员更易迎合病人的这种需求，甚至为了留住病人，相与勾结，采用将自付费用转为三个目录内项目，从而产生了过度医疗费用，损害了病人利益，为国家医疗保险基金的统筹增加了困难。同时，由于我国过低的统筹层次，致使异地就医相关规定繁多，各统筹地区规定各不相同，导致了有些病人的医疗项目不能够被平等地对待，很多都排除在可报销名目之外，这大大的侵害了病人享受医疗保险的权利。

二、我国在异地安置就医方面的规定

我国社会保险立法缺乏全面规划，整体呈现规则分散、效力低、规范性弱的特点。目前，我国于2010年颁布的《社会保险法》是我国的社会保障法体系中的核心法律，根据该法律的授权，国务院社会保险行政部门、国务院其他有关部门在各自的职责范围内对社会保险有关事务进行管理，各统筹地区对各自行政区域内的社会保险事务进行规范，所以我国异地安置就医的相关规定，主要分散在部门规章和地方性法规中。

（一）各统筹地区人力资源和社会保障部门是我国异地安置就医的管理机构

根据《社会保险法》第7条的规定，县级以上地方人民政府社会保险行政部门负责本行政区域的社会保险管理工作，县级以上地方人民政府其他有关部门在各自的职责范围内负责有关的社会保险工作。各统筹地区人力资源与社会保障部门是负责异地安置就医事务的主要行政部门，其职责是组织拟订统筹地区的社会保险关系的转续办法，拟订社会保险基金管理和监督制度，承担社会保险基金行政监督责任。该部门在考虑当地医疗和统筹基金的水平后，通过发布部门规章的形式，对异地安置就医人员的医疗待遇、费用结算等问题进行规范，以此来处理其管辖区内公民的异地安置就医问题。

（二）我国在异地安置就医方面的现行制度

1. 异地安置就医待遇支付的主要方式

由于我国现行医保体制规定职工退休后再无需缴费，并享受基本医疗保险待遇，其中住院费用由统筹部分报销，门诊费用由医疗卡中的个人账户部分解决，退休职工的个人账户部分从统筹基金中划拨等，所以退休职工的住院费用和门诊费用都是从医疗保险统筹基金中解决的。在这种规定下，我国现行的异地安置医疗保险待遇主要实行两种管理办法：一种为包干型即统筹地区将参保人个人账户与统筹金按个人缴费的实际水平将额度包给单位或个人，不再发生报销关系（或称退费型），这种管理模式最大的问题是没有发挥社会保障的再分配功能，同时由于就医人员脱离了与医保机构的联系，其医疗保险权的行使就被拒绝，此种类型的处理方式完全偏离了国家设立医疗保险保障人民健康的目的。另一种为报销型即将个人账户按年度退还给单位或个人，在异地就医发生的住院或紧急抢救费用由统筹地区报销，管理方式比较粗放，一般采取"三个一"的管理方式，即一张表、一个章、一堆发票。平均是一年或半年办理一次。[1]这种方式虽然使参保人员仍然居于医疗保险的保障之下，但是单一的结算方式给就医人员带来了极大的不便和经济损失。

2. 报销型异地安置就医采用属地管辖原则

（1）就医许可方面。根据我国《社会保险法》第7条的规定：县级以上地方人民政府社会保险行政部门负责本行政区域的社会保险管理工作，县级以上地方人民政府其他有关部门在各自的职责范围内负责有关的社会

---

[1] 中国医疗保险研究地："我国医疗保险异地就医服务与管理"，载《中国医疗保险研究会医疗保险"一卡通"技术标准体系研究专刊》2009年第15期（总第37期），2009年8月15日，第2页。

保险工作。因此异地安置人员除紧急情况下的就医行为，其住院治疗和部分统筹地区规定的门诊大病项目都需要得到统筹地区相关部门的许可才可以进行。

（2）费用结算方面。由于我国异地安置就医是由统筹地区的医保机构实行管辖，所以当参保人员在居住地发生就医行为，那么他就需要在每年规定的时间中回到统筹地区进行报销，同时报销的比例也是由统筹地区根据本地区的医保规定进行报销，由于各统筹地区医保可报销的项目和比例是不同的，所以经常出现费用不能够报销的情况，给参保人员带来了经济损失。

三、我国异地安置就医制度所存在的问题

（一）异地安置就医缺少统一的制度规定

纵观我国的法律体系，社会保险方面的法律可谓是少之又少，即使是万众瞩目的 2010 年《社会保险法》的出台，也并未给我们的异地安置医疗保险问题的解决提供多少可操作性的内容。另外由于各统筹地区的不同规定，它们之间总是存在着管辖权争议，却没有能够明确指出应该适用哪里规定的准据法，所以我们亟待一部法律法规的出台，从全国层面上引领协调异地安置就医问题，根本上解决异地安置就医所存在的矛盾。

（二）异地安置就医缺少统一机构管理

根据《社会保险法》第 7 条的授权，国务院部门负责全国社会保险事务，地方人民政府部门负责地方社会保险事务，但是根据国家对国家社保机构的职责的规定，其只是负责全国层面上的社保基金筹划、系统管理等总体事务的规划，没有指定国务院部门对地方部门之间的指导管理职责。因此，各统筹地区在自己经济基础和医疗水平的前提下，制定的异地安置就医制度差距比较大，使全国范围内异地安置就医管理呈碎片化模式。

（三）异地安置就医许可报销范围狭窄

目前我国异地安置就医许可报销范围相对狭窄，很多地区只对住院和部分门诊提供低比例的报销水平。尤其是在各统筹地区可报销药品、诊疗项目及服务设施项目标准不统一的情况下，异地安置人员回本地审核报销医疗费用的过程中，经常出现费用不在本地报销范围之内而予以扣除的现

象。另外，由于异地安置就医人员为退休人员，他们有着这一群体特有的疾病范围，但是各地为了自身利益，对异地安置就医报销筑起了这层层"高墙"，再加上许多老年人的大病、重病都没纳入到可报销的范围内，这就给异地安置就医人员带来了极大的经济损失。

（四）各统筹地区医保经办机构之间缺乏协调合作机制

由于缺乏跨统筹地区协作机制的支持，同时安置地医疗机构不受就医人员本地医保经办机构的监督和管理且安置地医疗机构无监督责任，所以对异地安置人员的就医监管十分困难。即使"异地就医证"上有参保人员的照片，但在异地医疗机构就诊是否为持卡人本身与治疗单位无直接关系，所以就诊医院无需在患者就诊时核对照片及其他证件，这样难免出现骗保诈保现象。同时，由于各地区经办机构之间没有合作机制，参保地经办机构往往需要进行实地稽核工作，这样高昂的行政成本，也使得异地安置就医的监管存在重重困难，使异地安置就医人员的合法权益难以得到保障。

（五）异地安置就医保险费用结算手段单一、程序繁琐

异地安置就医的结算程序一般为：事先向所属地经办机构申报，在得到经居住地或所属地经办机构确认后，先由个人全额垫付，在治疗妥当后再回所属地经办机构核报。由于费用结算须有充足资金垫付这一前提条件以及办理医保报销的手段主要是在参保地服务窗口受理，所以报销需要参保人员自己亲自回原参保地，而委托亲朋好友办理会因手续不全而变得较为不便，这就使得就医人员需要承担两地来往的路费以及麻烦，增添了异地安置就医人员的不满。尤其是在我国基本医疗保险信息管理系统尚未实现全国联网，其关系转移的相关信息只能通过人工传递的情况下，转移过程中还可能发生信息失真或者丢失的情况。

四、对完善我国异地安置就医制度提出意见

随着国家对异地安置就医问题的重视，各个地区都对自己的相关规定进行了改革，很多省份规定的内容都实现了突破与创新，为其他的统筹地区制定规范带来了重要的参考价值。但是无疑我们的改革仍然是不彻底的，这样小修小补的改良，并没有从根本上解决异地安置就医人员的困

境，他们的合法权益仍然在受到损害。为此我们需要对医疗保险制度进行全面的可持续的改革，以保证公民的合法权益。

（一）设立统一管理协调机构

1. 设立的理由

在当下我国低统筹层次的阶段，由于我们不能够一下子就进行全面的改革，需要在循序中渐进，所以我国需要设立统一的管理协调机构进行管理协调工作，由此来逐步提高我国的医疗保险统筹层次。就目前来看，世界其他国家的经验也是由统一政府部门管理医疗保险，世界上有70%的国家和地区，其医疗服务与基本医疗保险是由同一个政府部门管理的，尤其是发达国家和地区。在经合组织和七国集团中，这一比例分别达到了83%和100%。只有19%的国家和地区由劳动或社保部门管理。[1]由同一政府部门管理医疗保险，不仅可以明确职责，也可更好地实现政策上的统一。

2. 机构的运行机制

这个机构作为整个医疗保险的管理机构应该矢志为全国各地区之间的协作奠定基础，并通过其权力的行使坚决消除、协调各地区医疗保险规定中存在的障碍。这里我强调的是该机构在协调上的作用，我们应该将这个机构定位在制定整体医疗保险的基本原则和每一年的指标上，该指标的制定必须是把各个地区的现实情况及其与整个国家的利益综合在一起得出的，而具体的实施进程则由各地区政府制定并报该机构备案。每一年度管理机构需要根据该地区制定的组织实施量化表定期对其进行考察和评估，同时在了解每个地区具体的完成情况后，将其作为参考从而制定下一年度的新指标，如此往复，以达到逐渐推进医保进程的效果。这样的运行机制不仅可以收回一些原来下放给各统筹地区的过多的权力，同时又给予他们一部分在大方针下根据自己的情况制定规范的权限，这样收放得当的做法对协调因各地区医疗资源分配不均而造成的分歧有着积极的作用。当然该机构也不仅仅只是对各地区进行制定规范方面的指导工作，对最不发达的地区，其仍然需要提供全面的帮助，对那些需要进行结构大调整的地区也需要帮助其做好协调工作。

---

〔1〕 辜胜阻："社会保险法不宜过快统一城乡医保"，载《今日中国论坛》2010年第Z1期。

3. 机构在制定指标上的要求

借鉴欧盟在制定指标上的经验教训，其由于社会政策的制定没有明确规定应该达到的具体标准，只使用了诸如"合适的"、"恰当的"、"足够的"等含糊的用语来表达应达到的标准，造成各成员国在自身情况存在差异，同时又缺乏具体可操作的标准的情况下，社会政策的执行出现了较大的随意性的结果。[1]我们的机构就应该避免这种情况的发生，该机构在与各方利益代表进行对话和协商后，制定出的规范应该是实际的而不是抽象的，同时我认为应该让各方代表通过与其对话提出医保政策的动议，这样才能够更真实地反映出现实的情况。

（二）制度框架的改革

就像《贝弗里奇报告》中所描述的那样"在规划未来的时候需要充分利用过去积累的丰富经验，又不要被这些经验积累过程中形成的部门利益所限制……世界历史上的划时代时刻属于破旧立新的变革，而不是头痛治头、脚痛医脚的改良"。[2]所以我们在制度设计上要立足国情而不是过分地迁就现实，我们的《社会保险法》在立法上就要更多地强调公平与效率，而不是权力的运行秩序。从欧盟国家的社会政策对其经济发展带来的不可低估的推动作用来看，其之所以能够创造新需求，同时又改善其增长中的平衡状态，这归根到底是欧盟法的基本理念和其价值体系在很大程度上保持一致性的结果，所以我们的制度设计也要自始至终地贯彻平等公正、以人为本的价值理念。

1. 享受待遇方面的改革

人的权利是与生俱来法律赋予他的，其不会因为这个人的行为而消失。[3]因此一个统筹地区制定的规范绝对不能够以参保人员在异地就医为由，就对其制定更低的医疗费用报销比例的规定。另外，根据我国加入的《经济、社会、文化权利委员会第二十二届会议（2000年）第14号一般性意见》第12条中所详细叙述的内容那样，其叙述的是健康权的各种形式

---

〔1〕 Linda Hantrais, *Social Polity in the European Union*, Macmilan Press Ltd, 1995, pp. 8~9.
〔2〕 ［英］贝弗里奇：《贝弗里奇报告——社会保险和相关服务》，伦敦英国文书局1995年再版，劳动和社会保障部社会保险研究所组织翻译，中国劳动社会保障出版社2008年版，第3页。
〔3〕 同注10，第161页。

和层次以及互相关联的基本要素，不论异地安置人员是何种医疗保险体系的，其必须能够获得可及的且平等的异地就医服务。

2. 许可范围上的改革

在笔者看来，对异地安置就医人员的就医许可我们不应当进行过多地限制。对于紧急情况下的就医行为，我们应该视参保人员同时获得了就医的许可，并能够在治疗得当后获得保险机构费用上的报销。对于非紧急的医疗行为其包括住院治疗和非住院治疗两个部分。其中住院治疗应当获得事前许可，但是由于情况不允许没有提前获得许可就进行治疗的，如果事后审查认为这个治疗是恰当的且必须的，那么参保人员同样应当获得保险机构的报销。对于非住院治疗不需要事前许可，但是门诊费用的报销应当同国家规定的报销起付线相同，费用在起付线内的由个人负担，起付线以上的则是国家负担部分。

3. 管辖权上的改革

在目前无法统一众多异地安置就医规定的情况下，各统筹地区之间的跨地区合作是解决该问题的最有效的办法，所以我们应该建立各统筹机构之间的互认机制，包括医疗机构与医保经办机构之间的相互认可和医保经办机构之间的相互认可。医疗机构与医保经办机构之间的相互认可要求双方认可对方的医疗技术和质量，认定医院采取的是适当的必要的医疗手段。医保经办机构之间的相互认可要求双方认可对方做出的许可授权，认定该许可是出于保护公民健康权做出的，而不是出于增长当地经济等的目的。在互认机制的基础上，异地安置就医的许可授权机关和监管机关就可以是居住地的医保部门，而医疗费用仍然由流出地的医保部门负担。

4. 费用结算上的改革

在笔者看来，异地安置人员在医疗保险报销比例方面与当地人之间存在的差异是应该被理解的，就像伊索克拉特所赞美的古雅典人所区分出来的平等那样，每个地区所缴纳的保险金是不同的，所以我们不能够因为其居住地的转移就适用当地的报销比例。这里的报销比例存在两种类型：①流出地的报销比例高于流入地报销比例，这种情况下参保人员在居住地报销后，流出地应该对其中的差额部分作出补偿。②流出地的报销比例低于流入地水平，这种情况下参保人员应该采用流出地的报销水平，但是我认为可以对这些异地安置人员可以享受流入地高报销水平的条件作出一定的规定，比如在当地居住达到一定年限或者自愿补缴两地保险金中的差额部分的就可以享受当地的待遇。我认为这样将会是公平的，因为达到一定居住年限或补缴的人员他们为当地的经济做出了贡献，就应该享受当地的待遇，而超出流出地的报销比例部分将由居住地进行补偿。当然不论何种类型的报销比例，我认为都应该采取公民的报销费用由居住地的医保部门先行给付，而后居住地的医保部门向流出地医保部门提出结算申请的办法，这样将会使之变成行政机关间的对话，体现了行政机关便民高效的原则。

（三）规范的制定做到公民式的参与

文明社会对所有类型的社会行为来说是一个集体术语，它通过个人或团体来完成，而不是由国家来完成……文明社会的参与模式也提供了民主体制中增强信心的机遇，以便形成更多有利的改革与革新气氛。[1]我国《社会保险法》第80条规定统筹地区人民政府成立由用人单位代表、参保人员代表，以及工会代表、专家等组成的社会保险监督委员会，掌握、分析社会保险基金的收支、管理和投资运营情况，对社会保险工作提出咨询意见和建议，实施社会监督。但是这仅仅只是赋予了这些人提出意见的权利，没有规定在保险工作进行前一定要向他们咨询。我们不能让这些与公民利益深切相关的活动仅限于社会上层和知识界，这样只会让其制定出的规则与普通民众的要求相去甚远，尤其是这种半开放式的规定的制定程序，因为不够透明化就不能够聆听全体人民的意见，也就不能够完全地做到以人为本真正保障公民的医疗权利和健康。我们如果能够从点滴小的方面进行改良而至真正做到"公民式参与"，那么我们的社会将会逐渐形成平衡的权利意识和责任意识，这能够大大降低一个制度实施的成本。在这种公民真正参与制定的制度中，公民也将会对它空前地尊重和遵守，那么骗保诈保的事情自然就会下降，行政管理的成本就会下降，我们提高统筹层次地进程也将会加快。

---

〔1〕 转引自〔英〕凯瑟琳·巴纳德：《欧盟劳动法》，付欣译，中国法制出版社2005年版，第19页。关于经济与社会委员会的观点，参见 "The Role and Contribution of Civil Society Organizations in the Building of Europe"，（1999）OJ L 329/30.

综上所述，异地安置就医问题的解决不是简单的某一地区的行为，它需要的是全国各地之间的相互合作，希望我国的医疗保险领域能够尽快地实现全国统筹，真正实现如欧盟制度设计出发点中所描述的那样，"无论哪国公民在任何地方都不会完全是个流浪者，当一个人为了健康、娱乐、商务或不得不离开自己的祖国外出旅行或居住时，他从不会感到自己是个外国人。"[1]

---

[1] 罗建国：《欧洲联盟政治概论》，四川大学出版社2001年版，第32页。

医疗保险与侵权赔偿竞合
问题案例分析

崔家天

一、案例简介[1]

(一) 事实经过

2009 年 11 月 7 日，陈中华与王远征因家庭纠纷发生争执，后造成陈中华受重伤。陈中华受伤后被送往医院治疗，共花医疗费 67 404.52 元，其中 28 000 元医疗费由新农合合作医疗报销。后陈中华起诉至法院。王远征辩称已由社会医疗保险报销的医疗费不应再予赔偿。

(二) 法院观点

法院认为：公民享有生命健康权。侵害公民身体造成伤害的，应当赔偿医疗费、误工费、护理费、交通费、营养费、住院伙食补助费等，造成伤残的应当赔偿残疾赔偿金、被抚养人生活费、残疾辅助器具费等。因此，原告陈中华要求被告赔偿上述损失，理由正当，其合理部分依法予以支持。同时，被告王远征称原告在新农合医疗保险报销医疗费 28 000 元，应从其应承担数额中扣减，因医疗保险与侵权责任是两个不同的法律关

---

[1] 参见陈中华与王远征人身损害赔偿纠纷案一审判决书，(2010) 新民初字第 262 号，中国法院网，http://www.chinacourt.org/paper/detail/2010/09/id/323426.shtml，访问日期：2014 年 4 月 1 日。

系，被告王远征的该项主张不能成立。

二、案例分析

这是一个涉及人身损害赔偿的纠纷。此案的一个争议焦点为：赔偿义务人关于医疗费的赔偿义务是否因被侵权人通过社保部门报销而应当予以减轻。即侵权案件中医保报销的医疗费能否适用损益相抵原则。这也就是下文将讨论的主要问题——医疗保险金给付请求权与侵权损害赔偿请求权之间的关系到底应如何处理。

在本案中，陈中华因王远征的侵权行为向其请求侵权损害赔偿，而王远征辩称其中 28 000 元已由医保报销则不应赔偿，从表面看来，王远征的说法有一定道理，因为陈中华虽受到侵权行为的侵害，但是医保已经报销了一部分医疗费用，若是这部分费用还由王远征赔偿的话，那么陈中华就得到了"双份利益"，有违衡平原则。那么陈中华真的可以得到"双份利益"么？

我们可以试着从下面的角度考虑。医疗保险指通过国家立法，按照强制性社会保险原则，及"以收定支，收支平衡，略有结余"的筹资原则，运用医疗资金，保证人们公平地获得适当的医疗服务的社会保险制度。换种说法，医疗保险就是当劳动者生病或受到伤害后，由国家或社会提供医疗服务或经济补偿的一种社会保障制度。因此，陈中华获得医疗保险的报销费用是理所应当的。与此同时，陈中华因王远征的侵权行为受到了损害，那么因损害向侵权人请求赔偿也应当是合理的。这样看来，陈中华获得"双份利益"也是合情合理的。

三、学理讨论

下文所指医疗保险仅指属于社会保险的基本医疗保险，而被侵权人投保了商业保险，那么法官在审理此类案件时一定会支持被侵权人获得"双份利益"，因为被侵权人在投保商业保险时已经支付了相应的对价，他们获得双份利益是理所应当的（参见《保险法》第46条）。所以根据被侵权人所投保险种类的不同，其获得赔偿的结果也不尽相同。因此，对于医疗费用以外的侵权赔偿与社会保险的并行给付问题仍然是侵权法和社会保险法领域还未解决的疑难问题。

（一）社会医疗保险与侵权赔偿并行给付问题的学说

关于同一损害，有多种赔偿或补偿制度时，由于各种赔偿或补偿系因不同时期，应对不同的需要而创设，其相互间的关系，疑义甚多。[1] 在我国，工伤保险与侵权损害赔偿之间的关系一直是学说界争论的焦点。学说多围绕工伤保险与侵权赔偿之间的关系展开，未关注其他社会保险与侵权赔偿之间的并行给付问题，所以提到医疗保险与侵权损害赔偿之间的关系的学说则较少，笔者将通过借鉴工伤保险与侵权损害赔偿二者之间的处理模式，来分析医疗保险赔偿与侵权损害赔偿二者之间可行的处理方式，从而提出个人观点及建议。

1. 选择模式

选择模式是指工伤事故发生以后，受害雇员在侵权行为损害赔偿与工伤保险给付之间，只能选择其一，即要么选择侵权损害赔偿，要么选择工伤保险给付。[2] 这种模式的主要特征是：①受害雇员有权选择适用何种赔偿方式；②两种赔偿方式不能同时适用。英国和其他英联邦国家早期的雇员赔偿法曾采用此种模式，但后来均已废止。目前还使用这一模式的代表是新加坡。[3] 采用这种模式的主要理由为法律救济上的衡平原则、效率原则和对弱者的保护。

笔者认为，若在医疗保险中，则是要求患者只能选择医疗保险或者侵权损害赔偿，即倘若患者选择侵权损害赔偿，就不能享受医保待遇；倘若选择医保报销治疗费用，则不能要求侵权人赔偿相应的医疗费用。对于此种模式，笔者认为因侵权赔偿与医疗保险之间存在差异，被侵权人很难合理行使选择权，同时面临无法获得充分补偿的风险，操作上也会存在一系列难以解决的困难。

---

[1] 王泽鉴：《侵权行为》，北京大学出版社 2009 年版，第 27 页。

[2] 赵先进："工伤保险与侵权损害赔偿适用关系对比分析"，载《中国经贸》2011 年第 20 期，第 81~82 页。

[3] 芮立新："工伤保险若干法律问题研究"，载《社会保险改革与法制发展》，社会科学文献出版社 2005 年版，第 171 页。

2. 兼得模式

兼得模式也称相加模式，顾名思义，是指允许被侵权雇员接受侵权行为法上的赔偿救济，同时也接受工伤保险金，即获得"双份利益"。很少有国家采取这种模式，英国是一个典型的采取此种模式的国家。这种模式的原理则是工伤保险待遇与侵权赔偿二者之间不具有相互取代性；因人身价值难以用金钱评估，侵权法恢复原状的目的难以实现，工伤保险与侵权赔偿兼得不构成不当得利；兼得模式符合侵权法功能多元化的要求且符合现行法的规定。[1]

类似工伤保险，兼得模式应用到医疗保险中时，被侵权人不仅可以享受到医疗保险待遇，还可以向侵权人请求损害赔偿，从而获得"双份利益"。此种模式最大的优点则是注重对被侵权人的保护。然而这一模式并不符合衡平原则，因为在我国，大部分居民都能享受医保待遇，可是仍然存在部分居民不属于医保范畴，若适用此种模式，未参加医保的居民则只能得到侵权损害赔偿，则有违衡平理念。若坚持兼得模式，被侵权人获得双份利益，社保机构也当然不得再通过代位求偿等方式追偿其支出的费用，否则侵权人既要向社保机构偿付费用，又要向被侵权人承担赔偿责任，明显加重了侵权人的负担。但若社保机构不享有追偿权，社会保险基金将面临极大的挑战，为了使该状况得到改善，要么保险费率不当增加，要么政府财政支出急剧增加，这样会损害社会整体利益。

3. 免除模式

免除模式，也就是替代模式，是指完全由工伤保险替代侵权损害赔偿，被侵权人只能享受工伤保险待遇，不能要求侵权人再承担责任。免除模式具有法定性和强制性，受害职工不享有选择权，只能遵守规定。免除模式主要限制受害职工通过侵权之诉救济自身的权利，但这种限制并非绝

---

〔1〕 张平华、郭明瑞："关于工伤保险赔偿与侵权损害赔偿的关系"，载《法律适用》2008 年第 10 期，第 31～36 页。

对限制，不是完全将侵权损害救济拒之门外，它的适用限定在一定的范围内。[1]

免除模式因存在自身的优势而被一些国家采用。免除模式与选择模式的优点均在于效率，易于施行。在医疗保险中，若适用免除模式，被侵权人则只能享受医保待遇，无法向侵权人请求损害赔偿。由于医保的局限性，被侵权人只能报销部分医疗费和药费等，无法报销交通费、营养费、误工费等，医疗保险实际报销的数额往往低于被侵权人实际所受到的损失，采用法律规定限制被侵权人的求偿权，剥夺其获得完全赔偿的权利，必定影响被侵权人应享受的待遇。同时，此种模式完全抛弃了侵权行为法对不法行为的制裁功能，不合理地免除了加害人的责任。简而言之，这种模式只具备损害填补和分散损失的功能，而弱化了对加害行为的制裁和预防功能。[2]

4. 补充模式

该模式是指在发生工伤事故后，与兼得模式一样，受害雇员可同时请求工伤保险给付和侵权损害赔偿，但其取得的赔偿金或保险金总额，以其实际遭受的损害为上限。一般而言，受害雇员先请求工伤保险给付，然后再对其实际损失与工伤保险给付的差额部分请求侵权损害赔偿。日本、智利及北欧等国采取此种模式。[3]

我国不少学者赞成补充模式，认为该模式一方面避免了被侵权人获得"双份利益"，从而节约有限的社会资源；另一方面又可以保证被侵权人获得完全赔偿，维护其合法权益，保障相关法律制度的惩戒和预防功能。它综合了兼得模式与选择模式的优点，同时也存在二者的缺点。此种模式也

---

〔1〕 "免除模式仅适用于特定人（雇主或受雇于同一雇主之人）、特定事故类型（意外事故、职业病或上下班交通事故）、特定损害（通常限于人身损害）及特定意外事故发生原因（通常限于轻过失）。"参见王泽鉴："劳灾补偿与侵权行为损害赔偿"，载王泽鉴：《民法学说与判例研究》（第3册），中国政法大学出版社1998年版。转引自黎娅：《论侵权损害赔偿与工伤保险赔偿的竞合》，西南政法大学2013年硕士学位论文。

〔2〕 向春华："工伤赔付与民事侵权赔偿能否兼得"，载《现代职业安全》2007年第4期，第70～73页。

〔3〕 潘祺：《论工伤事故中工伤保险与侵权损害赔偿的适用关系》，对外经济贸易大学2008年硕士学位论文。

存在低效率的问题，对一个损害的救济需要提起两次救济程序，增加了当事人求偿的难度，也浪费了司法资源。同时，既然工伤保险是为了弥补侵权赔偿制度的诸多缺陷和风险而创设的，在依工伤保险不能获得完全赔偿时再请求侵权赔偿，侵权赔偿制度的诸多缺陷仍然存在，受害人仍然面临着举证不能和执行不能的风险。[1]

若将补充模式应用到医疗保险与侵权赔偿中，则允许被侵权人在医保报销以外的损失范围内向侵权人请求损害赔偿。此种模式避免了被侵权人获得双份利益，而且能够得到足够赔偿。然而却加重了被侵权人求偿的难度，浪费了司法资源，并非一种高效率的模式。

（二）社会医疗保险与侵权赔偿并行给付问题的实践现状

《侵权责任法》规定了人身损害的赔偿项目，《社会保险法》规定了基本养老保险、基本医疗保险、工伤保险及失业保险中的给付项目。同时，《民法通则》、《关于审理人身损害赔偿案件适用法律若干问题的解释》等也对侵权赔偿作出了规定。如《侵权责任法》第16条中，侵害他人造成人身损害的，应当赔偿医疗费、护理费、交通费等为治疗和康复支出的合理费用，以及因误工减少的收入。造成残疾的，还应当赔偿残疾生活辅助具费和残疾赔偿金。造成死亡的，还应当赔偿丧葬费和死亡赔偿金。而在《人身损害赔偿解释》第17条中，受害人遭受人身损害，因就医治疗支出的各项费用以及因误工减少的收入，包括医疗费、误工费、护理费、交通费、住宿费、住院伙食补助费、必要的营养费，赔偿义务人应当予以赔偿。根据这些规定，被侵权人遭受侵权行为时可以请求的给付项目主要包括医疗费、护理费和交通费、住宿费、住院伙食补贴费、必要的营养费等。而在《社会保险法》第38条中："因工伤发生的下列费用，按照国家规定从工伤保险基金中支付：（一）治疗工伤的医疗费用和康复费用；（二）住院伙食补助费；（三）到统筹地区以外就医的交通食宿费；（四）安装配置伤残辅助器具所需费用；（五）生活不能自理的，经劳动能力鉴定委员会确认的生活护理费；（六）一次性伤残补助金和一至四级伤残职

---

[1] 张新宝："工伤保险赔偿请求权与普通人身损害赔偿请求权的关系"，载《中国法学》2007年第2期，第52~66页。

工按月领取的伤残津贴；（七）终止或者解除劳动合同时，应当享受的一次性医疗补助金；（八）因工死亡的，其遗属领取的丧葬补助金、供养亲属抚恤金和因工死亡补助金；（九）劳动能力鉴定费。"即社会保险给付方面，包括基本医疗保险费用、工伤医疗费用和康复费用、工伤住院伙食补助费、交通食宿费、一次性医疗补助金等。在这些赔付项目中，侵权赔偿与社会保险给付存在一定的交叉，侵权人能否主张损益相抵、被侵权人能否获得双份利益以及社会保险机构是否享有追偿权等，构成了两者并行给付中的重要问题。

关于并行给付问题，在审判实践中一直存在争论，集中体现在工伤保险给付与侵权赔偿之间的关系上，当然，也存在案件涉及基本医疗保险待遇与侵权赔偿之间的关系。[1]

对于是否规定工伤保险等问题，有部门认为工伤保险问题主要属于劳动及社会保障法律制度，不适合在《侵权责任法》中规定，而应由《社会保险法》规定，因此《侵权责任法》最终未作出明确规定，仅在第18条第2款规定了被侵权人死亡时的医疗费、丧葬费等合理费用支出的请求权人，而随后出台的《社会保险法》则吸收有关意见，在第30条和第42条就医疗费用作了规定。但是，对于医疗费用以外的侵权赔偿与社会保险并行给付问题，因分歧较大，《社会保险法》则未作规定。[2]

如在此案中，法院审理该案后认为，医疗保险和侵权责任是两个不同的法律关系，被告的主张"已由社会医疗保险报销的医疗费不应再予赔偿"则不能成立。而其他一些法院的法官则认为，被侵权人医保已报销的费用则不能再次要求侵权人赔偿，因为根据衡平原则，为了避免被侵权人获得额外的利益，他们在审理此种案件时则会让侵权人赔偿数额先抵扣医保已经报销的费用。因此，在审判实践中法官们对这类问题也存在一些分歧。

〔1〕 王惠玲："医保不应冲抵第三人侵权所承担的赔偿"，载《人民法院报》2005年9月20日，第C02版。
〔2〕 信春鹰主编：《中华人民共和国社会保险法释义》，法律出版社2010年版。

最高人民法院曾试图明确规定兼得模式，[1] 但最终通过的司法解释删去了该规定。最高人民法院 [2006] 行他字第 12 号答复明确肯定了工伤保险待遇和侵权赔偿可以兼得，但司法实践并未统一。其中，采纳了兼得模式的案件有：①楚芮等诉宝丰县洁石碳素材料有限公司工伤保险待遇纠纷案（（2010）宝民初字第 294 号）；②广州市三成塑胶制品有限公司与李仕清工伤保险待遇纠纷上诉案（（2009）穗中法民一终字第 1196 号）；③梁辛贻与卢柱材工伤事故损害赔偿纠纷上诉案（（2006）佛中法民一终字第 900 号）；④杨文伟诉宝二十冶公司人身损害赔偿纠纷案（《最高人民法院公报》2006 年第 8 期）等四案。

然而，之后新修的《社会保险法》则改变了杨文伟等案的立场。2010 年 10 月全国人大常委会通过了《社会保险法》。该法第 42 条规定："由于第三人的原因造成工伤，第三人不支付工伤医疗费用或者无法确定第三人的，由工伤保险基金先行支付。工伤保险基金先行支付后，有权向第三人追偿。"从立法本意看，第 42 条是为了保障工伤职工能够尽快解决医疗费用问题，从而使其能够得到及时救治的目的而设立的。因此，我们可以这样理解，由于第三人的原因造成工伤的，应当由第三人承担医疗费，第三人不支付工伤医疗费用或者无法确定第三人的，由工伤保险基金先行支付。工伤保险基金先行支付后，有权向第三人追偿。因此，《社会保险法》第 42 条的规定改变了最高法"兼得模式"的立场，认为应由第三人即侵权人承担赔偿责任。同样，在医疗保险相关条文中也规定了医疗保险基金的追偿权。[2] 即侵权人应承担侵权责任，保险基金先行赔付后有权向第三人追偿，被侵权人不能获得"双份利益"。

（三）医疗保险与侵权赔偿关系处理模式选择

医疗保险与侵权赔偿并行给付问题，是现代侵权多元化救济模式带来的典型难题之一，各国通常围绕"间接来源规则"、代位求偿、损益相抵

---

[1] 最高人民法院《关于审理劳动争议案件适用法律若干问题的解释》（续一）（征求意见稿）第 29 条曾规定了兼得模式。（《人民法院报》2004 年 9 月 30 日，第 2 版。）

[2] 《社会保险法》第 30 条第 2 款规定医疗费用依法应当由第三人负担，第三人不支付或者无法确定第三人的，由基本医疗保险基金先行支付。基本医疗保险基金先行支付后，有权向第三人追偿。

及不当得利等具体法理展开讨论，目前尚未形成统一的解决方案。每个国家的解决模式只能是一种参照，更何况各国内具体国情不同，要完全仿照特定的某个国家的某种模式并不现实。因此，笔者结合本国国情，以他国模式为参照，提出符合本国国情的处理模式。我国各层次立法的不统一，各种处理模式的同时存在，造成了目前实践部门各自理解和应用的混乱局面。要妥善处理该问题，立法须有一个明确的回应。

笔者认为医疗保险与侵权损害赔偿属于广义竞合，两者是不同法律领域的规范竞合关系。在协调两者关系时，如前所述，每种模式都不是尽善尽美的，都有自身的优势和缺陷，所以在选择适用时，只能"几害相权取其轻"，找到一个最符合大众利益的模式。综上，笔者的观点是选择兼得模式更为恰当，理由如下：

1. 医疗保险与侵权损害赔偿二者不具有互相取代性

保险的目的在于为社会成员提供最基本的生活保障，其保险范围并不以构成侵权责任为前提。设立基本医疗保险制度的目的是为了使居民获得更充分、全面的保护。而侵权损害赔偿的目的是为了使被侵权人得到补偿，让侵权人承担责任。故仅从赔偿上说，医疗保险与侵权损害赔偿也有差别。

另外，从医疗保险与侵权损害赔偿的作用上看，二者也是不同的。侵权损害赔偿之诉中，受害人只能获得损害赔偿，而在医疗保险中被侵权人除了可以获得"损害赔偿"外，还有权享受国家提供给居民的基本福利。

2. 医疗保险与侵权损害赔偿兼得并不发生不当得利

反对医疗保险与侵权损害赔偿兼得，即被侵权人可以得到双份赔偿的主要理由是被侵权人只能取得一份救济，否则就会因受害而得到不当利益，根据"损益相抵"规则，被侵权人若因受侵害得到救济利益就应从赔偿额中扣除。笔者认为，这一理由实质上是不成立的。侵权损害赔偿责任法以实现矫正正义为根本宗旨，其规范目的主要在于通过对权益侵害的事后补救，将救济限定在补偿原告的损害所必需的范围内，以恢复被不法行为扰乱的原状。[1]但在人身权被侵害时，人体自身价值难以用金钱衡量，侵权法恢复原状的目的难以实现。因此，如果在侵权损害赔偿之外，被侵权人及其近亲属可以获得医疗保险赔付，那么可以更好地达到法律制度的目的。

3. 采用兼得模式符合侵权法功能多元化的要求

现代侵权法功能日益多元化，为实现多元化的功能，必须采取兼得模式。若采取免除模式或补充模式，则不利于防止和避免不法侵权行为的发生。因为"基于不法行为所生之损害，得藉保险方式予以转嫁，一则违反道德规范，二则足以导致行为人注意之疏懈，助长反社会行为，危害公益，实不宜容许其存在。"[2]采用兼得模式不仅避免了对加害行为的制裁和预防功能的弱化，同时也利于防止和避免侵权行为的再次发生，获得社会公平，达到法律效果和社会效果的统一。与兼得模式相比，补充模式在社保机构追偿后虽也能发挥侵权法的威慑功能，但是此种模式也是低效率的，对一个损害的救济需要提起两次救济程序，增加了当事人求偿的难度，也浪费了司法资源，因此它并非是最适合我国国情的选择。

4. 采用兼得模式更加有利于人权的实现

从人权保障以及高度重视他人的生命、健康这一世界趋势来看，给予被侵权人双重保障，更有利于人权的实现。人的生命健康是无价的，侵权赔偿多少都不为多，体现了人的生命、健康的珍贵。在我国医疗保险报销金额有限，且在近期又不可能提高的情况下，给予其双项救济，正是从权利本位出发，保护被侵权人及其家属的生存利益，体现人的生命、健康的价值。同样，与兼得模式相比，补充模式虽避免了被侵权人获得双份利益，而且被侵权人也能够得到足够赔偿，但是造成了司法成本高昂和实际操作困难的问题，因此这并非明智之举。

笔者认为可以从这样的角度思考，兼得模式并不会给社保机构带来沉重负担。因为虽然没有精确的统计数字，但是需要动用医保的，一般还是

---

〔1〕 [美]亨利·马瑟：《合同法与道德》，戴孟勇、贾林娟译，中国政法大学出版社2005年版，第172~173页。
〔2〕 王泽鉴："侵权行为法之危机及其发展趋势"，载《民法学说与判例研究》（第2册），中国政法大学出版社1998年版，第163页。

涉及生老病死，因为侵权而动用医保的比例实为少数。此外，医保有起付线、封顶等各种制度设计，可以防范风险。同时，国家在推行全民医保的同时，能够加大医保资金投入，切实保障居民应享受的待遇。

而且，日常生活中很难看到社保机构追偿的案件。可见社保机构没有追偿积极性，补充模式下的社保机构追偿也并不现实，因此兼得模式应是处理二者关系的首选模式。

结　语

因侵权引起的人身损害，存在着侵权赔偿与医疗保险给付等多元化的填补方式。侵权赔偿项目与医疗保险给付项目在项目类别、表述及具体的计算标准上存在差异，会面临并行给付的问题。对此，学说多围绕选择模式、兼得模式、免除模式以及补充模式等展开讨论，审判实践也关注到了其中存在的问题。笔者认为，并行给付问题的解决在于特定制度所要实现的价值目标和政策功能，取决于被侵权人、侵权人和社会保险机构之间的利益调整。在被侵权人损失完全填补原则之下，通过损益相抵、代位求偿等制度的运用，既要避免侵权人不当免责，也要避免其承担不当责任，同时又要考虑社会保险机构的经济能力。在这一前提之下，综合多方面因素考虑，笔者希望能通过这篇文章对相关问题进行思考，并提出以上观点及一些浅显的建议，相信今后国家会出台更多有利于民众的法律或政策，对该问题能够提出更好的解决方案。

附　录

中华人民共和国执业医师法

（1998 年 6 月 26 日第九届全国人民代表大会常务委员会第三次会议通过 1998 年 6 月 26 日中华人民共和国主席令第五号公布 1999 年 5 月 1 日起施行）

第一章 总 则

第一条 为了加强医师队伍的建设，提高医师的职业道德和业务素质，保障医师的合法权益，保护人民健康，制定本法。

第二条 依法取得执业医师资格或者执业助理医师资格，经注册在医疗、预防、保健机构中执业的专业医务人员，适用本法。

本法所称医师，包括执业医师和执业助理医师。

第三条 医师应当具备良好的职业道德和医疗执业水平，发扬人道主义精神，履行防病治病、救死扶伤、保护人民健康的神圣职责。

全社会应当尊重医师。医师依法履行职责，受法律保护。

第四条 国务院卫生行政部门主管全国的医师工作。

县级以上地方人民政府卫生行政部门负责管理本行政区域内的医师工作。

第五条 国家对在医疗、预防、保健工作中作出贡献的医师，给予奖励。

第六条 医师的医学专业技术职称和医学专业技术职务的评定、聘任，按照国家有关规定办理。

第七条 医师可以依法组织和参加医师协会。

第二章 考试和注册

第八条 国家实行医师资格考试制度。医师资格考试分为执业医师资格考试和执业助理医师资格考试。

医师资格统一考试的办法，由国务院卫生行政部门制定。医师资格考试由省级以上人民政府卫生行政部门组织实施。

第九条 具有下列条件之一的，可以参加执业医师资格考试：

（一）具有高等学校医学专业本科以上学历，在执业医师指导下，在医疗、预防、保健机构中试用期满一年的；

（二）取得执业助理医师执业证书后，具有高等学校医学专科学历，在医疗、预防、保健机构中工作满二年的；具有中等专业学校医学专业学历，在医疗、预防、保健机构中工作满五年的。

第十条 具有高等学校医学专科学历或者中等专业学校医学专业学历，在执业医师指导下，在医疗、预防、保健机构中试用期满一年的，可以参加执业助理医师资格考试。

第十一条 以师承方式学习传统医学满三年或者经多年实践医术确有专长的，经县级以上人民政府卫生行政部门确定的传统医学专业组织或者医疗、预防、保健机构考核合格并推荐，可以参加执业医师资格或者执业助理医师资格考试。考试的内容和办法由国务院卫生行政部门另行制定。

第十二条 医师资格考试成绩合格，取得执业医师资格或者执业助理医师资格。

第十三条 国家实行医师执业注册制度。

取得医师资格的，可以向所在地县级以上人民政府卫生行政部门申请注册。

除有本法第十五条规定的情形外，受理申请的卫生行政部门应当自收到申请之日起三十日内准予注册，并发给由国务院卫生行政部门统一印制的医师执业证书。

医疗、预防、保健机构可以为本机构中的医师集体办理注册手续。

第十四条 医师经注册后，可以在医疗、预防、保健机构中按照注册的执业地点、执业类别、执业范围执业，从事相应的医疗、预防、保健业务。

未经医师注册取得执业证书，不得从事医师执业活动。

第十五条 有下列情形之一的，不予注册：

（一）不具有完全民事行为能力的；

（二）因受刑事处罚，自刑罚执行完毕之日起至申请注册之日止不满二年的；

（三）受吊销医师执业证书行政处罚，自处罚决定之日起至申请注册之日止不满二年的；

（四）有国务院卫生行政部门规定不宜从事医疗、预防、保健业务的其他情形的。

受理申请的卫生行政部门对不符合条件不予注册的，应当自收到申请之日起三十日内书面通知申请人，并说明理由。申请人有异议的，可以自收到通知之日起十五日内，依法申请复议或者向人民法院提起诉讼。

第十六条 医师注册后有下列情形之一的，其所在的医疗、预防、保健机构应当在三十日内报告准予注册的卫生行政部门，卫生行政部门应当注销注册，收回医师执业证书：

（一）死亡或者被宣告失踪的；

（二）受刑事处罚的；

（三）受吊销医师执业证书行政处罚的；

（四）依照本法第三十一条规定暂停执业活动期满，再次考核仍不合格的；

（五）中止医师执业活动满二年的；

（六）有国务院卫生行政部门规定不宜从事医疗、预防、保健业务的其他情形的。

被注销注册的当事人有异议的，可以自收到注销注册通知之日起十五日内，依法申请复议或者向人民法院提起诉讼。

第十七条 医师变更执业地点、执业类别、执业范围等注册事项的，应当到准予注册的卫生行政部门依照本法第十三条的规定办理变更注册手续。

第十八条 中止医师执业活动二年以上以及有本法第十五条规定情形消失的，申请重新执业，应当由本法第三十一条规定的机构考核合格，并依照本法第十三条的规定重新注册。

第十九条 申请个体行医的执业医师，须经注册后在医疗、预防、保健机构中执业满五年，并按照国家有关规定办理审批手续；未经批准，不得行医。

县级以上地方人民政府卫生行政部门对个体行医的医师，应当按照国务院卫生行政部门的规定，经常监督检查，凡发现有本法第十六条规定的情形的，应当及时注销注册，收回医师执业证书。

第二十条　县级以上地方人民政府卫生行政部门应当将准予注册和注销注册的人员名单予以公告，并由省级人民政府卫生行政部门汇总，报国务院卫生行政部门备案。

第三章　执业规则

第二十一条　医师在执业活动中享有下列权利：

（一）在注册的执业范围内，进行医学诊查、疾病调查、医学处置、出具相应的医学证明文件，选择合理的医疗、预防、保健方案；

（二）按照国务院卫生行政部门规定的标准，获得与本人执业活动相当的医疗设备基本条件；

（三）从事医学研究、学术交流，参加专业学术团体；

（四）参加专业培训，接受继续医学教育；

（五）在执业活动中，人格尊严、人身安全不受侵犯；

（六）获取工资报酬和津贴，享受国家规定的福利待遇；

（七）对所在机构的医疗、预防、保健工作和卫生行政部门的工作提出意见和建议，依法参与所在机构的民主管理。

第二十二条　医师在执业活动中履行下列义务：

（一）遵守法律、法规，遵守技术操作规范；

（二）树立敬业精神，遵守职业道德，履行医师职责，尽职尽责为患者服务；

（三）关心、爱护、尊重患者，保护患者的隐私；

（四）努力钻研业务，更新知识，提高专业技术水平；

（五）宣传卫生保健知识，对患者进行健康教育。

第二十三条　医师实施医疗、预防、保健措施，签署有关医学证明文件，必须亲自诊查、调查，并按照规定及时填写医学文书，不得隐匿、伪造或者销毁医学文书及有关资料。

医师不得出具与自己执业范围无关或者与执业类别不相符的医学证明

文件。

第二十四条 对急危患者，医师应当采取紧急措施进行诊治；不得拒绝急救处置。

第二十五条 医师应当使用经国家有关部门批准使用的药品、消毒药剂和医疗器械。

除正当诊断治疗外，不得使用麻醉药品、医疗用毒性药品、精神药品和放射性药品。

第二十六条 医师应当如实向患者或者其家属介绍病情，但应注意避免对患者产生不利后果。

医师进行实验性临床医疗，应当经医院批准并征得患者本人或者其家属同意。

第二十七条 医师不得利用职务之便，索取、非法收受患者财物或者牟取其他不正当利益。

第二十八条 遇有自然灾害、传染病流行、突发重大伤亡事故及其他严重威胁人民生命健康的紧急情况时，医师应当服从县级以上人民政府卫生行政部门的调遣。

第二十九条 医师发生医疗事故或者发现传染病疫情时，应当按照有关规定及时向所在机构或者卫生行政部门报告。

医师发现患者涉嫌伤害事件或者非正常死亡时，应当按照有关规定向有关部门报告。

第三十条 执业助理医师应当在执业医师的指导下，在医疗、预防、保健机构中按照其执业类别执业。

在乡、民族乡、镇的医疗、预防、保健机构中工作的执业助理医师，可以根据医疗诊治的情况和需要，独立从事一般的执业活动。

第四章　考核和培训

第三十一条 受县级以上人民政府卫生行政部门委托的机构或者组织应当按照医师执业标准，对医师的业务水平、工作成绩和职业道德状况进行定期考核。

对医师的考核结果，考核机构应当报告准予注册的卫生行政部门备案。

对考核不合格的医师，县级以上人民政府卫生行政部门可以责令其暂停执业活动三个月至六个月，并接受培训和继续医学教育。暂停执业活动期满，再次进行考核，对考核合格的，允许其继续执业；对考核不合格的，由县级以上人民政府卫生行政部门注销注册，收回医师执业证书。

第三十二条 县级以上人民政府卫生行政部门负责指导、检查和监督医师考核工作。

第三十三条 医师有下列情形之一的，县级以上人民政府卫生行政部门应当给予表彰或者奖励：

（一）在执业活动中，医德高尚，事迹突出的；

（二）对医学专业技术有重大突破，作出显著贡献的；

（三）遇有自然灾害、传染病流行、突发重大伤亡事故及其他严重威胁人民生命健康的紧急情况时，救死扶伤、抢救诊疗表现突出的；

（四）长期在边远贫困地区、少数民族地区条件艰苦的基层单位努力工作的；

（五）国务院卫生行政部门规定应当予以表彰或者奖励的其他情形的。

第三十四条 县级以上人民政府卫生行政部门应当制定医师培训计划，对医师进行多种形式的培训，为医师接受继续医学教育提供条件。

县级以上人民政府卫生行政部门应当采取有力措施，对在农村和少数民族地区从事医疗、预防、保健业务的医务人员实施培训。

第三十五条 医疗、预防、保健机构应当按照规定和计划保证本机构医师的培训和继续医学教育。

县级以上人民政府卫生行政部门委托的承担医师考核任务的医疗卫生机构，应当为医师的培训和接受继续医学教育提供和创造条件。

第五章 法律责任

第三十六条 以不正当手段取得医师执业证书的，由发给证书的卫生行政部门予以吊销；对负有直接责任的主管人员和其他直接责任人员，依法给予行政处分。

第三十七条 医师在执业活动中，违反本法规定，有下列行为之一的，由县级以上人民政府卫生行政部门给予警告或者责令暂停六个月以上一年以下执业活动；情节严重的，吊销其执业证书；构成犯罪的，依法追究刑事责任：

（一）违反卫生行政规章制度或者技术操作规范，造成严重后果的；

（二）由于不负责任延误急危患者的抢救和诊治，造成严重后果的；

（三）造成医疗责任事故的；

（四）未经亲自诊查、调查，签署诊断、治疗、流行病学等证明文件或者有关出生、死亡等证明文件的；

（五）隐匿、伪造或者擅自销毁医学文书及有关资料的；

（六）使用未经批准使用的药品、消毒药剂和医疗器械的；

（七）不按照规定使用麻醉药品、医疗用毒性药品、精神药品和放射性药品的；

（八）未经患者或者其家属同意，对患者进行实验性临床医疗的；

（九）泄露患者隐私，造成严重后果的；

（十）利用职务之便，索取、非法收受患者财物或者牟取其他不正当利益的；

（十一）发生自然灾害、传染病流行、突发重大伤亡事故以及其他严重威胁人民生命健康的紧急情况时，不服从卫生行政部门调遣的；

（十二）发生医疗事故或者发现传染病疫情，患者涉嫌伤害事件或者非正常死亡，不按照规定报告的。

第三十八条 医师在医疗、预防、保健工作中造成事故的，依照法律或者国家有关规定处理。

第三十九条 未经批准擅自开办医疗机构行医或者非医师行医的，由县级以上人民政府卫生行政部门予以取缔，没收其违法所得及其药品、器械，并处十万元以下的罚款；对医师吊销其执业证书；给患者造成损害的，依法承担赔偿责任；构成犯罪的，依法追究刑事责任。

第四十条 阻碍医师依法执业，侮辱、诽谤、威胁、殴打医师或者侵犯医师人身自由、干扰医师正常工作、生活的，依照治安管理处罚条例的规定处罚；构成犯罪的，依法追究刑事责任。

第四十一条 医疗、预防、保健机构未依照本法第十六条的规定履行报告职责，导致严重后果的，由县级以上人民政府卫生行政部门给予警告；并对该机构的行政负责人依法给予行政处分。

第四十二条　卫生行政部门工作人员或者医疗、预防、保健机构工作人员违反本法有关规定，弄虚作假、玩忽职守、滥用职权、徇私舞弊，尚不构成犯罪的，依法给予行政处分；构成犯罪的，依法追究刑事责任。

第六章　附　则

第四十三条　本法颁布之日前按照国家有关规定取得医学专业技术职称和医学专业技术职务的人员，由所在机构报请县级以上人民政府卫生行政部门认定，取得相应的医师资格。其中在医疗、预防、保健机构中从事医疗、预防、保健业务的医务人员，依照本法规定的条件，由所在机构集体核报县级以上人民政府卫生行政部门，予以注册并发给医师执业证书。具体办法由国务院卫生行政部门会同国务院人事行政部门制定。

第四十四条　计划生育技术服务机构中的医师，适用本法。

第四十五条　在乡村医疗卫生机构中向村民提供预防、保健和一般医疗服务的乡村医生，符合本法有关规定的，可以依法取得执业医师资格或者执业助理医师资格；不具备本法规定的执业医师资格或者执业助理医师资格的乡村医生，由国务院另行制定管理办法。

第四十六条　军队医师执行本法的实施办法，由国务院、中央军事委员会依据本法的原则制定。

第四十七条　境外人员在中国境内申请医师考试、注册、执业或者从事临床示教、临床研究等活动的，按照国家有关规定办理。

第四十八条　本法自 1999 年 5 月 1 日起施行。

中华人民共和国侵权责任法

（2009 年 12 月 26 日第十一届全国人民代表大会
常务委员会第十二次会议通过）

目　录

第一章　一般规定

第一条　为保护民事主体的合法权益，明确侵权责任，预防并制裁侵权行为，促进社会和谐稳定，制定本法。

第二条　侵害民事权益，应当依照本法承担侵权责任。

本法所称民事权益,包括生命权、健康权、姓名权、名誉权、荣誉权、肖像权、隐私权、婚姻自主权、监护权、所有权、用益物权、担保物权、著作权、专利权、商标专用权、发现权、股权、继承权等人身、财产权益。

第三条 被侵权人有权请求侵权人承担侵权责任。

第四条 侵权人因同一行为应当承担行政责任或者刑事责任的,不影响依法承担侵权责任。

因同一行为应当承担侵权责任和行政责任、刑事责任,侵权人的财产不足以支付的,先承担侵权责任。

第五条 其他法律对侵权责任另有特别规定的,依照其规定。

第二章　责任构成和责任方式

第六条 行为人因过错侵害他人民事权益,应当承担侵权责任。

根据法律规定推定行为人有过错,行为人不能证明自己没有过错的,应当承担侵权责任。

第七条 行为人损害他人民事权益,不论行为人有无过错,法律规定应当承担侵权责任的,依照其规定。

第八条 二人以上共同实施侵权行为,造成他人损害的,应当承担连带责任。

第九条 教唆、帮助他人实施侵权行为的,应当与行为人承担连带责任。

教唆、帮助无民事行为能力人、限制民事行为能力人实施侵权行为的,应当承担侵权责任;该无民事行为能力人、限制民事行为能力人的监护人未尽到监护责任的,应当承担相应的责任。

第十条 二人以上实施危及他人人身、财产安全的行为,其中一人或者数人的行为造成他人损害,能够确定具体侵权人的,由侵权人承担责任;不能确定具体侵权人的,行为人承担连带责任。

第十一条 二人以上分别实施侵权行为造成同一损害,每个人的侵权行为都足以造成全部损害的,行为人承担连带责任。

第十二条 二人以上分别实施侵权行为造成同一损害,能够确定责任大小的,各自承担相应的责任;难以确定责任大小的,平均承担赔偿责任。

第十三条　法律规定承担连带责任的，被侵权人有权请求部分或者全部连带责任人承担责任。

第十四条　连带责任人根据各自责任大小确定相应的赔偿数额；难以确定责任大小的，平均承担赔偿责任。

支付超出自己赔偿数额的连带责任人，有权向其他连带责任人追偿。

第十五条　承担侵权责任的方式主要有：

（一）停止侵害；

（二）排除妨碍；

（三）消除危险；

（四）返还财产；

（五）恢复原状；

（六）赔偿损失；

（七）赔礼道歉；

（八）消除影响、恢复名誉。

以上承担侵权责任的方式，可以单独适用，也可以合并适用。

第十六条　侵害他人造成人身损害的，应当赔偿医疗费、护理费、交通费等为治疗和康复支出的合理费用，以及因误工减少的收入。造成残疾的，还应当赔偿残疾生活辅助具费和残疾赔偿金。造成死亡的，还应当赔偿丧葬费和死亡赔偿金。

第十七条　因同一侵权行为造成多人死亡的，可以以相同数额确定死亡赔偿金。

第十八条　被侵权人死亡的，其近亲属有权请求侵权人承担侵权责任。被侵权人为单位，该单位分立、合并的，承继权利的单位有权请求侵权人承担侵权责任。

被侵权人死亡的，支付被侵权人医疗费、丧葬费等合理费用的人有权请求侵权人赔偿费用，但侵权人已支付该费用的除外。

第十九条　侵害他人财产的，财产损失按照损失发生时的市场价格或者其他方式计算。

第二十条　侵害他人人身权益造成财产损失的，按照被侵权人因此受到的损失赔偿；被侵权人的损失难以确定，侵权人因此获得利益的，按照其获得的利益赔偿；侵权人因此获得的利益难以确定，被侵权人和侵权人就赔偿数额协商不一致，向人民法院提起诉讼的，由人民法院根据实际情况确定赔偿数额。

第二十一条 侵权行为危及他人人身、财产安全的，被侵权人可以请求侵权人承担停止侵害、排除妨碍、消除危险等侵权责任。

第二十二条 侵害他人人身权益，造成他人严重精神损害的，被侵权人可以请求精神损害赔偿。

第二十三条 因防止、制止他人民事权益被侵害而使自己受到损害的，由侵权人承担责任。侵权人逃逸或者无力承担责任，被侵权人请求补偿的，受益人应当给予适当补偿。

第二十四条 受害人和行为人对损害的发生都没有过错的，可以根据实际情况，由双方分担损失。

第二十五条 损害发生后，当事人可以协商赔偿费用的支付方式。协商不一致的，赔偿费用应当一次性支付；一次性支付确有困难的，可以分期支付，但应当提供相应的担保。

第三章 不承担责任和减轻责任的情形

第二十六条 被侵权人对损害的发生也有过错的，可以减轻侵权人的责任。

第二十七条 损害是因受害人故意造成的，行为人不承担责任。

第二十八条 损害是因第三人造成的，第三人应当承担侵权责任。

第二十九条 因不可抗力造成他人损害的，不承担责任。法律另有规定的，依照其规定。

第三十条 因正当防卫造成损害的，不承担责任。正当防卫超过必要的限度，造成不应有的损害的，正当防卫人应当承担适当的责任。

第三十一条 因紧急避险造成损害的，由引起险情发生的人承担责任。如果危险是由自然原因引起的，紧急避险人不承担责任或者给予适当补偿。紧急避险采取措施不当或者超过必要的限度，造成不应有的损害的，紧急避险人应当承担适当的责任。

第四章 关于责任主体的特殊规定

第三十二条 无民事行为能力人、限制民事行为能力人造成他人损害的，由监护人承担侵权责任。监护人尽到监护责任的，可以减轻其侵权责任。

有财产的无民事行为能力人、限制民事行为能力人造成他人损害的，从本人财产中支付赔偿费用。不足部分，由监护人赔偿。

第三十三条 完全民事行为能力人对自己的行为暂时没有意识或者失去控制造成他人损害有过错的，应当承担侵权责任；没有过错的，根据行为人的经济状况对受害人适当补偿。

完全民事行为能力人因醉酒、滥用麻醉药品或者精神药品对自己的行为暂时没有意识或者失去控制造成他人损害的，应当承担侵权责任。

第三十四条 用人单位的工作人员因执行工作任务造成他人损害的，由用人单位承担侵权责任。

劳务派遣期间，被派遣的工作人员因执行工作任务造成他人损害的，由接受劳务派遣的用工单位承担侵权责任；劳务派遣单位有过错的，承担相应的补充责任。

第三十五条 个人之间形成劳务关系，提供劳务一方因劳务造成他人损害的，由接受劳务一方承担侵权责任。提供劳务一方因劳务自己受到损害的，根据双方各自的过错承担相应的责任。

第三十六条 网络用户、网络服务提供者利用网络侵害他人民事权益的，应当承担侵权责任。

网络用户利用网络服务实施侵权行为的，被侵权人有权通知网络服务提供者采取删除、屏蔽、断开链接等必要措施。网络服务提供者接到通知后未及时采取必要措施的，对损害的扩大部分与该网络用户承担连带责任。

网络服务提供者知道网络用户利用其网络服务侵害他人民事权益，未采取必要措施的，与该网络用户承担连带责任。

第三十七条 宾馆、商场、银行、车站、娱乐场所等公共场所的管理人或者群众性活动的组织者，未尽到安全保障义务，造成他人损害的，应当承担侵权责任。

因第三人的行为造成他人损害的，由第三人承担侵权责任；管理人或者组织者未尽到安全保障义务的，承担相应的补充责任。

第三十八条 无民事行为能力人在幼儿园、学校或者其他教育机构学习、生活期间受到人身损害的，幼儿园、学校或者其他教育机构应当承担责任，但能够证明尽到教育、管理职责的，不承担责任。

第三十九条 限制民事行为能力人在学校或者其他教育机构学习、生活期间受到人身损害，学校或者其他教育机构未尽到教育、管理职责的，应当承担责任。

第四十条 无民事行为能力人或者限制民事行为能力人在幼儿园、学校或者其他教育机构学习、生活期间，受到幼儿园、学校或者其他教育机构以外的人员人身损害的，由侵权人承担侵权责任；幼儿园、学校或者其他教育机构未尽到管理职责的，承担相应的补充责任。

第五章 产品责任

第四十一条 因产品存在缺陷造成他人损害的，生产者应当承担侵权责任。

第四十二条 因销售者的过错使产品存在缺陷，造成他人损害的，销售者应当承担侵权责任。

销售者不能指明缺陷产品的生产者也不能指明缺陷产品的供货者的，销售者应当承担侵权责任。

第四十三条 因产品存在缺陷造成损害的，被侵权人可以向产品的生产者请求赔偿，也可以向产品的销售者请求赔偿。

产品缺陷由生产者造成的，销售者赔偿后，有权向生产者追偿。

因销售者的过错使产品存在缺陷的，生产者赔偿后，有权向销售者追偿。

第四十四条 因运输者、仓储者等第三人的过错使产品存在缺陷，造成他人损害的，产品的生产者、销售者赔偿后，有权向第三人追偿。

第四十五条 因产品缺陷危及他人人身、财产安全的，被侵权人有权请求生产者、销售者承担排除妨碍、消除危险等侵权责任。

第四十六条 产品投入流通后发现存在缺陷的，生产者、销售者应当及时采取警示、召回等补救措施。未及时采取补救措施或者补救措施不力造成损害的，应当承担侵权责任。

第四十七条　明知产品存在缺陷仍然生产、销售，造成他人死亡或者健康严重损害的，被侵权人有权请求相应的惩罚性赔偿。

第六章　机动车交通事故责任

第四十八条　机动车发生交通事故造成损害的，依照道路交通安全法的有关规定承担赔偿责任。

第四十九条　因租赁、借用等情形机动车所有人与使用人不是同一人时，发生交通事故后属于该机动车一方责任的，由保险公司在机动车强制保险责任限额范围内予以赔偿。不足部分，由机动车使用人承担赔偿责任；机动车所有人对损害的发生有过错的，承担相应的赔偿责任。

第五十条　当事人之间已经以买卖等方式转让并交付机动车但未办理所有权转移登记，发生交通事故后属于该机动车一方责任的，由保险公司在机动车强制保险责任限额范围内予以赔偿。不足部分，由受让人承担赔偿责任。

第五十一条　以买卖等方式转让拼装或者已达到报废标准的机动车，发生交通事故造成损害的，由转让人和受让人承担连带责任。

第五十二条　盗窃、抢劫或者抢夺的机动车发生交通事故造成损害的，由盗窃人、抢劫人或者抢夺人承担赔偿责任。保险公司在机动车强制保险责任限额范围内垫付抢救费用的，有权向交通事故责任人追偿。

第五十三条　机动车驾驶人发生交通事故后逃逸，该机动车参加强制保险的，由保险公司在机动车强制保险责任限额范围内予以赔偿；机动车不明或者该机动车未参加强制保险，需要支付被侵权人人身伤亡的抢救、丧葬等费用的，由道路交通事故社会救助基金垫付。道路交通事故社会救助基金垫付后，其管理机构有权向交通事故责任人追偿。

第七章　医疗损害责任

第五十四条　患者在诊疗活动中受到损害，医疗机构及其医务人员有过错的，由医疗机构承担赔偿责任。

第五十五条　医务人员在诊疗活动中应当向患者说明病情和医疗措施。需要实施手术、特殊检查、特殊治疗的，医务人员应当及时向患者说明医疗风险、替代医疗方案等情况，并取得其书面同意；不宜向患者说明的，应当向患者的近亲属说明，并取得其书面同意。

医务人员未尽到前款义务，造成患者损害的，医疗机构应当承担赔偿责任。

第五十六条　因抢救生命垂危的患者等紧急情况，不能取得患者或者其近亲属意见的，经医疗机构负责人或者授权的负责人批准，可以立即实施相应的医疗措施。

第五十七条　医务人员在诊疗活动中未尽到与当时的医疗水平相应的诊疗义务，造成患者损害的，医疗机构应当承担赔偿责任。

第五十八条　患者有损害，因下列情形之一的，推定医疗机构有过错：

（一）违反法律、行政法规、规章以及其他有关诊疗规范的规定；

（二）隐匿或者拒绝提供与纠纷有关的病历资料；

（三）伪造、篡改或者销毁病历资料。

第五十九条　因药品、消毒药剂、医疗器械的缺陷，或者输入不合格的血液造成患者损害的，患者可以向生产者或者血液提供机构请求赔偿，也可以向医疗机构请求赔偿。患者向医疗机构请求赔偿的，医疗机构赔偿后，有权向负有责任的生产者或者血液提供机构追偿。

第六十条　患者有损害，因下列情形之一的，医疗机构不承担赔偿责任：

（一）患者或者其近亲属不配合医疗机构进行符合诊疗规范的诊疗；

（二）医务人员在抢救生命垂危的患者等紧急情况下已经尽到合理诊疗义务；

（三）限于当时的医疗水平难以诊疗。

前款第一项情形中，医疗机构及其医务人员也有过错的，应当承担相应的赔偿责任。

第六十一条　医疗机构及其医务人员应当按照规定填写并妥善保管住院志、医嘱单、检验报告、手术及麻醉记录、病理资料、护理记录、医疗费用等病历资料。

患者要求查阅、复制前款规定的病历资料的，医疗机构应当提供。

第六十二条　医疗机构及其医务人员应当对患者的隐私保密。泄露患者隐私或者未经患者同意公开其病历资料，造成患者损害的，应当承担侵权责任。

第六十三条　医疗机构及其医务人员不得违反诊疗规范实施不必要的检查。

第六十四条　医疗机构及其医务人员的合法权益受法律保护。干扰医疗秩序，妨害医务人员工作、生活的，应当依法承担法律责任。

第八章　环境污染责任

第六十五条　因污染环境造成损害的，污染者应当承担侵权责任。

第六十六条　因污染环境发生纠纷，污染者应当就法律规定的不承担责任或者减轻责任的情形及其行为与损害之间不存在因果关系承担举证责任。

第六十七条　两个以上污染者污染环境，污染者承担责任的大小，根据污染物的种类、排放量等因素确定。

第六十八条　因第三人的过错污染环境造成损害的，被侵权人可以向污染者请求赔偿，也可以向第三人请求赔偿。污染者赔偿后，有权向第三人追偿。

第九章　高度危险责任

第六十九条　从事高度危险作业造成他人损害的，应当承担侵权责任。

第七十条　民用核设施发生核事故造成他人损害的，民用核设施的经营者应当承担侵权责任，但能够证明损害是因战争等情形或者受害人故意造成的，不承担责任。

第七十一条　民用航空器造成他人损害的，民用航空器的经营者应当承担侵权责任，但能够证明损害是因受害人故意造成的，不承担责任。

第七十二条　占有或者使用易燃、易爆、剧毒、放射性等高度危险物造成他人损害的，占有人或者使用人应当承担侵权责任，但能够证明损害是因受害人故意或者不可抗力造成的，不承担责任。被侵权人对损害的发生有重大过失的，可以减轻占有人或者使用人的责任。

第七十三条　从事高空、高压、地下挖掘活动或者使用高速轨道运输工具造成他人损害的，经营者应当承担侵权责任，但能够证明损害是因受害人故意或者不可抗力造成的，不承担责任。被侵权人对损害的发生有过失的，可以减轻经营者的责任。

第七十四条　遗失、抛弃高度危险物造成他人损害的，由所有人承担侵权责任。所有人将高度危险物交由他人管理的，由管理人承担侵权责任；所有人有过错的，与管理人承担连带责任。

第七十五条　非法占有高度危险物造成他人损害的，由非法占有人承担侵权责任。所有人、管理人不能证明对防止他人非法占有尽到高度注意义务的，与非法占有人承担连带责任。

第七十六条　未经许可进入高度危险活动区域或者高度危险物存放区域受到损害，管理人已经采取安全措施并尽到警示义务的，可以减轻或者不承担责任。

第七十七条　承担高度危险责任，法律规定赔偿限额的，依照其规定。

第十章　饲养动物损害责任

第七十八条　饲养的动物造成他人损害的，动物饲养人或者管理人应当承担侵权责任，但能够证明损害是因被侵权人故意或者重大过失造成的，可以不承担或者减轻责任。

第七十九条　违反管理规定，未对动物采取安全措施造成他人损害的，动物饲养人或者管理人应当承担侵权责任。

第八十条　禁止饲养的烈性犬等危险动物造成他人损害的，动物饲养人或者管理人应当承担侵权责任。

第八十一条　动物园的动物造成他人损害的，动物园应当承担侵权责任，但能够证明尽到管理职责的，不承担责任。

第八十二条　遗弃、逃逸的动物在遗弃、逃逸期间造成他人损害的，由原动物饲养人或者管理人承担侵权责任。

第八十三条　因第三人的过错致使动物造成他人损害的，被侵权人可以向动物饲养人或者管理人请求赔偿，也可以向第三人请求赔偿。动物饲养人或者管理人赔偿后，有权向第三人追偿。

  第八十四条 饲养动物应当遵守法律，尊重社会公德，不得妨害他人生活。

第十一章 物件损害责任

  第八十五条 建筑物、构筑物或者其他设施及其搁置物、悬挂物发生脱落、坠落造成他人损害，所有人、管理人或者使用人不能证明自己没有过错的，应当承担侵权责任。所有人、管理人或者使用人赔偿后，有其他责任人的，有权向其他责任人追偿。

  第八十六条 建筑物、构筑物或者其他设施倒塌造成他人损害的，由建设单位与施工单位承担连带责任。建设单位、施工单位赔偿后，有其他责任人的，有权向其他责任人追偿。

  因其他责任人的原因，建筑物、构筑物或者其他设施倒塌造成他人损害的，由其他责任人承担侵权责任。

  第八十七条 从建筑物中抛掷物品或者从建筑物上坠落的物品造成他人损害，难以确定具体侵权人的，除能够证明自己不是侵权人的外，由可能加害的建筑物使用人给予补偿。

  第八十八条 堆放物倒塌造成他人损害，堆放人不能证明自己没有过错的，应当承担侵权责任。

  第八十九条 在公共道路上堆放、倾倒、遗撒妨碍通行的物品造成他人损害的，有关单位或者个人应当承担侵权责任。

  第九十条 因林木折断造成他人损害，林木的所有人或者管理人不能证明自己没有过错的，应当承担侵权责任。

  第九十一条 在公共场所或者道路上挖坑、修缮安装地下设施等，没有设置明显标志和采取安全措施造成他人损害的，施工人应当承担侵权责任。

  窨井等地下设施造成他人损害，管理人不能证明尽到管理职责的，应当承担侵权责任。

第十二章 附 则

第九十二条 本法自 2010 年 7 月 1 日起施行。

中华人民共和国药品管理法

(1984 年 9 月 20 日第六届全国人民代表大会常务委员会第七次会议通过 2001 年 2 月 28 日第九届全国人民代表大会常务委员会第二十次会议修订)

目 录

第一章 总 则

第一条 为加强药品监督管理，保证药品质量，保障人体用药安全，维护人民身体健康和用药的合法权益，特制定本法。

第二条 在中华人民共和国境内从事药品的研制、生产、经营、使用和监督管理的单位或者个人，必须遵守本法。

第三条 国家发展现代药和传统药，充分发挥其在预防、医疗和保健中的作用。

国家保护野生药材资源，鼓励培育中药材。

第四条 国家鼓励研究和创制新药，保护公民、法人和其他组织研究、开发新药的合法权益。

第五条 国务院药品监督管理部门主管全国药品监督管理工作。国务院有关部门在各自的职责范围内负责与药品有关的监督管理工作。

省、自治区、直辖市人民政府药品监督管理部门负责本行政区域内的药品监督管理工作。省、自治区、直辖市人民政府有关部门在各自的职责范围内负责与药品有关的监督管理工作。

国务院药品监督管理部门应当配合国务院经济综合主管部门，执行国家制定的药品行业发展规划和产业政策。

第六条 药品监督管理部门设置或者确定的药品检验机构，承担依法实施药品审批和药品质量监督检查所需的药品检验工作。

第二章　药品生产企业管理

第七条 开办药品生产企业，须经企业所在地省、自治区、直辖市人民政府药品监督管理部门批准并发给《药品生产许可证》，凭《药品生产许可证》到工商行政管理部门办理登记注册。无《药品生产许可证》的，不得生产药品。

《药品生产许可证》应当标明有效期和生产范围，到期重新审查发证。

药品监督管理部门批准开办药品生产企业，除依据本法第八条规定的条件外，还应当符合国家制定的药品行业发展规划和产业政策，防止重复建设。

第八条 开办药品生产企业，必须具备以下条件：

（一）具有依法经过资格认定的药学技术人员、工程技术人员及相应的技术工人；

（二）具有与其药品生产相适应的厂房、设施和卫生环境；

（三）具有能对所生产药品进行质量管理和质量检验的机构、人员以及必要的仪器设备；

（四）具有保证药品质量的规章制度。

第九条 药品生产企业必须按照国务院药品监督管理部门依据本法制定的《药品生产质量管理规范》组织生产。药品监督管理部门按照规定对药品生产企业是否符合《药品生产质量管理规范》的要求进行认证；对认证合格的，发给认证证书。

《药品生产质量管理规范》的具体实施办法、实施步骤由国务院药品监督管理部门规定。

第十条 除中药饮片的炮制外，药品必须按照国家药品标准和国务院药品监督管理部门批准的生产工艺进行生产，生产记录必须完整准确。药品生产企业改变影响药品质量的生产工艺的，必须报原批准部门审核批准。

中药饮片必须按照国家药品标准炮制；国家药品标准没有规定的，必须按照省、自治区、直辖市人民政府药品监督管理部门制定的炮制规范炮制。省、自治区、直辖市人民政府药品监督管理部门制定的炮制规范应当报国务院药品监督管理部门备案。

第十一条 生产药品所需的原料、辅料，必须符合药用要求。

第十二条 药品生产企业必须对其生产的药品进行质量检验；不符合国家药品标准或者不按照省、自治区、直辖市人民政府药品监督管理部门制定的中药饮片炮制规范炮制的，不得出厂。

第十三条 经国务院药品监督管理部门或者国务院药品监督管理部门授权的省、自治区、直辖市人民政府药品监督管理部门批准，药品生产企业可以接受委托生产药品。

第三章 药品经营企业管理

第十四条 开办药品批发企业，须经企业所在地省、自治区、直辖市人民政府药品监督管理部门批准并发给《药品经营许可证》；开办药品零售企业，须经企业所在地县级以上地方药品监督管理部门批准并发给《药品经营许可证》，凭《药品经营许可证》到工商行政管理部门办理登记注册。无《药品经营许可证》的，不得经营药品。

《药品经营许可证》应当标明有效期和经营范围，到期重新审查发证。

药品监督管理部门批准开办药品经营企业，除依据本法第十五条规定的条件外，还应当遵循合理布局和方便群众购药的原则。

第十五条 开办药品经营企业必须具备以下条件：

（一）具有依法经过资格认定的药学技术人员；

（二）具有与所经营药品相适应的营业场所、设备、仓储设施、卫生环境；

（三）具有与所经营药品相适应的质量管理机构或者人员；

（四）具有保证所经营药品质量的规章制度。

第十六条 药品经营企业必须按照国务院药品监督管理部门依据本法制定的《药品经营质量管理规范》经营药品。药品监督管理部门按照规定对药品经营企业是否符合《药品经营质量管理规范》的要求进行认证；对认证合格的，发给认证证书。

《药品经营质量管理规范》的具体实施办法、实施步骤由国务院药品监督管理部门规定。

第十七条 药品经营企业购进药品，必须建立并执行进货检查验收制度，验明药品合格证明和其他标识；不符合规定要求的，不得购进。

第十八条 药品经营企业购销药品，必须有真实完整的购销记录。购销记录必须注明药品的通用名称、剂型、规格、批号、有效期、生产厂商、购（销）货单位、购（销）货数量、购销价格、购（销）货日期及国务院药品监督管理部门规定的其他内容。

第十九条 药品经营企业销售药品必须准确无误，并正确说明用法、用量和注意事项；调配处方必须经过核对，对处方所列药品不得擅自更改或者代用。对有配伍禁忌或者超剂量的处方，应当拒绝调配；必要时，经处方医师更正或者重新签字，方可调配。

药品经营企业销售中药材，必须标明产地。

第二十条 药品经营企业必须制定和执行药品保管制度，采取必要的冷藏、防冻、防潮、防虫、防鼠等措施，保证药品质量。

药品入库和出库必须执行检查制度。

第二十一条 城乡集市贸易市场可以出售中药材，国务院另有规定的除外。

城乡集市贸易市场不得出售中药材以外的药品，但持有《药品经营许可证》的药品零售企业在规定的范围内可以在城乡集市贸易市场设点出售中药材以外的药品。具体办法由国务院规定。

第四章 医疗机构的药剂管理

第二十二条 医疗机构必须配备依法经过资格认定的药学技术人员。非药学技术人员不得直接从事药剂技术工作。

第二十三条 医疗机构配制制剂，须经所在地省、自治区、直辖市人民政府卫生行政部门审核同意，由省、自治区、直辖市人民政府药品监督管理部门批准，发给《医疗机构制剂许可证》。无《医疗机构制剂许可证》的，不得配制制剂。

《医疗机构制剂许可证》应当标明有效期，到期重新审查发证。

第二十四条 医疗机构配制制剂，必须具有能够保证制剂质量的设施、管理制度、检验仪器和卫生条件。

第二十五条 医疗机构配制的制剂，应当是本单位临床需要而市场上没有供应的品种，并须经所在地省、自治区、直辖市人民政府药品监督管理部门批准后方可配制。配制的制剂必须按照规定进行质量检验；合格的，凭医师处方在本医疗机构使用。特殊情况下，经国务院或者省、自治区、直辖市人民政府的药品监督管理部门批准，医疗机构配制的制剂可以在指定的医疗机构之间调剂使用。

医疗机构配制的制剂，不得在市场销售。

第二十六条 医疗机构购进药品，必须建立并执行进货检查验收制度，验明药品合格证明和其他标识；不符合规定要求的，不得购进和使用。

第二十七条 医疗机构的药剂人员调配处方，必须经过核对，对处方所列药品不得擅自更改或者代用。对有配伍禁忌或者超剂量的处方，应当拒绝调配；必要时，经处方医师更正或者重新签字，方可调配。

第二十八条 医疗机构必须制定和执行药品保管制度，采取必要的冷藏、防冻、防潮、防虫、防鼠等措施，保证药品质量。

第五章　药品管理

第二十九条　研制新药，必须按照国务院药品监督管理部门的规定如实报送研制方法、质量指标、药理及毒理试验结果等有关资料和样品，经国务院药品监督管理部门批准后，方可进行临床试验。药物临床试验机构资格的认定办法，由国务院药品监督管理部门、国务院卫生行政部门共同制定。

完成临床试验并通过审批的新药，由国务院药品监督管理部门批准，发给新药证书。

第三十条　药物的非临床安全性评价研究机构和临床试验机构必须分别执行药物非临床研究质量管理规范、药物临床试验质量管理规范。

药物非临床研究质量管理规范、药物临床试验质量管理规范由国务院确定的部门制定。

第三十一条　生产新药或者已有国家标准的药品的，须经国务院药品监督管理部门批准，并发给药品批准文号；但是，生产没有实施批准文号管理的中药材和中药饮片除外。实施批准文号管理的中药材、中药饮片品种目录由国务院药品监督管理部门会同国务院中医药管理部门制定。

药品生产企业在取得药品批准文号后，方可生产该药品。

第三十二条　药品必须符合国家药品标准。中药饮片依照本法第十条第二款的规定执行。

国务院药品监督管理部门颁布的《中华人民共和国药典》和药品标准为国家药品标准。

国务院药品监督管理部门组织药典委员会，负责国家药品标准的制定和修订。

国务院药品监督管理部门的药品检验机构负责标定国家药品标准品、对照品。

第三十三条　国务院药品监督管理部门组织药学、医学和其他技术人员，对新药进行审评，对已经批准生产的药品进行再评价。

第三十四条　药品生产企业、药品经营企业、医疗机构必须从具有药品生产、经营资格的企业购进药品；但是，购进没有实施批准文号管理的中药材除外。

第三十五条 国家对麻醉药品、精神药品、医疗用毒性药品、放射性药品，实行特殊管理。管理办法由国务院制定。

第三十六条 国家实行中药品种保护制度。具体办法由国务院制定。

第三十七条 国家对药品实行处方药与非处方药分类管理制度。具体办法由国务院制定。

第三十八条 禁止进口疗效不确、不良反应大或者其他原因危害人体健康的药品。

第三十九条 药品进口，须经国务院药品监督管理部门组织审查，经审查确认符合质量标准、安全有效的，方可批准进口，并发给进口药品注册证书。

医疗单位临床急需或者个人自用进口的少量药品，按照国家有关规定办理进口手续。

第四十条 药品必须从允许药品进口的口岸进口，并由进口药品的企业向口岸所在地药品监督管理部门登记备案。海关凭药品监督管理部门出具的《进口药品通关单》放行。无《进口药品通关单》的，海关不得放行。

口岸所在地药品监督管理部门应当通知药品检验机构按照国务院药品监督管理部门的规定对进口药品进行抽查检验，并依照本法第四十一条第二款的规定收取检验费。

允许药品进口的口岸由国务院药品监督管理部门会同海关总署提出，报国务院批准。

第四十一条 国务院药品监督管理部门对下列药品在销售前或者进口时，指定药品检验机构进行检验；检验不合格的，不得销售或者进口：

（一）国务院药品监督管理部门规定的生物制品；

（二）首次在中国销售的药品；

（三）国务院规定的其他药品。

前款所列药品的检验费项目和收费标准由国务院财政部门会同国务院价格主管部门核定并公告。检验费收缴办法由国务院财政部门会同国务院药品监督管理部门制定。

第四十二条 国务院药品监督管理部门对已经批准生产或者进口的药品，应当组织调查；对疗效不确、不良反应大或者其他原因危害人体健康的药品，应当撤销批准文号或者进口药品注册证书。

已被撤销批准文号或者进口药品注册证书的药品，不得生产或者进口、销售和使用；已经生产或者进口的，由当地药品监督管理部门监督销毁或者处理。

第四十三条 国家实行药品储备制度。

国内发生重大灾情、疫情及其他突发事件时，国务院规定的部门可以紧急调用企业药品。

第四十四条 对国内供应不足的药品，国务院有权限制或者禁止出口。

第四十五条 进口、出口麻醉药品和国家规定范围内的精神药品，必须持有国务院药品监督管理部门发给的《进口准许证》、《出口准许证》。

第四十六条 新发现和从国外引种的药材，经国务院药品监督管理部门审核批准后，方可销售。

第四十七条 地区性民间习用药材的管理办法，由国务院药品监督管理部门会同国务院中医药管理部门制定。

第四十八条 禁止生产（包括配制，下同）、销售假药。

有下列情形之一的，为假药：

（一）药品所含成份与国家药品标准规定的成份不符的；

（二）以非药品冒充药品或者以他种药品冒充此种药品的。

有下列情形之一的药品，按假药论处：

（一）国务院药品监督管理部门规定禁止使用的；

（二）依照本法必须批准而未经批准生产、进口，或者依照本法必须检验而未经检验即销售的；

（三）变质的；

（四）被污染的；

（五）使用依照本法必须取得批准文号而未取得批准文号的原料药生产的；

（六）所标明的适应症或者功能主治超出规定范围的。

第四十九条 禁止生产、销售劣药。

药品成份的含量不符合国家药品标准的，为劣药。

有下列情形之一的药品，按劣药论处：

（一）未标明有效期或者更改有效期的；

（二）不注明或者更改生产批号的；

（三）超过有效期的；

（四）直接接触药品的包装材料和容器未经批准的；

（五）擅自添加着色剂、防腐剂、香料、矫味剂及辅料的；

（六）其他不符合药品标准规定的。

第五十条 列入国家药品标准的药品名称为药品通用名称。已经作为药品通用名称的，该名称不得作为药品商标使用。

第五十一条 药品生产企业、药品经营企业和医疗机构直接接触药品的工作人员，必须每年进行健康检查。患有传染病或者其他可能污染药品的疾病的，不得从事直接接触药品的工作。

第六章　药品包装的管理

第五十二条 直接接触药品的包装材料和容器，必须符合药用要求，符合保障人体健康、安全的标准，并由药品监督管理部门在审批药品时一并审批。

药品生产企业不得使用未经批准的直接接触药品的包装材料和容器。

对不合格的直接接触药品的包装材料和容器，由药品监督管理部门责令停止使用。

第五十三条 药品包装必须适合药品质量的要求，方便储存、运输和医疗使用。

发运中药材必须有包装。在每件包装上，必须注明品名、产地、日期、调出单位，并附有质量合格的标志。

第五十四条 药品包装必须按照规定印有或者贴有标签并附有说明书。

标签或者说明书上必须注明药品的通用名称、成份、规格、生产企业、批准文号、产品批号、生产日期、有效期、适应症或者功能主治、用法、用量、禁忌、不良反应和注意事项。

麻醉药品、精神药品、医疗用毒性药品、放射性药品、外用药品和非处方药的标签，必须印有规定的标志。

第七章　药品价格和广告的管理

第五十五条　依法实行政府定价、政府指导价的药品，政府价格主管部门应当依照《中华人民共和国价格法》规定的定价原则，依据社会平均成本、市场供求状况和社会承受能力合理制定和调整价格，做到质价相符，消除虚高价格，保护用药者的正当利益。

药品的生产企业、经营企业和医疗机构必须执行政府定价、政府指导价，不得以任何形式擅自提高价格。

药品生产企业应当依法向政府价格主管部门如实提供药品的生产经营成本，不得拒报、虚报、瞒报。

第五十六条　依法实行市场调节价的药品，药品的生产企业、经营企业和医疗机构应当按照公平、合理和诚实信用、质价相符的原则制定价格，为用药者提供价格合理的药品。

药品的生产企业、经营企业和医疗机构应当遵守国务院价格主管部门关于药价管理的规定，制定和标明药品零售价格，禁止暴利和损害用药者利益的价格欺诈行为。

第五十七条　药品的生产企业、经营企业、医疗机构应当依法向政府价格主管部门提供其药品的实际购销价格和购销数量等资料。

第五十八条　医疗机构应当向患者提供所用药品的价格清单；医疗保险定点医疗机构还应当按照规定的办法如实公布其常用药品的价格，加强合理用药的管理。具体办法由国务院卫生行政部门规定。

第五十九条　禁止药品的生产企业、经营企业和医疗机构在药品购销中帐外暗中给予、收受回扣或者其他利益。

禁止药品的生产企业、经营企业或者其代理人以任何名义给予使用其药品的医疗机构的负责人、药品采购人员、医师等有关人员以财物或者其他利益。禁止医疗机构的负责人、药品采购人员、医师等有关人员以任何名义收受药品的生产企业、经营企业或者其代理人给予的财物或者其他利益。

第六十条　药品广告须经企业所在地省、自治区、直辖市人民政府药品监督管理部门批准，并发给药品广告批准文号；未取得药品广告批准文号的，不得发布。

处方药可以在国务院卫生行政部门和国务院药品监督管理部门共同指定的医学、药学专业刊物上介绍，但不得在大众传播媒介发布广告或者以其他方式进行以公众为对象的广告宣传。

第六十一条 药品广告的内容必须真实、合法，以国务院药品监督管理部门批准的说明书为准，不得含有虚假的内容。

药品广告不得含有不科学的表示功效的断言或者保证；不得利用国家机关、医药科研单位、学术机构或者专家、学者、医师、患者的名义和形象作证明。

非药品广告不得有涉及药品的宣传。

第六十二条 省、自治区、直辖市人民政府药品监督管理部门应当对其批准的药品广告进行检查，对于违反本法和《中华人民共和国广告法》的广告，应当向广告监督管理机关通报并提出处理建议，广告监督管理机关应当依法作出处理。

第六十三条 药品价格和广告，本法未规定的，适用《中华人民共和国价格法》、《中华人民共和国广告法》的规定。

第八章　药品监督

第六十四条 药品监督管理部门有权按照法律、行政法规的规定对报经其审批的药品研制和药品的生产、经营以及医疗机构使用药品的事项进行监督检查，有关单位和个人不得拒绝和隐瞒。

药品监督管理部门进行监督检查时，必须出示证明文件，对监督检查中知悉的被检查人的技术秘密和业务秘密应当保密。

第六十五条 药品监督管理部门根据监督检查的需要，可以对药品质量进行抽查检验。抽查检验应当按照规定抽样，并不得收取任何费用。所需费用按照国务院规定列支。

药品监督管理部门对有证据证明可能危害人体健康的药品及其有关材料可以采取查封、扣押的行政强制措施，并在七日内作出行政处理决定；药品需要检验的，必须自检验报告书发出之日起十五日内作出行政处理决定。

第六十六条　国务院和省、自治区、直辖市人民政府的药品监督管理部门应当定期公告药品质量抽查检验的结果；公告不当的，必须在原公告范围内予以更正。

第六十七条　当事人对药品检验机构的检验结果有异议的，可以自收到药品检验结果之日起七日内向原药品检验机构或者上一级药品监督管理部门设置或者确定的药品检验机构申请复验，也可以直接向国务院药品监督管理部门设置或者确定的药品检验机构申请复验。受理复验的药品检验机构必须在国务院药品监督管理部门规定的时间内作出复验结论。

第六十八条　药品监督管理部门应当按照规定，依据《药品生产质量管理规范》、《药品经营质量管理规范》，对经其认证合格的药品生产企业、药品经营企业进行认证后的跟踪检查。

第六十九条　地方人民政府和药品监督管理部门不得以要求实施药品检验、审批等手段限制或者排斥非本地区药品生产企业依照本法规定生产的药品进入本地区。

第七十条　药品监督管理部门及其设置的药品检验机构和确定的专业从事药品检验的机构不得参与药品生产经营活动，不得以其名义推荐或者监制、监销药品。

药品监督管理部门及其设置的药品检验机构和确定的专业从事药品检验的机构的工作人员不得参与药品生产经营活动。

第七十一条　国家实行药品不良反应报告制度。药品生产企业、药品经营企业和医疗机构必须经常考察本单位所生产、经营、使用的药品质量、疗效和反应。发现可能与用药有关的严重不良反应，必须及时向当地省、自治区、直辖市人民政府药品监督管理部门和卫生行政部门报告。具体办法由国务院药品监督管理部门会同国务院卫生行政部门制定。

对已确认发生严重不良反应的药品，国务院或者省、自治区、直辖市人民政府的药品监督管理部门可以采取停止生产、销售、使用的紧急控制措施，并应当在五日内组织鉴定，自鉴定结论作出之日起十五日内依法作出行政处理决定。

第七十二条　药品生产企业、药品经营企业和医疗机构的药品检验机构或者人员，应当接受当地药品监督管理部门设置的药品检验机构的业务指导。

第九章 法律责任

第七十三条 未取得《药品生产许可证》、《药品经营许可证》或者《医疗机构制剂许可证》生产药品、经营药品的，依法予以取缔，没收违法生产、销售的药品和违法所得，并处违法生产、销售的药品（包括已售出的和未售出的药品，下同）货值金额二倍以上五倍以下的罚款；构成犯罪的，依法追究刑事责任。

第七十四条 生产、销售假药的，没收违法生产、销售的药品和违法所得，并处违法生产、销售药品货值金额二倍以上五倍以下的罚款；有药品批准证明文件的予以撤销，并责令停产、停业整顿；情节严重的，吊销《药品生产许可证》、《药品经营许可证》或者《医疗机构制剂许可证》；构成犯罪的，依法追究刑事责任。

第七十五条 生产、销售劣药的，没收违法生产、销售的药品和违法所得，并处违法生产、销售药品货值金额一倍以上三倍以下的罚款；情节严重的，责令停产、停业整顿或者撤销药品批准证明文件、吊销《药品生产许可证》、《药品经营许可证》或者《医疗机构制剂许可证》；构成犯罪的，依法追究刑事责任。

第七十六条 从事生产、销售假药及生产、销售劣药情节严重的企业或者其他单位，其直接负责的主管人员和其他直接责任人员十年内不得从事药品生产、经营活动。

对生产者专门用于生产假药、劣药的原辅材料、包装材料、生产设备，予以没收。

第七十七条 知道或者应当知道属于假劣药品而为其提供运输、保管、仓储等便利条件的，没收全部运输、保管、仓储的收入，并处违法收入百分之五十以上三倍以下的罚款；构成犯罪的，依法追究刑事责任。

第七十八条 对假药、劣药的处罚通知，必须载明药品检验机构的质量检验结果；但是，本法第四十八条第三款第（一）、（二）、（五）、（六）项和第四十九条第三款规定的情形除外。

第七十九条 药品的生产企业、经营企业、药物非临床安全性评价研究机构、药物临床试验机构未按照规定实施《药品生产质量管理规范》、《药品经营质量管理规范》、药物非临床研究质量管理规范、药物临床试验质量管理规范的，给予警告，责令限期改正；逾期不改正的，责令停产、停业整顿，并处五千元以上二万元以下的罚款；情节严重的，吊销《药品生产许可证》、《药品经营许可证》和药物临床试验机构的资格。

第八十条　药品的生产企业、经营企业或者医疗机构违反本法第三十四条的规定，从无《药品生产许可证》、《药品经营许可证》的企业购进药品的，责令改正，没收违法购进的药品，并处违法购进药品货值金额二倍以上五倍以下的罚款；有违法所得的，没收违法所得；情节严重的，吊销《药品生产许可证》、《药品经营许可证》或者医疗机构执业许可证书。

第八十一条　进口已获得药品进口注册证书的药品，未按照本法规定向允许药品进口的口岸所在地的药品监督管理部门登记备案的，给予警告，责令限期改正；逾期不改正的，撤销进口药品注册证书。

第八十二条　伪造、变造、买卖、出租、出借许可证或者药品批准证明文件的，没收违法所得，并处违法所得一倍以上三倍以下的罚款；没有违法所得的，处二万元以上十万元以下的罚款；情节严重的，并吊销卖方、出租方、出借方的《药品生产许可证》、《药品经营许可证》、《医疗机构制剂许可证》或者撤销药品批准证明文件；构成犯罪的，依法追究刑事责任。

第八十三条　违反本法规定，提供虚假的证明、文件资料样品或者采取其他欺骗手段取得《药品生产许可证》、《药品经营许可证》、《医疗机构制剂许可证》或者药品批准证明文件的，吊销《药品生产许可证》、《药品经营许可证》、《医疗机构制剂许可证》或者撤销药品批准证明文件，五年内不受理其申请，并处一万元以上三万元以下的罚款。

第八十四条　医疗机构将其配制的制剂在市场销售的，责令改正，没收违法销售的制剂，并处违法销售制剂货值金额一倍以上三倍以下的罚款；有违法所得的，没收违法所得。

第八十五条　药品经营企业违反本法第十八条、第十九条规定的，责令改正，给予警告；情节严重的，吊销《药品经营许可证》。

第八十六条　药品标识不符合本法第五十四条规定的，除依法应当按照假药、劣药论处的外，责令改正，给予警告；情节严重的，撤销该药品的批准证明文件。

　　第八十七条　药品检验机构出具虚假检验报告，构成犯罪的，依法追究刑事责任；不构成犯罪的，责令改正，给予警告，对单位并处三万元以上五万元以下的罚款；对直接负责的主管人员和其他直接责任人员依法给予降级、撤职、开除的处分，并处三万元以下的罚款；有违法所得的，没收违法所得；情节严重的，撤销其检验资格。药品检验机构出具的检验结果不实，造成损失的，应当承担相应的赔偿责任。

　　第八十八条　本法第七十三条至第八十七条规定的行政处罚，由县级以上药品监督管理部门按照国务院药品监督管理部门规定的职责分工决定；吊销《药品生产许可证》、《药品经营许可证》、《医疗机构制剂许可证》、医疗机构执业许可证书或者撤销药品批准证明文件的，由原发证、批准的部门决定。

　　第八十九条　违反本法第五十五条、第五十六条、第五十七条关于药品价格管理的规定的，依照《中华人民共和国价格法》的规定处罚。

　　第九十条　药品的生产企业、经营企业、医疗机构在药品购销中暗中给予、收受回扣或者其他利益的，药品的生产企业、经营企业或者其代理人给予使用其药品的医疗机构的负责人、药品采购人员、医师等有关人员以财物或者其他利益的，由工商行政管理部门处一万元以上二十万元以下的罚款，有违法所得的，予以没收；情节严重的，由工商行政管理部门吊销药品生产企业、药品经营企业的营业执照，并通知药品监督管理部门，由药品监督管理部门吊销其《药品生产许可证》、《药品经营许可证》；构成犯罪的，依法追究刑事责任。

　　第九十一条　药品的生产企业、经营企业的负责人、采购人员等有关人员在药品购销中收受其他生产企业、经营企业或者其代理人给予的财物或者其他利益的，依法给予处分，没收违法所得；构成犯罪的，依法追究刑事责任。

　　医疗机构的负责人、药品采购人员、医师等有关人员收受药品生产企业、药品经营企业或者其代理人给予的财物或者其他利益的，由卫生行政部门或者本单位给予处分，没收违法所得；对违法行为情节严重的执业医师，由卫生行政部门吊销其执业证书；构成犯罪的，依法追究刑事责任。

　　第九十二条　违反本法有关药品广告的管理规定的，依照《中华人民共和国广告法》的规定处罚，并由发给广告批准文号的药品监督管理部门撤销广告批准文号，一年内不受理该品种的广告审批申请；构成犯罪的，依法追究刑事责任。

药品监督管理部门对药品广告不依法履行审查职责，批准发布的广告有虚假或者其他违反法律、行政法规的内容的，对直接负责的主管人员和其他直接责任人员依法给予行政处分；构成犯罪的，依法追究刑事责任。

第九十三条 药品的生产企业、经营企业、医疗机构违反本法规定，给药品使用者造成损害的，依法承担赔偿责任。

第九十四条 药品监督管理部门违反本法规定，有下列行为之一的，由其上级主管机关或者监察机关责令收回违法发给的证书、撤销药品批准证明文件，对直接负责的主管人员和其他直接责任人员依法给予行政处分；构成犯罪的，依法追究刑事责任：

（一）对不符合《药品生产质量管理规范》、《药品经营质量管理规范》的企业发给符合有关规范的认证证书的，或者对取得认证证书的企业未按照规定履行跟踪检查的职责，对不符合认证条件的企业未依法责令其改正或者撤销其认证证书的；

（二）对不符合法定条件的单位发给《药品生产许可证》、《药品经营许可证》或者《医疗机构制剂许可证》的；

（三）对不符合进口条件的药品发给进口药品注册证书的；

（四）对不具备临床试验条件或者生产条件而批准进行临床试验、发给新药证书、发给药品批准文号的。

第九十五条 药品监督管理部门或者其设置的药品检验机构或者其确定的专业从事药品检验的机构参与药品生产经营活动的，由其上级机关或者监察机关责令改正，有违法收入的予以没收；情节严重的，对直接负责的主管人员和其他直接责任人员依法给予行政处分。

药品监督管理部门或者其设置的药品检验机构或者其确定的专业从事药品检验的机构的工作人员参与药品生产经营活动的，依法给予行政处分。

第九十六条 药品监督管理部门或者其设置、确定的药品检验机构在药品监督检验中违法收取检验费用的，由政府有关部门责令退还，对直接负责的主管人员和其他直接责任人员依法给予行政处分。对违法收取检验费用情节严重的药品检验机构，撤销其检验资格。

第九十七条 药品监督管理部门应当依法履行监督检查职责，监督已取得《药品生产许可证》、《药品经营许可证》的企业依照本法规定从事药品生产、经营活动。

已取得《药品生产许可证》、《药品经营许可证》的企业生产、销售假药、劣药的，除依法追究该企业的法律责任外，对有失职、渎职行为的药品监督管理部门直接负责的主管人员和其他直接责任人员依法给予行政处分；构成犯罪的，依法追究刑事责任。

第九十八条 药品监督管理部门对下级药品监督管理部门违反本法的行政行为，责令限期改正；逾期不改正的，有权予以改变或者撤销。

第九十九条 药品监督管理人员滥用职权、徇私舞弊、玩忽职守，构成犯罪的，依法追究刑事责任；尚不构成犯罪的，依法给予行政处分。

第一百条 依照本法被吊销《药品生产许可证》、《药品经营许可证》的，由药品监督管理部门通知工商行政管理部门办理变更或者注销登记。

第一百零一条 本章规定的货值金额以违法生产、销售药品的标价计算；没有标价的，按照同类药品的市场价格计算。

第十章　附　则

第一百零二条 本法下列用语的含义是：

药品，是指用于预防、治疗、诊断人的疾病，有目的地调节人的生理机能并规定有适应症或者功能主治、用法和用量的物质，包括中药材、中药饮片、中成药、化学原料药及其制剂、抗生素、生化药品、放射性药品、血清、疫苗、血液制品和诊断药品等。

辅料，是指生产药品和调配处方时所用的赋形剂和附加剂。

药品生产企业，是指生产药品的专营企业或者兼营企业。

药品经营企业，是指经营药品的专营企业或者兼营企业。

第一百零三条 中药材的种植、采集和饲养的管理办法，由国务院另行制定。

第一百零四条 国家对预防性生物制品的流通实行特殊管理。具体办法由国务院制定。

第一百零五条 中国人民解放军执行本法的具体办法，由国务院、中央军事委员会依据本法制定。

第一百零六条 本法自 2001 年 12 月 1 日起施行。

医疗机构管理条例

（1994 年 2 月 26 日中华人民共和国国务院令第 149 号公布　1994 年 9 月 1 日起施行）

第一章　总　则

第一条　为了加强对医疗机构的管理，促进医疗卫生事业的发展，保障公民健康，制定本条例。

第二条　本条例适用于从事疾病诊断、治疗活动的医院、卫生院、疗养院、门诊部、诊所、卫生所（室）以及急救站等医疗机构。

第三条　医疗机构以救死扶伤，防病治病，为公民的健康服务为宗旨。

第四条　国家扶持医疗机构的发展，鼓励多种形式兴办医疗机构。

第五条　国务院卫生行政部门负责全国医疗机构的监督管理工作。

县级以上地方人民政府卫生行政部门负责本行政区域内医疗机构的监督管理工作。

中国人民解放军卫生主管部门依照本条例和国家有关规定，对军队的医疗机构实施监督管理。

第二章　规划布局和设置审批

第六条　县级以上地方人民政府卫生行政部门应当根据本行政区域内的人口、医疗资源、医疗需求和现有医疗机构的分布状况，制定本行政区域医疗机构设置规划。

机关、企业和事业单位可以根据需要设置医疗机构，并纳入当地医疗机构的设置规划。

第七条 县级以上地方人民政府应当把医疗机构设置规划纳入当地的区域卫生发展规划和城乡建设发展总体规划。

第八条 设置医疗机构应当符合医疗机构设置规划和医疗机构基本标准。

医疗机构基本标准由国务院卫生行政部门制定。

第九条 单位或者个人设置医疗机构，必须经县级以上地方人民政府卫生行政部门审查批准，并取得设置医疗机构批准书，方可向有关部门办理其他手续。

第十条 申请设置医疗机构，应当提交下列文件：

（一）设置申请书；

（二）设置可行性研究报告；

（三）选址报告和建筑设计平面图。

第十一条 单位或者个人设置医疗机构，应当按照以下规定提出设置申请：

（一）不设床位或者床位不满100张的医疗机构，向所在地的县级人民政府卫生行政部门申请；

（二）床位在100张以上的医疗机构和专科医院按照省级人民政府卫生行政部门的规定申请。

第十二条 县级以上地方人民政府卫生行政部门应当自受理设置申请之日起30日内，作出批准或者不批准的书面答复；批准设置的，发给设置医疗机构批准书。

第十三条 国家统一规划的医疗机构的设置，由国务院卫生行政部门决定。

第十四条 机关、企业和事业单位按照国家医疗机构基本标准设置为内部职工服务的门诊部、诊所、卫生所（室），报所在地的县级人民政府卫生行政部门备案。

第三章 登 记

第十五条 医疗机构执业，必须进行登记，领取《医疗机构执业许可证》。

第十六条 申请医疗机构执业登记，应当具备下列条件：

（一）有设置医疗机构批准书；

（二）符合医疗机构的基本标准；

（三）有适合的名称、组织机构和场所；

（四）有与其开展的业务相适应的经费、设施、设备和专业卫生技术人员；

（五）有相应的规章制度；

（六）能够独立承担民事责任。

第十七条 医疗机构的执业登记，由批准其设置的人民政府卫生行政部门办理。

按照本条例第十三条规定设置的医疗机构的执业登记，由所在地的省、自治区、直辖市人民政府卫生行政部门办理。

机关、企业和事业单位设置的为内部职工服务的门诊部、诊所、卫生所（室）的执业登记，由所在地的县级人民政府卫生行政部门办理。

第十八条 医疗机构执业登记的主要事项：

（一）名称、地址、主要负责人；

（二）所有制形式；

（三）诊疗科目、床位；

（四）注册资金。

第十九条 县级以上地方人民政府卫生行政部门自受理执业登记申请之日起45日内，根据本条例和医疗机构基本标准进行审核。审核合格的，予以登记，发给《医疗机构执业许可证》；审核不合格的，将审核结果以书面形式通知申请人。

第二十条 医疗机构改变名称、场所、主要负责人、诊疗科目、床位，必须向原登记机关办理变更登记。

第二十一条 医疗机构歇业，必须向原登记机关办理注销登记。经登记机关核准后，收缴《医疗机构执业许可证》。

医疗机构非因改建、扩建、迁建原因停业超过1年的，视为歇业。

第二十二条 床位不满100张的医疗机构，其《医疗机构执业许可证》每年校验1次；床位在100张以上的医疗机构，其《医疗机构执业许可证》每3

年校验 1 次。校验由原登记机关办理。

第二十三条 《医疗机构执业许可证》不得伪造、涂改、出卖、转让、出借。

《医疗机构执业许可证》遗失的，应当及时申明，并向原登记机关申请补发。

第四章　执　业

第二十四条 任何单位或者个人，未取得《医疗机构执业许可证》，不得开展诊疗活动。

第二十五条 医疗机构执业，必须遵守有关法律、法规和医疗技术规范。

第二十六条 医疗机构必须将《医疗机构执业许可证》、诊疗科目、诊疗时间和收费标准悬挂于明显处所。

第二十七条 医疗机构必须按照核准登记的诊疗科目开展诊疗活动。

第二十八条 医疗机构不得使用非卫生技术人员从事医疗卫生技术工作。

第二十九条 医疗机构应当加强对医务人员的医德教育。

第三十条 医疗机构工作人员上岗工作，必须佩带载有本人姓名、职务或者职称的标牌。

第三十一条 医疗机构对危重病人应当立即抢救。对限于设备或者技术条件不能诊治的病人，应当及时转诊。

第三十二条 未经医师（士）亲自诊查病人，医疗机构不得出具疾病诊断书、健康证明书或者死亡证明书等证明文件；未经医师（士）、助产人员亲自接产，医疗机构不得出具出生证明书或者死产报告书。

第三十三条 医疗机构施行手术、特殊检查或者特殊治疗时，必须征得患者同意，并应当取得其家属或者关系人同意并签字；无法取得患者意见时，应当取得家属或者关系人同意并签字；无法取得患者意见又无家属或者关系人在场，或者遇到其他特殊情况时，经治医师应当提出医疗处置方案，在取得医疗机构负责人或者被授权负责人员的批准后实施。

第三十四条 医疗机构发生医疗事故，按照国家有关规定处理。

第三十五条 医疗机构对传染病、精神病、职业病等患者的特殊诊治和处理，应当按照国家有关法律、法规的规定办理。

第三十六条　医疗机构必须按照有关药品管理的法律、法规，加强药品管理。

第三十七条　医疗机构必须按照人民政府或者物价部门的有关规定收取医疗费用，详列细项，并出具收据。

第三十八条　医疗机构必须承担相应的预防保健工作，承担县级以上人民政府卫生行政部门委托的支援农村、指导基层医疗卫生工作等任务。

第三十九条　发生重大灾害、事故、疾病流行或者其他意外情况时，医疗机构及其卫生技术人员必须服从县级以上人民政府卫生行政部门的调遣

第五章　监督管理

第四十条　县级以上人民政府卫生行政部门行使下列监督管理职权：

（一）负责医疗机构的设置审批、执业登记和校验；

（二）对医疗机构的执业活动进行检查指导；

（三）负责组织对医疗机构的评审；

（四）对违反本条例的行为给予处罚。

第四十一条　国家实行医疗机构评审制度，由专家组成的评审委员会按照医疗机构评审办法和评审标准，对医疗机构的执业活动、医疗服务质量等进行综合评价。

医疗机构评审办法和评审标准由国务院卫生行政部门制定。

第四十二条　县级以上地方人民政府卫生行政部门负责组织本行政区域医疗机构评审委员会。

医疗机构评审委员会由医院管理、医学教育、医疗、医技、护理和财务等有关专家组成。评审委员会成员由县级以上地方人民政府卫生行政部门聘任。

第四十三条　县级以上地方人民政府卫生行政部门根据评审委员会的评审意见，对达到评审标准的医疗机构，发给评审合格证书；对未达到评审标准的医疗机构，提出处理意见。

第六章　罚　则

第四十四条　违反本条例第二十四条规定，未取得《医疗机构执业许可证》擅自执业的，由县级以上人民政府卫生行政部门责令其停止执业活动，没收非法所得和药品、器械，并可以根据情节处以 1 万元以下的罚款。

第四十五条　违反本条例第二十二条规定，逾期不校验《医疗机构执业许可证》仍从事诊疗活动的，由县级以上人民政府卫生行政部门责令其限期补办校验手续；拒不校验的，吊销其《医疗机构执业许可证》。

第四十六条　违反本条例第二十三条规定，出卖、转让、出借《医疗机构执业许可证》的，由县级以上人民政府卫生行政部门没收非法所得，并可以处以 5000 元以下的罚款；情节严重的，吊销其《医疗机构执业许可证》。

第四十七条　违反本条例第二十七条规定，诊疗活动超出登记范围的，由县级以上人民政府卫生行政部门予以警告、责令其改正，并可以根据情节处以 3000 元以下的罚款；情节严重的，吊销其《医疗机构执业许可证》。

第四十八条　违反本条例第二十八条规定，使用非卫生技术人员从事医疗卫生技术工作的，由县级以上人民政府卫生行政部门责令其限期改正，并可以处以 5000 元以下的罚款；情节严重的，吊销其《医疗机构执业许可证》。

第四十九条　违反本条例第三十二条规定，出具虚假证明文件的，由县级以上人民政府卫生行政部门予以警告；对造成危害后果的，可以处以 1000 元以下的罚款；对直接责任人员由所在单位或者上级机关给予行政处分。

第五十条　没收的财物和罚款全部上交国库。

第五十一条　当事人对行政处罚决定不服的，可以依照国家法律、法规的规定申请行政复议或者提起行政诉讼。当事人对罚款及没收药品、器械的处罚决定未在法定期限内申请复议或者提起诉讼又不履行的，县级以上人民政府卫生行政部门可以申请人民法院强制执行。

第七章　附　则

第五十二条　本条例实施前已经执业的医疗机构，应当在条例实施后的 6

个月内，按照本条例第三章的规定，补办登记手续，领取《医疗机构执业许可证》。

第五十三条 外国人在中华人民共和国境内开设医疗机构及香港、澳门、台湾居民在内地开设医疗机构的管理办法，由国务院卫生行政部门另行制定。

第五十四条 本条例由国务院卫生行政部门负责解释。

第五十五条 本条例自 1994 年 9 月 1 日起施行。1951 年政务院批准发布的《医院诊所管理暂行条例》同时废止。

医疗废物管理条例

(2003 年 6 月 4 日国务院第十次常务会议通过　2003 年 6 月 16 日中华人民共和国国务院令第 380 号公布施行)

第一章　总　则

第一条　为了加强医疗废物的安全管理，防止疾病传播，保护环境，保障人体健康，根据《中华人民共和国传染病防治法》和《中华人民共和国固体废物污染环境防治法》，制定本条例。

第二条　本条例所称医疗废物，是指医疗卫生机构在医疗、预防、保健以及其他相关活动中产生的具有直接或者间接感染性、毒性以及其他危害性的废物。

医疗废物分类目录，由国务院卫生行政主管部门和环境保护行政主管部门共同制定、公布。

第三条　本条例适用于医疗废物的收集、运送、贮存、处置以及监督管理等活动。

医疗卫生机构收治的传染病病人或者疑似传染病病人产生的生活垃圾，按照医疗废物进行管理和处置。

医疗卫生机构废弃的麻醉、精神、放射性、毒性等药品及其相关的废物的管理，依照有关法律、行政法规和国家有关规定、标准执行。

第四条　国家推行医疗废物集中无害化处置，鼓励有关医疗废物安全处置技术的研究与开发。

县级以上地方人民政府负责组织建设医疗废物集中处置设施。

国家对边远贫困地区建设医疗废物集中处置设施给予适当的支持。

第五条 县级以上各级人民政府卫生行政主管部门，对医疗废物收集、运送、贮存、处置活动中的疾病防治工作实施统一监督管理；环境保护行政主管部门，对医疗废物收集、运送、贮存、处置活动中的环境污染防治工作实施统一监督管理。

县级以上各级人民政府其他有关部门在各自的职责范围内负责与医疗废物处置有关的监督管理工作。

第六条 任何单位和个人有权对医疗卫生机构、医疗废物集中处置单位和监督管理部门及其工作人员的违法行为进行举报、投诉、检举和控告。

第二章 医疗废物管理的一般规定

第七条 医疗卫生机构和医疗废物集中处置单位，应当建立、健全医疗废物管理责任制，其法定代表人为第一责任人，切实履行职责，防止因医疗废物导致传染病传播和环境污染事故。

第八条 医疗卫生机构和医疗废物集中处置单位，应当制定与医疗废物安全处置有关的规章制度和在发生意外事故时的应急方案；设置监控部门或者专（兼）职人员，负责检查、督促、落实本单位医疗废物的管理工作，防止违反本条例的行为发生。

第九条 医疗卫生机构和医疗废物集中处置单位，应当对本单位从事医疗废物收集、运送、贮存、处置等工作的人员和管理人员，进行相关法律和专业技术、安全防护以及紧急处理等知识的培训。

第十条 医疗卫生机构和医疗废物集中处置单位，应当采取有效的职业卫生防护措施，为从事医疗废物收集、运送、贮存、处置等工作的人员和管理人员，配备必要的防护用品，定期进行健康检查；必要时，对有关人员进行免疫接种，防止其受到健康损害。

第十一条 医疗卫生机构和医疗废物集中处置单位，应当依照《中华人民共和国固体废物污染环境防治法》的规定，执行危险废物转移联单管理制度。

第十二条 医疗卫生机构和医疗废物集中处置单位，应当对医疗废物进行登记，登记内容应当包括医疗废物的来源、种类、重量或者数量、交接时间、处置方法、最终去向以及经办人签名等项目。登记资料至少保存 3 年。

第十三条 医疗卫生机构和医疗废物集中处置单位，应当采取有效措施，防止医疗废物流失、泄漏、扩散。

发生医疗废物流失、泄漏、扩散时，医疗卫生机构和医疗废物集中处置单位应当采取减少危害的紧急处理措施，对致病人员提供医疗救护和现场救援；同时向所在地的县级人民政府卫生行政主管部门、环境保护行政主管部门报告，并向可能受到危害的单位和居民通报。

第十四条 禁止任何单位和个人转让、买卖医疗废物。

禁止在运送过程中丢弃医疗废物；禁止在非贮存地点倾倒、堆放医疗废物或者将医疗废物混入其他废物和生活垃圾。

第十五条 禁止邮寄医疗废物。

禁止通过铁路、航空运输医疗废物。

有陆路通道的，禁止通过水路运输医疗废物；没有陆路通道必需经水路运输医疗废物的，应当经设区的市级以上人民政府环境保护行政主管部门批准，并采取严格的环境保护措施后，方可通过水路运输。

禁止将医疗废物与旅客在同一运输工具上载运。

禁止在饮用水源保护区的水体上运输医疗废物。

第三章 医疗卫生机构对医疗废物的管理

第十六条 医疗卫生机构应当及时收集本单位产生的医疗废物，并按照类别分置于防渗漏、防锐器穿透的专用包装物或者密闭的容器内。

医疗废物专用包装物、容器，应当有明显的警示标识和警示说明。

医疗废物专用包装物、容器的标准和警示标识的规定，由国务院卫生行政主管部门和环境保护行政主管部门共同制定。

第十七条 医疗卫生机构应当建立医疗废物的暂时贮存设施、设备，不得露天存放医疗废物；医疗废物暂时贮存的时间不得超过 2 天。

医疗废物的暂时贮存设施、设备，应当远离医疗区、食品加工区和人员活动区以及生活垃圾存放场所，并设置明显的警示标识和防渗漏、防鼠、防蚊蝇、防蟑螂、防盗以及预防儿童接触等安全措施。

医疗废物的暂时贮存设施、设备应当定期消毒和清洁。

第十八条 医疗卫生机构应当使用防渗漏、防遗撒的专用运送工具，按照本单位确定的内部医疗废物运送时间、路线，将医疗废物收集、运送至暂时贮存地点。

运送工具使用后应当在医疗卫生机构内指定的地点及时消毒和清洁。

第十九条 医疗卫生机构应当根据就近集中处置的原则，及时将医疗废物交由医疗废物集中处置单位处置。

医疗废物中病原体的培养基、标本和菌种、毒种保存液等高危险废物，在交医疗废物集中处置单位处置前应当就地消毒。

第二十条 医疗卫生机构产生的污水、传染病病人或者疑似传染病病人的排泄物，应当按照国家规定严格消毒；达到国家规定的排放标准后，方可排入污水处理系统。

第二十一条 不具备集中处置医疗废物条件的农村，医疗卫生机构应当按照县级人民政府卫生行政主管部门、环境保护行政主管部门的要求，自行就地处置其产生的医疗废物。自行处置医疗废物的，应当符合下列基本要求：

（一）使用后的一次性医疗器具和容易致人损伤的医疗废物，应当消毒并作毁形处理；

（二）能够焚烧的，应当及时焚烧；

（三）不能焚烧的，消毒后集中填埋。

第四章　医疗废物的集中处置

第二十二条 从事医疗废物集中处置活动的单位，应当向县级以上人民政府环境保护行政主管部门申请领取经营许可证；未取得经营许可证的单位，不得从事有关医疗废物集中处置的活动。

第二十三条 医疗废物集中处置单位，应当符合下列条件：

（一）具有符合环境保护和卫生要求的医疗废物贮存、处置设施或者设备；

（二）具有经过培训的技术人员以及相应的技术工人；

（三）具有负责医疗废物处置效果检测、评价工作的机构和人员；

（四）具有保证医疗废物安全处置的规章制度。

第二十四条 医疗废物集中处置单位的贮存、处置设施，应当远离居（村）民居住区、水源保护区和交通干道，与工厂、企业等工作场所有适当的安全防护距离，并符合国务院环境保护行政主管部门的规定。

第二十五条 医疗废物集中处置单位应当至少每2天到医疗卫生机构收集、运送一次医疗废物，并负责医疗废物的贮存、处置。

第二十六条 医疗废物集中处置单位运送医疗废物，应当遵守国家有关危险货物运输管理的规定，使用有明显医疗废物标识的专用车辆。医疗废物专用车辆应当达到防渗漏、防遗撒以及其他环境保护和卫生要求。

运送医疗废物的专用车辆使用后，应当在医疗废物集中处置场所内及时进行消毒和清洁。

运送医疗废物的专用车辆不得运送其他物品。

第二十七条 医疗废物集中处置单位在运送医疗废物过程中应当确保安全，不得丢弃、遗撒医疗废物。

第二十八条 医疗废物集中处置单位应当安装污染物排放在线监控装置，并确保监控装置经常处于正常运行状态。

第二十九条 医疗废物集中处置单位处置医疗废物，应当符合国家规定的环境保护、卫生标准、规范。

第三十条 医疗废物集中处置单位应当按照环境保护行政主管部门和卫生行政主管部门的规定，定期对医疗废物处置设施的环境污染防治和卫生学效果进行检测、评价。检测、评价结果存入医疗废物集中处置单位档案，每半年向所在地环境保护行政主管部门和卫生行政主管部门报告一次。

第三十一条 医疗废物集中处置单位处置医疗废物，按照国家有关规定向医疗卫生机构收取医疗废物处置费用。

医疗卫生机构按照规定支付的医疗废物处置费用，可以纳入医疗成本。

第三十二条 各地区应当利用和改造现有固体废物处置设施和其他设施，对医疗废物集中处置，并达到基本的环境保护和卫生要求。

第三十三条 尚无集中处置设施或者处置能力不足的城市，自本条例施行之日起，设区的市级以上城市应当在1年内建成医疗废物集中处置设施；县级市应当在2年内建成医疗废物集中处置设施。县（旗）医疗废物集中处置设施的建设，由省、自治区、直辖市人民政府规定。

在尚未建成医疗废物集中处置设施期间，有关地方人民政府应当组织制定符合环境保护和卫生要求的医疗废物过渡性处置方案，确定医疗废物收集、运送、处置方式和处置单位。

第五章　监督管理

第三十四条　县级以上地方人民政府卫生行政主管部门、环境保护行政主管部门，应当依照本条例的规定，按照职责分工，对医疗卫生机构和医疗废物集中处置单位进行监督检查。

第三十五条　县级以上地方人民政府卫生行政主管部门，应当对医疗卫生机构和医疗废物集中处置单位从事医疗废物的收集、运送、贮存、处置中的疾病防治工作，以及工作人员的卫生防护等情况进行定期监督检查或者不定期的抽查。

第三十六条　县级以上地方人民政府环境保护行政主管部门，应当对医疗卫生机构和医疗废物集中处置单位从事医疗废物收集、运送、贮存、处置中的环境污染防治工作进行定期监督检查或者不定期的抽查。

第三十七条　卫生行政主管部门、环境保护行政主管部门应当定期交换监督检查和抽查结果。在监督检查或者抽查中发现医疗卫生机构和医疗废物集中处置单位存在隐患时，应当责令立即消除隐患。

第三十八条　卫生行政主管部门、环境保护行政主管部门接到对医疗卫生机构、医疗废物集中处置单位和监督管理部门及其工作人员违反本条例行为的举报、投诉、检举和控告后，应当及时核实，依法作出处理，并将处理结果予以公布。

第三十九条　卫生行政主管部门、环境保护行政主管部门履行监督检查职责时，有权采取下列措施：

（一）对有关单位进行实地检查，了解情况，现场监测，调查取证；

（二）查阅或者复制医疗废物管理的有关资料，采集样品；

（三）责令违反本条例规定的单位和个人停止违法行为；

（四）查封或者暂扣涉嫌违反本条例规定的场所、设备、运输工具和物品；

（五）对违反本条例规定的行为进行查处。

第四十条 发生因医疗废物管理不当导致传染病传播或者环境污染事故，或者有证据证明传染病传播或者环境污染的事故有可能发生时，卫生行政主管部门、环境保护行政主管部门应当采取临时控制措施，疏散人员，控制现场，并根据需要责令暂停导致或者可能导致传染病传播或者环境污染事故的作业。

第四十一条 医疗卫生机构和医疗废物集中处置单位，对有关部门的检查、监测、调查取证，应当予以配合，不得拒绝和阻碍，不得提供虚假材料。

第六章　法律责任

第四十二条 县级以上地方人民政府未依照本条例的规定，组织建设医疗废物集中处置设施或者组织制定医疗废物过渡性处置方案的，由上级人民政府通报批评，责令限期建成医疗废物集中处置设施或者组织制定医疗废物过渡性处置方案；并可以对政府主要领导人、负有责任的主管人员，依法给予行政处分。

第四十三条 县级以上各级人民政府卫生行政主管部门、环境保护行政主管部门或者其他有关部门，未按照本条例的规定履行监督检查职责，发现医疗卫生机构和医疗废物集中处置单位的违法行为不及时处理，发生或者可能发生传染病传播或者环境污染事故时未及时采取减少危害措施，以及有其他玩忽职守、失职、渎职行为的，由本级人民政府或者上级人民政府有关部门责令改正，通报批评；造成传染病传播或者环境污染事故的，对主要负责人、负有责任的主管人员和其他直接责任人员依法给予降级、撤职、开除的行政处分；构成犯罪的，依法追究刑事责任。

第四十四条 县级以上人民政府环境保护行政主管部门，违反本条例的规定发给医疗废物集中处置单位经营许可证的，由本级人民政府或者上级人民政府环境保护行政主管部门通报批评，责令收回违法发给的证书；并可以对主要负责人、负有责任的主管人员和其他直接责任人员依法给予行政处分。

第四十五条 医疗卫生机构、医疗废物集中处置单位违反本条例规定，有下列情形之一的，由县级以上地方人民政府卫生行政主管部门或者环境保护行政主管部门按照各自的职责责令限期改正，给予警告；逾期不改正的，处 2000 元以上 5000 元以下的罚款：

（一）未建立、健全医疗废物管理制度，或者未设置监控部门或者专（兼）职人员的；

（二）未对有关人员进行相关法律和专业技术、安全防护以及紧急处理等知识的培训的；

（三）未对从事医疗废物收集、运送、贮存、处置等工作的人员和管理人员采取职业卫生防护措施的；

（四）未对医疗废物进行登记或者未保存登记资料的；

（五）对使用后的医疗废物运送工具或者运送车辆未在指定地点及时进行消毒和清洁的；

（六）未及时收集、运送医疗废物的；

（七）未定期对医疗废物处置设施的环境污染防治和卫生学效果进行检测、评价，或者未将检测、评价效果存档、报告的。

第四十六条　医疗卫生机构、医疗废物集中处置单位违反本条例规定，有下列情形之一的，由县级以上地方人民政府卫生行政主管部门或者环境保护行政主管部门按照各自的职责责令限期改正，给予警告，可以并处 5000 元以下的罚款；逾期不改正的，处 5000 元以上 3 万元以下的罚款：

（一）贮存设施或者设备不符合环境保护、卫生要求的；

（二）未将医疗废物按照类别分置于专用包装物或者容器的；

（三）未使用符合标准的专用车辆运送医疗废物或者使用运送医疗废物的车辆运送其他物品的；

（四）未安装污染物排放在线监控装置或者监控装置未经常处于正常运行状态的。

第四十七条　医疗卫生机构、医疗废物集中处置单位有下列情形之一的，由县级以上地方人民政府卫生行政主管部门或者环境保护行政主管部门按照各自的职责责令限期改正，给予警告，并处 5000 元以上 1 万元以下的罚款；逾期不改正的，处 1 万元以上 3 万元以下的罚款；造成传染病传播或者环境污染事故的，由原发证部门暂扣或者吊销执业许可证件或者经营许可证件；构成犯罪的，依法追究刑事责任：

（一）在运送过程中丢弃医疗废物，在非贮存地点倾倒、堆放医疗废物或者将医疗废物混入其他废物和生活垃圾的；

（二）未执行危险废物转移联单管理制度的；

（三）将医疗废物交给未取得经营许可证的单位或者个人收集、运送、贮存、处置的；

（四）对医疗废物的处置不符合国家规定的环境保护、卫生标准、规范的；

（五）未按照本条例的规定对污水、传染病病人或者疑似传染病病人的排泄物，进行严格消毒，或者未达到国家规定的排放标准，排入污水处理系统的；

（六）对收治的传染病病人或者疑似传染病病人产生的生活垃圾，未按照医疗废物进行管理和处置的。

第四十八条 医疗卫生机构违反本条例规定，将未达到国家规定标准的污水、传染病病人或者疑似传染病病人的排泄物排入城市排水管网的，由县级以上地方人民政府建设行政主管部门责令限期改正，给予警告，并处 5000 元以上 1 万元以下的罚款；逾期不改正的，处 1 万元以上 3 万元以下的罚款；造成传染病传播或者环境污染事故的，由原发证部门暂扣或者吊销执业许可证件；构成犯罪的，依法追究刑事责任。

第四十九条 医疗卫生机构、医疗废物集中处置单位发生医疗废物流失、泄漏、扩散时，未采取紧急处理措施，或者未及时向卫生行政主管部门和环境保护行政主管部门报告的，由县级以上地方人民政府卫生行政主管部门或者环境保护行政主管部门按照各自的职责责令改正，给予警告，并处 1 万元以上 3 万元以下的罚款；造成传染病传播或者环境污染事故的，由原发证部门暂扣或者吊销执业许可证件或者经营许可证件；构成犯罪的，依法追究刑事责任。

第五十条 医疗卫生机构、医疗废物集中处置单位，无正当理由，阻碍卫生行政主管部门或者环境保护行政主管部门执法人员执行职务，拒绝执法人员进入现场，或者不配合执法部门的检查、监测、调查取证的，由县级以上地方人民政府卫生行政主管部门或者环境保护行政主管部门按照各自的职责责令改正，给予警告；拒不改正的，由原发证部门暂扣或者吊销执业许可证件或者经营许可证件；触犯《中华人民共和国治安管理处罚法》，构成违反治安管理行为的，由公安机关依法予以处罚；构成犯罪的，依法追究刑事责任。

第五十一条 不具备集中处置医疗废物条件的农村，医疗卫生机构未按照本条例的要求处置医疗废物的，由县级人民政府卫生行政主管部门或者环境保护行政主管部门按照各自的职责责令限期改正，给予警告；逾期不改正的，处1000元以上5000元以下的罚款；造成传染病传播或者环境污染事故的，由原发证部门暂扣或者吊销执业许可证件；构成犯罪的，依法追究刑事责任。

第五十二条 未取得经营许可证从事医疗废物的收集、运送、贮存、处置等活动的，由县级以上地方人民政府环境保护行政主管部门责令立即停止违法行为，没收违法所得，可以并处违法所得1倍以下的罚款。

第五十三条 转让、买卖医疗废物，邮寄或者通过铁路、航空运输医疗废物，或者违反本条例规定通过水路运输医疗废物的，由县级以上地方人民政府环境保护行政主管部门责令转让、买卖双方、邮寄人、托运人立即停止违法行为，给予警告，没收违法所得；违法所得5000元以上的，并处违法所得2倍以上5倍以下的罚款；没有违法所得或者违法所得不足5000元的，并处5000元以上2万元以下的罚款。

承运人明知托运人违反本条例的规定运输医疗废物，仍予以运输的，或者承运人将医疗废物与旅客在同一工具上载运的，按照前款的规定予以处罚。

第五十四条 医疗卫生机构、医疗废物集中处置单位违反本条例规定，导致传染病传播或者发生环境污染事故，给他人造成损害的，依法承担民事赔偿责任。

第七章 附 则

第五十五条 计划生育技术服务、医学科研、教学、尸体检查和其他相关活动中产生的具有直接或者间接感染性、毒性以及其他危害性废物的管理，依照本条例执行。

第五十六条 军队医疗卫生机构医疗废物的管理由中国人民解放军卫生主管部门参照本条例制定管理办法。

第五十七条 本条例自公布之日起施行。

后 记

　　苏联作家高尔基曾经说过，"世界上最快而又最慢，最长而又最短，最平凡而又最珍贵，最易被忽视而又最令人后悔的就是时间。"对此，我们深有感触。

　　本书的策划始于 2012 年，随后便组建和成立了撰写小组，撰写小组由首都医科大学卫生管理与教育学院卫生法学系的教师和已毕业的学生组成。选题确定之后，师生们就开始搜集案例并分头撰写，但说实话，大家在一起集中讨论和共同交流的时间却十分有限，原因之一便是教师繁重的教学科研与学生忙碌的工作常常让我们难以找出一个共同的时间（更不用提一个固定的时间）开会。就这样，尽管一部分师生的文稿早已撰写完毕，却迟迟未能统稿、定稿。时间一拖再拖，最终导致本书的出版时间比预计晚了近两年。现在看来，我们更应当承认，找不出一个共同的时间更像是一种说辞，自身懈怠才是"罪魁祸首"。

　　后悔与抱怨从来都是毫无意义的，于是我们撰写小组做出了调整，利用暑假的间隙进行了统稿和校订，至今仍无法忘却在盛夏闷燥多雨的天气里端坐会议室中的场景，虽说有些辛苦，但当付梓出版的那一刻，撰写小组的师生们还是心生愉悦，这也进一步增进了彼此之间的友情。

因此，本书不仅是集体创作的结晶，还是团结奋进的结果。

尽管术业有高低，但师生们撰写的态度仍可谓十分认真与负责。对于教师而言，其文多是这些年来对教学中的一些疑难问题所做的评析；对于学生而言，其文多是对他们课堂内外关心的一些专业问题所做的思考。无论是评析还是思考，都将为从事卫生法学研究的人员提供可资借鉴的资料和继续深入研究的基础。

在本书即将出版之际，撰写小组要感谢首都医科大学卫生管理与教育学院院长、博士生导师王晓燕教授一直以来对卫生法学系的大力支持。感谢中国政法大学出版社六部书坊的编辑们为本书出版所付出的辛劳，没有他们的督促，我们还将懈怠不止！

编委会

声　　明　　1. 版权所有，侵权必究。

　　　　　　2. 如有缺页、倒装问题，由出版社负责退换。

图书在版编目（ＣＩＰ）数据

医事法案例精选/李筱永主编. —北京：中国政法大学出版社，2014.11
ISBN 978-7-5620-5699-7

Ⅰ.①医… Ⅱ.①李… Ⅲ.①医药卫生管理－法规－案例－中国 Ⅳ.①D922.165

中国版本图书馆CIP数据核字(2014)第262245号

出 版 者　　中国政法大学出版社

地　　址　　北京市海淀区西土城路 25 号

邮寄地址　　北京 100088 信箱 8034 分箱　邮编 100088

网　　址　　http://www.cuplpress.com（网络实名：中国政法大学出版社）

电　　话　　010-58908524(编辑部)　58908334(邮购部)

承　　印　　固安华明印业有限公司

开　　本　　720mm×960mm　　1/16

印　　张　　18.25

字　　数　　280 千字

版　　次　　2014 年 11 月第 1 版

印　　次　　2014 年 11 月第 1 次印刷

定　　价　　42.00 元